本书由安徽省自然科学基金面上项目和
南阳师范学院博士专项基金项目提供支持

网络信息资源的重组与应用
社会化标注环境下的标签聚类方法

李慧宗 著

化学工业出版社
·北京·

内容简介

本书以网络信息资源管理的重要工具——社会化标签系统为研究对象，在对国内外研究现状全面评述的基础上，从原始的标注信息入手，逐步融合社会化标注系统中蕴含的其它有用信息，研究并提出了：①基于共同共现群体相似度的标签谱聚类方法；②基于 LDA（Latent Dirichlet Allocation）模型的标签综合聚类方法；③融合内容与链接分析的标签聚类方法等。本书较系统地解决了社会化标注系统中存在的稀疏、歧义、语义模糊等问题，完善了标签聚类的方法体系。研究成果不仅为标签聚类知识的获取提供了有效的手段，也为网络信息资源的重组与应用提供了良好的基础。

本书可供科研单位、互联网和大数据企业、高校及其它相关部门参考使用。

图书在版编目（CIP）数据

网络信息资源的重组与应用：社会化标注环境下的标签聚类方法/李慧宗著. —北京：化学工业出版社，2020.11（2023.1重印）
ISBN 978-7-122-37642-8

Ⅰ.①网… Ⅱ.①李… Ⅲ.①社会化-网络信息资源-研究 Ⅳ.①G250.73

中国版本图书馆 CIP 数据核字（2020）第 163225 号

责任编辑：王 斌 邹 宁　　文字编辑：王 硕 陈小滔
责任校对：李 爽　　装帧设计：韩 飞

出版发行：化学工业出版社（北京市东城区青年湖南街 13 号　邮政编码 100011）
印　　装：三河市延风印装有限公司
787mm×1092mm　1/16　印张 7¼　字数 171 千字　2023 年 1 月北京第 1 版第 3 次印刷

购书咨询：010-64518888　售后服务：010-64518899
网　　址：http://www.cip.com.cn
凡购买本书，如有缺损质量问题，本社销售中心负责调换。

定　价：73.00 元

前言

互联网几乎容纳了现阶段人类社会发展过程中的全部信息，已经成为全面记载并传播人类文明的重要载体。对互联网上的网络信息资源不断地进行优化、组织与管理，充分、合理且高效地利用互联网中的各种信息资源，对于推进我国的信息现代化建设，促进国民经济的发展具有十分重要的社会意义和应用价值。

作为互联网上用户搜索、组织、管理和共享网络资源的一种机制，社会化标注允许广大互联网用户在一个自由开放的环境中对自己感兴趣的网络资源，依据自身的理解和喜好选择合适的标签进行标注，由此在用户、资源和标签之间产生了大量的标注信息。

由于社会化标注具有自由化和公开性的特点，不同时间或背景下所产生的标注信息导致社会化标签存在语义模糊、歧义、稀疏、冗余等问题，造成标签组织的混乱和信息描述的不一致性，制约了社会化标注系统的应用。进行标签聚类有助于揭示标签的内在一致性和凝聚性，从而发现标签聚集体所隐含的共同信息、概念与知识，有助于标签的重新组织与再应用。但是，现有的标签聚类方法大都从标注系统中的三元标注关系入手来聚类标签，这些方法容易引起标签语义丢失等问题；此外，这些方法没有考虑社会化标注中存在的其它有用信息(如用户的社会关系、资源的内容等信息)。为了获取更有价值的聚类知识，笔者开展了标签聚类方法的研究工作。本书以社会化标注系统中的标注信息为基础数据资源，并扩展利用社会化标注系统中的资源内容等相关信息，研究标签聚类的相关方法，为基于标签聚类的其它相关研究与应用提供良好的基础。本书主要探讨并研究了以下重要问题。

首先，针对当前的标签相似度测量方法容易引起标签的语义信息丢失等问题，提出标签的共同共现群体相似度，从全局的角度完整地利用三元标注信息度量标签的语义相似性；为了缓解标注数据空间结构复杂所引起的标签数据分布不规则现象，在标签共同共现群体相似度的基础上提出谱聚类方法，利用谱聚类算法可以处理任意分布的数据且能收敛到全局最优解的优势来实现标签的聚类。即研究并提出了基于共同共现群体相似度的标签谱聚类方法。

其次，由于三元标注数据中用户的标注信息和资源的被标注信息之间所蕴含的标签语义具有关联性、重叠性与差异性等特点，为了完整揭示标签中隐藏的语义结构，本书从潜在主题的角度去研究标签的聚类方法。将三元标注关系分割成“用户-标签”和“资源-标签”这两个二元关系，分别建立基于用户的标签主题模型和基于资源的标签主题模型，在此基础上，综合标签在这两类主题上的主题分配结果建立标签主题的二次学习模型，通过迭代学习出标签的混合主题并实现标签的聚类。即研究并提出了基于 LDA (Latent Dirichlet Allocation)模型的标签综合聚类方法。该方法实现了标签整体语义的分割、重构与聚类识别。

再次，基于融合社会化标注环境中存在的多源相关信息有利于提升标签的主题识别能力与聚类质量这一假设，研究并提出了融合用户社会关系的标签 LDA 模型及其标签聚类方法，以及融合引用关系的资源内容与标签的联合 LDA 模型及其标签聚类方法，并在这两种 LDA 模型的基础上，提出了融合内容与关系的标签综合 LDA 模型及其标签聚类方法。即研究了融合内容与链接分析的标签聚类方法。

结果表明，本书研究并提出的标签聚类方法在各自的领域范围内比其它的标签聚类方法能够获取更好的聚类结果。本书的研究成果较系统地解决了社会化标注系统的稀疏、模糊、歧义等问题。希望本书能为社会化标注系统及网络信息资源的重组与深化应用贡献一份力量。本书可供计算机应用技术、大数据与人工智能和管理科学与工程学科专业的研究人员、学生和工程技术人员学习参考。

本书是笔者在长期从事智能信息处理相关研究的基础上形成的一本专著，在此，谨对长期以来共同工作、学习和生活的老师、同事和同学们表示深切感谢，感谢他们在长期科研工作中对本书的贡献。本书是在胡学钢教授的悉心指导和全力支持下完成的。本书的形成过程中，得到了王浩教授、葛斌教授、赵光明教授、高召宁教授、李英明教授、何叶荣教授、林跃进教授、李培培副教授等多位老师的帮助，并得到了孟祥瑞教授、王向前教授的鼓励与支持。杨超宇副教授、何伟、杨恒宇、潘剑寒、王翔、许紫薇、邵美庆、汪刘凯等为本书的数据采集及实验做出了很多工作，在此一并表示感谢。感谢方艳、李佳怡对本书的支持。

本书在国家自然科学基金面上项目“基于协同训练策略的不完全标记数据流分类问题研究(No. 61273292)”、教育部人文社会科学研究青年基金项目“社会化标注环境下的标签层次关系发现方法研究(No. 13YJCZH077)”、安徽省自然科学基金面上项目“基于多源信息融合的社会化标签主题识别方法研究(No. 1808085MG221)”、南阳师范学院高层次人才资助基金、南阳师范学院学术著作出版基金和南阳师范学院“卧龙学者”奖励计划等项目的资助下完成。最后，在本书成稿过程中参考或引用了国内外一些学者的论著，在此表示感谢。由于时间仓促，水平有限，不足之处在所难免，敬请读者批评指正。

著者

2020 年 6 月

目录

第1章　绪论　1

1.1　研究背景及意义…… 1
1.2　标签聚类方法中存在的问题分析…… 3
1.3　主要内容与本书的组织结构…… 5
　1.3.1　主要内容…… 5
　1.3.2　本书组织结构…… 6
1.4　本章小结…… 8

第2章　社会化标注及相关研究综述　9

2.1　社会化标注系统及其模型…… 9
2.2　社会化标注的相关研究综述…… 11
　2.2.1　用户的标注动机与标签的分类…… 12
　2.2.2　社会化标注的动态演化规律…… 13
　2.2.3　标签的语义识别…… 14
　2.2.4　标签的推荐…… 15
　2.2.5　标签的可视化…… 16
　2.2.6　标签在信息检索中的应用…… 17
　2.2.7　标签聚类对相关研究的作用…… 18
2.3　本章小结…… 18

第3章　基于相似度的社会化标签聚类方法研究　19

3.1　引言…… 19
3.2　相关工作…… 20
3.3　传统的标签相似度测量方法…… 21
　3.3.1　基于向量空间模型的方法…… 21
　3.3.2　基于共现的方法…… 25
　3.3.3　传统标签相似度测量方法的分析与总结…… 26
3.4　经典的聚类算法…… 26
　3.4.1　K-means 算法…… 26
　3.4.2　凝聚式层次聚类算法…… 27
　3.4.3　经典聚类算法的分析与比较…… 27

3.5 基于共同共现群体相似度的标签谱聚类方法 …………………… 27
3.5.1 标签的共现关系分析 ……………………………………… 28
3.5.2 标签的共同共现群体相似度 ……………………………… 29
3.5.3 谱聚类算法 ………………………………………………… 32
3.5.4 标签共现谱聚类算法 ……………………………………… 33
3.6 实验与分析 ………………………………………………………… 34
3.6.1 实验数据集 ………………………………………………… 34
3.6.2 评价指标 …………………………………………………… 35
3.6.3 实验结果分析 ……………………………………………… 36
3.7 本章小结 …………………………………………………………… 47

第4章 基于主题模型的社会化标签聚类方法研究 48

4.1 引言 ………………………………………………………………… 48
4.2 相关工作 …………………………………………………………… 49
4.2.1 LDA 主题模型 …………………………………………… 49
4.2.2 LDA 吉布斯采样(Gibbs Sampling) 公式的推导 ……… 50
4.2.3 LDA 在社会化标注中的应用 ……………………………… 53
4.3 基于 LDA 的标签综合聚类方法………………………………… 54
4.3.1 三元标注关系中标签的语义分析 ………………………… 54
4.3.2 基于 LDA 的标签综合聚类方法的建模…………………… 55
4.3.3 聚类步骤 …………………………………………………… 58
4.4 实验与分析 ………………………………………………………… 59
4.4.1 LDA 主题模型的评价 …………………………………… 59
4.4.2 基于 LDA 的标签综合聚类结果的评价…………………… 60
4.5 本章小结 …………………………………………………………… 70

第5章 融合内容与链接分析的社会化标签聚类方法研究 71

5.1 引言 ………………………………………………………………… 71
5.2 相关工作 …………………………………………………………… 72
5.2.1 对社会化标注系统中用户社会关系的利用 ……………… 72
5.2.2 对社会化标注系统中资源内容和资源引用关系的利用 … 73
5.3 融合用户社会关系的标签 LDA 模型及其标签聚类方法……… 74
5.3.1 用户社会关系建模及其链接分析 ………………………… 74
5.3.2 融合社会关系的用户加权标签 LDA 模型………………… 77
5.3.3 实验与分析 ………………………………………………… 78
5.4 融合引用关系的资源内容与标签的联合 LDA 模型及其标签聚类方法 ……………………………………………………… 82
5.4.1 资源引用关系建模及其链接分析 ………………………… 83

5.4.2 资源内容的表示 …… 84
5.4.3 基于资源加权的词与标签的联合 LDA 模型 …… 84
5.4.4 实验与分析 …… 87
5.5 融合内容与关系的标签综合 LDA 模型及其聚类方法 …… 91
5.5.1 融合内容与关系的标签综合 LDA 聚类方法 …… 91
5.5.2 实验与分析 …… 93
5.6 本章小结 …… 96

附录 主要符号说明 97

参考文献 98

后记 105

第1章

绪 论

从诞生之日开始，互联网就成为除广播、电视、报刊和书籍之外的另一主要的信息传播媒介。随着互联网及网络技术的日益发展，互联网上的信息资源也在迅速增长，Web2.0的出现改变了互联网的结构体系，加快了网络信息资源的生长速度。在Web2.0时代，互联网体系由原来的自顶向下、集中控制转变为自底向上、由大众集体创造并控制。广大用户已经成为网络信息资源生产和消费的主体，每天都有大量的信息被广大用户发布到互联网上，也有大量的用户从互联网上浏览、搜索并获取所需要的信息。作为一个海量的信息资源宝库，互联网几乎容纳了现阶段人类社会发展过程中的全部信息，已经成为全面记载并传播人类文明的重要载体；互联网上的电子商务、电子政务、电子银行、在线医疗、在线标注等新型社会化应用与服务也快速地渗透到人们的日常生活中来，影响着人们生活的各个方面。因此，对网络信息资源不断地进行优化、组织与管理，充分、合理且高效地利用互联网中的各种信息资源，对于推进我国的信息现代化建设，促进国民经济的发展具有十分重要的社会意义和应用价值。

作为一种新型的网络资源管理模式，社会化标注（Social Tagging）为广大互联网用户提供了一个网络资源的创造、描述、组织、管理和分享的平台[1]。社会化标签（Social Tag）作为用户生产的元数据，包含着特别的词义、语义、语法等信息特征，具有重要的研究价值。利用数据挖掘技术对社会化标注系统（Social Tagging System）中的标注信息进行挖掘与分析，获取标签所蕴含的各种有趣的概念、主题、语义模式及结构等知识，对于改善用户服务体验、提升网络资源的利用效率具有重要的促进作用。本书主要研究社会化标注环境下的标签聚类方法，通过对不同背景条件下标签聚类方法的研究，解决标签的聚类这一基础性挖掘任务，为社会化标注系统的深化应用提供基础。

1.1 研究背景及意义

随着互联网和Web2.0技术的飞速发展，网络上的信息资源正以指数级的方式迅猛增长，用户规模也在不断扩大。据中国互联网络信息中心（CNNIC）2020年4月发布的第45次《中国互联网络发展状况统计报告》显示[2]，截至2019年12月，我国IPv6地址数量为50877块/31，较2018年底增长15.7%；截至2020年3月底，我国的网民规模达9.04亿，较2018年底增长7508万，互联网在国内的普及率已经达到64.5%。飞速增长的信息资源为人们获取有用的信息和知识提供了新途径，但是信息资源的规模已经超出了人们的处理能力，如何在海量的网络信息资源中快速、准确地发现用户所需要的信息或知识已成为当前亟待解决的问题。解决这一问题的一种有效途径是对网络信息资源进行有效的组织和管理，即根据网络资源的特点，对其进行选择、排序、分类和优化，改变其分散、杂乱、无序的状态，实现信息资源组织的自动化与管理的智能化。社会化标注为网络信息资源的有效利用提供了一个很好的平台。社会化标注是互联网上的用户搜索、组织、管理和共享网络资源的一种机制，也被称为大众分类法或Folksonomy，它允许广大互联网用户在一个自由开放的环境中，对自己感兴趣的网络资源依据自身的理解和喜好选择合适的标签（Tag）进行标注[3]。这里的网络资源可以是多种类型，如文字类型的文档资源，多媒体类型的电影、音乐、视频和图片等；而标签可能是由用户创造的新词或短语，也可能是存在于已知词汇表中的词或短语。与传统专家分类体系中的关键词分类索引相比，社会化标注在标注资源时对标签的个数、内容及一致性等都没有限制，是一种自由、开放且松散的分类方法。由于社会化标注的使用限制较少，且标签能够承载非常丰富的信息，因此，社会化标注服务一经推出就被互联网用户广泛地接受并使用。从2003年底Joshua Schachter推出Delicious（https://www.delicious.com）网站开始，各类社会化标注系统不断涌现，比较著名的有Flickr（http://www.flickr.com）、CiteULike（http://www.citeulike.org）、Last.fm（http://www.last.fm）等，广大用户利用该类系统对网络资源的用途、内容等各方面的特性进行标注，并由此产生了大量的、蕴含丰富知识的标注信息。显然，无论是对于广大互联网用户，还是对于为用户提供服务的网站，或是对于研究人员来说，社会化标注都具有非常重要的意义和价值。

① 社会化标注对于用户来说具有十分重要的意义。它能够帮助广大互联网用户实现对网络资源方便、灵活、高效且成本低廉的管理[4]。传统的资源分类方法要求先建立一套分类体系，明确各个类别及类别的特征，然后再将资源归类到相应类别中。即使是专业的知识分类专家，面对这种两步走的过程也需要耗费很多的时间和精力；对于非专业的大众用户来说，该方法极易让他们放弃资源的组织和管理工作。社会化标注及其标注系统在使用之前不需要预定义标签或标签的分类结构，它能够让用户更加关注于利用自己的知识、背景、习惯、喜好和理解去描述资源的内容等特征，而不需要用户去创建完善的分类体系或适应已经存在的分类结构。由于不受网站固有体系的限制，用户可以使用自己所熟悉的标签（词、短语等）来标注网络资源，使得知识学习或迁移的成本被大大地降低。

② 社会化标注对于提供网络服务的网站来说也有着非常重要的意义。第一，社会化标注服务能够改善用户的使用体验，帮助网站凝聚越来越多的用户，有助于提升网站的知名度、扩大网站的影响力，从而吸引更多的投资，获取更大的经济利益[5]。第二，社会化标注提供的标注服务不仅便于用户进行查询和浏览，而且对资源的内容进行了非常充分的索引和标注，能够提高信息检索的效率[6~10]。第三，社会化标注服务为网站理解用户的兴趣提供了基础，通过发现用户的兴趣特征，可以为用户定制更加个性化的服务[11~13]，进而利用社会化标注向用户提供更加精准的广告或推荐服务。目前，许多网站已经将标签标注作为一种基础服务提供给用户使用。

③ 对于研究人员来说，社会化标注的研究价值非常明显。研究人员通常希望利用已经标注好的数据集去挖掘或发现知识，但是有标注的数据集多数只能通过专业人员的人工标注取得，而人工标注需要耗费大量的时间和精力，造成有标注的数据资源比较稀缺。和专家的人工标注相比，社会化标注系统产生的标注数据是广大用户自发、主动标注的结果，这种数

据资源的成本低廉，采集方便。与专业人员的标注成果相比，社会化标注数据的标注质量虽然比较低，但是它的数据规模非常庞大，其中蕴含着丰富的信息，能够体现用户的集体智慧。只要能有效地筛选、挖掘、去粗取精，这种低成本、大数量的标注数据集对于知识发现来说具有很大的价值。

广大互联网用户利用社会化标注系统对网络资源进行标注的过程中产生了大量的标注数据，这些数据蕴含着丰富的知识和有用的信息。例如：标注数据中隐藏着用户的兴趣特征、用户的标注动机、用户的关系网络等信息；标注数据中隐藏着资源的分类特征、资源的重要性等信息；标注数据中隐藏着标签的语义特征、标签的层次结构、标签的主题特征等信息。对标注数据进行挖掘，获取标注信息中蕴含的有用知识，对于提升社会化标注系统的检索、发现、共享与推荐能力具有重要的作用。

用户标注的自由性和随意性使得标签数据空间呈现出一种扁平状的结构，标签和标签之间没有显式的表现形式，造成标签数据的平面性问题；此外，用户标注的随意性，使得社会化标注系统产生了大量歧义的、不受控制的标签，引起标签数据的歧义性问题；用户标注的随意性还使得一些没有实际意义的垃圾标签（Tag Spam）混杂在标签数据空间中，引起标签数据的冗余性问题。社会化标注系统的数据挖掘任务包括关联分析、分类和预测、聚类分析等。利用标注数据对标签进行聚类分析，能够揭示标签在标注行为上的内在凝聚性及一致性（这里的标注行为指的是“用户怎样去标注”和“资源怎样被标注”），从而反映标签之间的潜在语义关系与结构，对于解决标签的歧义性、冗余性、平面性等问题能够起到积极的作用。通过标签聚类，标签聚集体所表达的相同的概念信息能够被及时发现，从而利用标签聚类簇中其它标签的含义来确定标签的语义，实现标签的词义消歧；利用标签的聚类结果，可以从聚类簇中分析、检测并排除不一致的垃圾标签；利用标签的聚类结果，可以为各个聚类簇中的标签建立一种语义关系结构（如层次结构），改进以标签云为表现形式的标签呈现界面。通过标签聚类，可以更简洁地描述资源的概要信息或用户的兴趣模型，为用户或资源的标签组推荐提供很好的基础。

综上所述，社会化标注是Web2.0时代广大互联网用户管理网络资源的快捷工具，标注数据为网络服务者和研究人员提供了丰富且宝贵的数据资源。作为用户生产的元数据，社会化标签包含着特别的词义、语法、语义等信息，标签聚类能够发现标签中蕴含的各种有趣的知识，为社会化标注服务的深化应用提供一定的基础。本书正是在此背景下，研究了社会化标注环境下的标签聚类方法，以标注信息为核心，研究了三元标注关系下的标签聚类方法；扩展利用社会化标注系统中的其它相关信息（资源的内容、资源之间的关系、用户之间的社会关系等），研究了融合其它相关信息的标签聚类方法；通过对不同条件下标签聚类方法的研究，完善标签聚类的方法体系，为基于标签聚类的其它相关研究与应用提供了良好的基础。

1.2 标签聚类方法中存在的问题分析

社会化标注具有公开、自由等特点，使得利用社会化标注对Web资源进行描述、组织、分类或检索的过程不得不面对标签的语义模糊、歧义、稀疏或冗余等问题。例如：①由于个人的知识背景或喜好具有差异性，同一个资源可能会被不同的用户使用完全不同的标签来进行标注，从而导致标签的歧义及语义模糊等问题；②并不是所有的用户都会提供足够多的标签去对资源进行标注，从而引起稀疏性等问题；③社会化标注系统会产生大量毫无意义的垃圾标签（Tag Spam），从而引起冗余性等问题。上述问题容易引起标签组织的混乱及标注信息描述的不精确等缺陷，从而降低了社会化标注及标注系统的实际应用能力。针对上述问题，当前的研究主要使用聚类的方式来对标签进行重新组织，发现标签聚类簇所传递的相同信息。标签聚类揭示了标签在标注行为（“用户怎样去标注”“资源怎样被标注”）上的内在凝聚性和一致性，反映出用户、资源和标签更本质的特征，可以以一种更加简明扼要的形式来展现用户的兴趣模型、资源的概要信息或标签的潜在语义。

当前的社会化标签聚类方法基本上采用两步走的策略，首先获取标签之间的相似度，然后选择某种聚类算法进行聚类。获取标签相似度的方法大体可分为三类，即基于向量空间模型的方法、基于标签共现的方法和基于外部知识源的方法。

(1) 基于向量空间模型的方法

易明等人[14]利用向量空间模型把标签建模成 Web 资源向量的形式，在此基础上使用基于密度聚类的算法来实现标签的聚类，并将聚类结果应用到 Web 用户的兴趣建模中；Andriy Shepitsen 等人[15,16]为了提升 Web 用户使用社会化标注系统的体验，同样使用向量空间模型来建模标签与 Web 资源之间的标注关系，使用层次聚类算法来获取标签的聚类结果并将其运用到标签的个性化导航和推荐中；Xu 等人[17]使用余弦相似度函数来测量两个标签在其资源向量空间上的相关性，在此基础上提出了一种基于核信息传播的社会化标签聚类方法。

(2) 基于标签共现的方法

Knautz 等人[18]为了提升标签信息检索的效率，提出利用标签的资源共现来测量标签的相似性，在此基础上使用单链接层次聚类算法来聚类标签；Begelman 等人[19]使用标签的共现分布相似性来测度标签之间的语义关联性，综合递归贪婪算法和模块化函数来对社会化标签进行聚类；王萍和张际平[20]首先建模了标签的共现网络，在对标签共现网络进行分割的基础上，提出基于相似性的标签聚类算法来实现标签的聚类；Cui 等人[21]在分析标签资源共现的基础上，提出了一种基于随机游走的社会化标签聚类方法。

(3) 基于外部知识源的方法

Damme 等人[22]提出了一种评估标签相似度的方法，根据标签的标注信息和内容等特征，利用外部的术语和词汇资源 Leo Dictionary 及 WordNet 来测量标签之间的相关性，并将标签转换成本体结构；Markines 等人[23]同样使用 WordNet 作为标签的语义上下文来评估标签的相似性，并采用集成分类知识和信息理念的 Jiang-Conrath[24]距离来排序标签对，在此基础上生成标签本体。

用向量空间模型来评估标签之间的相关性，该类方法主要是把标签表示成一个基于资源的权重向量，权重可以借用 TF-IDF 公式来计算，然后建立标签的向量空间，最后在向量空间上利用欧氏距离或余弦相似度等公式来计算标签之间的相似度。但是，当资源的个数非常多时，该方法会遭受高维和稀疏性问题。此外，该方法将三元的标注关系转换成基于资源的二元关系，由于没有考虑用户的信息，会造成标签整体语义的丢失。基于标签共现的方法大部分直接利用标签的资源共现关系测量标签之间的相关性，该类方法在一定程度上解决了向量空间模型具有的高维和稀疏性问题，但是该类方法仍然忽略了三元标注关系中用户维的信息，同样会引起标签整体语义的丢失。基于外部知识源的方法仅仅用外部的知识源作为标签相似度的测量方式，该类方法很少考虑三元标注关系，容易受到新标签、新词汇和新概念的困扰。

在获取到标签的相似度以后，选择聚类算法进行聚类是标签聚类的第二个任务，现有的研究大都直接采用K-means、凝聚式层次聚类等经典算法对标签进行聚类。但是，这些算法主要被设计用来处理规则的球形数据，当数据的分布是任意形状时，这些算法就不能够精确地划分聚类簇。标注数据是一个复杂的三元关系数据，标签与标签的语义关系也较为复杂，使得标注空间中标签的数据分布不规则，这也导致了在聚类标签时K-means等算法不能得到有效应用。

综上所述，现有的标签聚类方法大都从三元标注关系入手来聚类标签，这些方法容易引起标签语义丢失等问题；此外，这些方法没有考虑社会化标注中存在的其它有用信息（如用户的社会关系、资源的内容等信息）。为了获取更有价值的聚类知识，本书开展了对标签聚类方法的研究，本书的研究成果解决了社会化标注系统中标签聚类这一基础挖掘任务，丰富了标签聚类的方法体系，为社会化标注系统及网络信息资源的重组与进一步深化应用提供了良好的基础。

1.3 主要内容与本书的组织结构

1.3.1 主要内容

作为Web2.0环境下资源组织、管理的新形式，社会化标注中蕴含着丰富的信息和知识。标签聚类能够从标注行为上揭示社会化标注中潜藏的知识，已成为社会化标注数据挖掘中的主要任务。当前的研究主要集中在利用社会化标注数据中的三元关系数据来测量标签之间的相似关系并进行标签聚类，该类方法对三元关系的利用不是很充分，而且该类方法往往忽略了社会化标注环境中的其它相关信息。本书试图综合利用社会化标注中的标注信息和其它相关信息来探讨标签的聚类方法，以三元标注信息为核心，扩展利用其它相关信息，实现不同背景条件下的标签综合聚类，从而丰富社会化标注环境下的标签聚类体系。本书内容主要针对文本资源类型的社会化标注，主要包括：

① 三元标注信息中基于相似度测量的标签聚类方法。社会化标注可以表示为一个四元组$F=(U, R, T, A)$，其中$A \subseteq U \times T \times R$是用户、资源和标签之间的三元关系集合。传统的标签聚类方法就是从三元标注信息中获取标签的相似度并选择聚类算法来实现标签的聚类，因此，本书首先讲了有效利用三元标注信息来精准地测量标签之间的相似度并实现标签聚类的方法。

② 三元标注信息中基于主题模型的标签聚类方法。三元标注数据中隐藏着标签之间的语义关系和标签的潜在主题，从三元标注信息中发现主题特征并根据标签的主题隶属关系实现标签聚类是对标签聚类方法的新尝试。因此，本书还讲述了在标签的三元标注信息中发现标签的主题并实现标签聚类的方法。

③ 结合资源内容、资源之间的关系、用户之间的关系等信息实现标签聚类的方法。除了三元标注信息之外，社会化标注环境中还存在着其它多种有用的信息，如资源的内容就是一种非常有价值的信息。资源的内容（如文本资源的特征词等）作为对资源的最全面的描述，蕴含着丰富的知识。此外，资源与资源之间还存在着诸如引用和参考等关系，用户之间

还存在着各种社会关系等信息。以三元标注信息为基础，扩展利用社会化标注环境中存在的其它有用信息，从多维的角度对社会化标签进行建模并实现标签的聚类是本书的第三个重要内容。

1.3.2 本书组织结构

根据研究内容，本书由绪论、社会化标注及相关研究综述、基于相似度的社会化标签聚类方法研究、基于主题模型的社会化标签聚类方法研究、融合内容与链接分析的社会化标签聚类方法研究、后记等章节组成，其组织结构如图 1.1 所示。

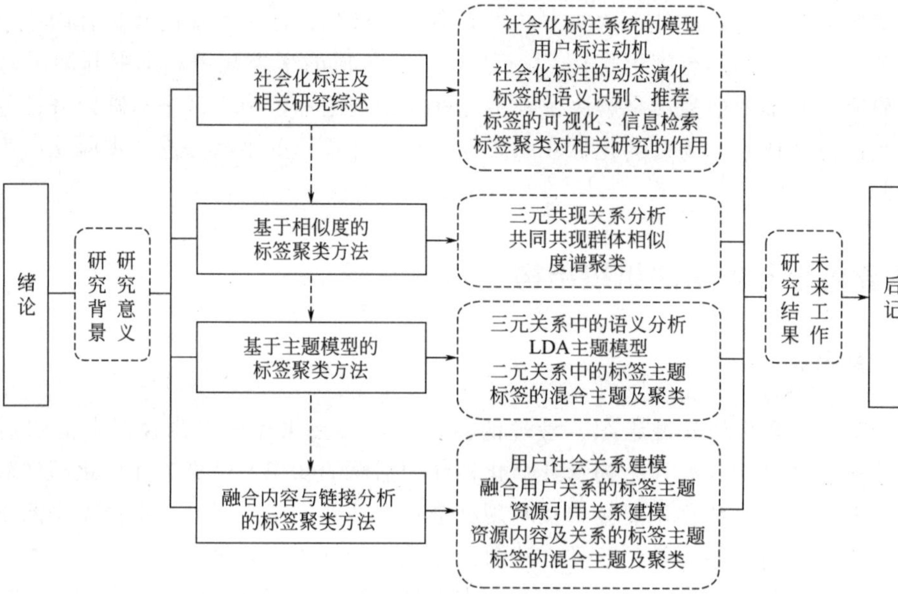

图 1.1 本书组织结构

第 1 章为绪论。首先概述了本书的研究背景及研究意义，然后分析了社会化标签聚类方法的研究现状，在此基础上，总结了本书的主要研究内容及其组织结构。

第 2 章为社会化标注及相关研究的综述。首先介绍了社会化标注系统的模型，然后对社会化标注的研究热点进行详细的阐述，包括用户的标注动机与标签的分类、社会化标注的动态演化规律、标签的语义识别、标签的推荐、标签的可视化和标签在信息检索中的应用等，在此基础上，总结了标签聚类对社会化标注中研究热点的重要意义。

第 3 章讲述基于相似度的社会化标签聚类方法。首先对利用三元标注信息测量标签相似度的传统方法及聚类算法进行了介绍与分析，包括基于向量空间的标签相似度测量方法、基于共现的相似度测量方法、K-means 算法等，在此基础上，对标签共现形式进行了分析，提出了社会化标签的共同共现群体相似度度量方法，并使用谱聚类算法实现了标签的聚类。

第 4 章讲述基于主题模型的社会化标签聚类方法。三元标注数据中隐藏着标签之间的语义关系和标签的潜在主题，发现标签的主题并根据标签在主题上的隶属关系聚类标签是本章的主要工作任务。首先对主题模型进行了介绍，然后对三元标注关系进行二维投影，将三元标注信息中隐藏的语义关系分割成两个二元关系（“资源-标签”和“用户-标签”），分别从资源和用户的角度建立标签的主题模型并学习得到基于资源的标签主题和基于用户的标签主题，通过分析标签在这两种主题上的语义相关性和主题相关性，提出了一种基于 LDA 的社会化标签综合聚类方法（标签主题的二次学习模型），来实现标签语义关系的重构与聚类。

第 5 章讲述融合内容与链接分析的社会化标签聚类方法。除了三元的标注信息之外，社会化标注环境中还存在着资源的内容、资源之间的引用关系、用户之间的社会关系等相关信息。资源的内容、资源之间的引用关系及用户之间的社会关系和社会化标签之间存在着十分重要的联系。其中：资源的内容反映了资源的本质属性，与社会化标签联系紧密；资源的引用关系扩大了社会化标签的表达范围；用户的社会关系影响着用户的个性化标注行为。传统的基于三元标注信息的标签聚类方法基本上没有考虑资源的内容特征、资源的引用关系和用户的社会关系等信息。本章探讨了有效利用这些信息实现标签聚类的方法。首先，在对用户社会关系进行建模的基础上，提出了融合用户社会关系的标签主题模型并实现标签的聚类，即利用基于随机游走的方法对用户的社会关系网络进行链接分析，获取用户的权威度分数，利用用户的权重对“用户-标签”的二元关系进行加权改进，在此基础上构建融合用户社会关系的标签主题模型，该模型改进了 LDA 主题模型中文档的独立性假设。其次，对建模资源之间的引用关系，同样采用随机游走的方法对资源的引用关系网络进行链接分析并获取资源的权威度分数，利用资源的权重对“资源-标签”的二元关系中资源的内容（资源的特征词）和资源的标签进行加权改进，基于资源的词和资源的标签具有相同的主题特征的假设，构建融合资源内容和资源引用关系的标签主题模型，从而实现标签的聚类。上述第一种方法是从用户及其社会关系的角度建模标签的主题，第二种方法是从资源及其引用关系的角度对资源的内容（特征词）和标签进行联合主题建模。通过这两种方法获取的标签主题具有语义相关性，同第 4 章的方法类似，本书最后探讨了在这两种主题上建立标签混合主题模型的方法并实现了标签的聚类。

第 3 章和第 4 章都是从三元标注关系数据（“用户-资源-标签”）中研究标签的聚类方法。其中，基于相似度的标签聚类方法研究中，直接利用三元标注关系，从标签在三元标注关系中共现的角度来测量标签的相似性，提出基于共同共现群体相似度的标签相似度测量方法，并给出其谱聚类算法；基于主题模型的标签聚类方法对三元标注关系中的两个二元关系（“用户-标签”和“资源-标签”）进行了语义分析，根据这两个两元关系建立了基于用户的标签主题模型和基于资源的标签主题模型，并在这两个模型的基础上提出了基于 LDA 的标签综合聚类方法，该方法对三元标注关系实现了整体语义的分割、重构与聚类识别；第 3 章和第 4 章从不同的角度讲述了三元标注关系下标签的聚类方法。第 5 章讲述融合内容与链接分析的标签聚类方法，该方法基于融合资源内容、用户的社会关系和资源的引用关系等外部信息有利于提高标签的聚类质量这一假设，提出了融合用户社会关系的标签 LDA 模型及其标签聚类方法，融合引用关系的资源内容与标签的联合主题模型及其标签聚类方法，并在这两种 LDA 模型的基础上，提出了融合内容与关系的标签综合 LDA 模型及其标签聚类方法；第 5 章在第 4 章的基础上引入了用户的社会关系、资源的内容和资源的引用关系等其它相关信息，是对第 4 章内容的扩展与深化。

最后是本书的后记部分。在对本书主要内容进行总结的基础上，做了进一步的探讨和展望。

1.4 本章小结

本章为本书的绪论。首先介绍了本书的研究目的和研究意义，从社会化标注的起源谈起，阐述了社会化标注这一新型资源管理形式的重要作用，引出了标签聚类这一基础挖掘任务的重要意义，然后对标签聚类的现有方法进行了总结，分析了现有方法的不足，在此基础上引入本书的主要研究内容，并详细介绍了本书的组织结构。

第2章

社会化标注及相关研究综述

本章将对社会化标注及社会化标注的相关研究工作进行综述。首先介绍社会化标注系统的模型，然后对用户的标注动机、社会化标注的演化机制、标签语义识别、标签的推荐、标签可视化、基于标签的信息检索等相关研究热点进行介绍，最后概括标签聚类对相关研究热点的重要作用。

2.1 社会化标注系统及其模型

在 Web1.0 时代，人们获取信息的主要途径是通过集成化的门户网站来获取，网站是信息的组织者、管理者和发布者，人们只能被动地接受网站提供的各种信息。当人们在互联网上浏览到自己感兴趣的网络资源时，为了方便日后的阅读，通常会将该网络资源的超级链接收藏到浏览器的本地收藏夹中去。这种个人资源的本地管理模式使网络资源无法得到有效的传播和分享，此外，随着时间的推移，由于资源被移除等原因，本地收藏夹中的部分超级链接失效，造成个人资源的丢失。随着互联网的发展，特别是搜索引擎技术的崛起，人们获取信息的习惯和手段也由被动变为主动，由定点转向搜索，由单一迈向多元，单纯的网页本地收藏已经不能满足人们对资源的需求，人们更希望以一种交互的方式来获取、收藏、管理和分享网络资源，社会化标注及社会化标注系统便应运而生。

社会化标注允许广大用户在互联网上（非本地）对资源进行搜索、采集、存储、组织、管理和共享。“社会化”表明了它的开放程度与范围，它是面向所有用户的；“标注”表明了它的核心功能，用户可以根据自身的知识背景和喜好选择简短精练的标签来描述资源的内容、结构、用途等属性。社会化标注系统（Social Tagging System）就是为广大互联网用户提供标注服务的一种社会性的网站或软件。与博客（Blog）、社交网站（Social Network Site）、维基百科（Wikipedia）等社会性应用与服务一样，社会化标注系统已成为 Web2.0 的一个典型应用，得到了飞速的发展。社会化标注系统展示了一种标注行为，这种标注行为的主体是互联网用户，客体是各种网络资源，标注行为的媒介是社会化标注系统，标注行为的结果是为网络资源添加了标签。社会化标注系统的模型如图 2.1 所示。

定义 2.1：社会化标注系统的模型。社会化标注系统的模型为四元组 $F=(U, R, T, A)$，其中，U、R、T、A 都是有限集合，U 表示 Web 用户集合，R 表示 Web 资源集合，T 表示标签集合，A 表示它们的三元关系集合，称为标注集合，$A \subseteq U \times T \times R$。元素 $a=(u, t, r) \in A$ 揭示了标注行为，即用户 u 使用标签 t 标注了资源 r。

目前，互联网上有很多著名的社会化标注系统，比如，1.1 节提到的 Flickr 是一个图片

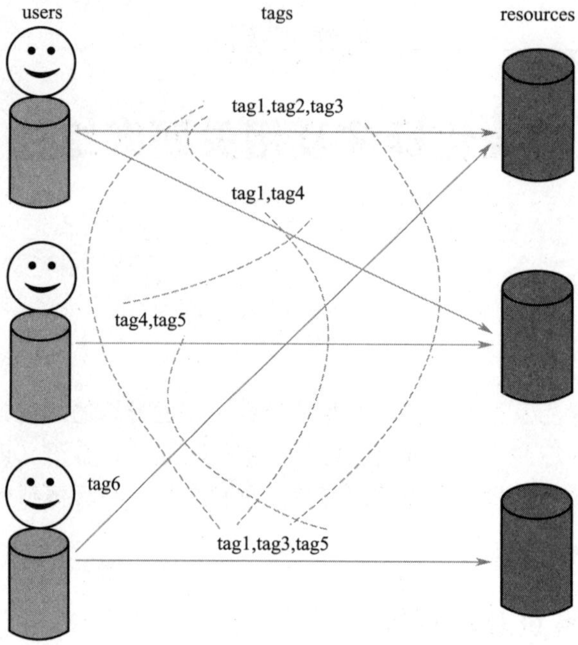

图 2.1 社会化标注系统的模型

（图中 users 表示用户，tags 表示标签，resources 表示资源）

分享系统，它允许用户上传和标注他们的图片资源；CiteULike 是一个学术文献共享系统，研究人员可以使用自己的学术术语来标注学术论文；Last. fm 是一个著名的音乐共享社区，用户可以对歌曲、专辑和艺术家们进行标注；Youtube（http://www. youtube. com）是一个视频分享网站，它不仅允许用户对视频资源进行标签标注，而且还提供以帧为单位的标注服务；Delicious 和 Blogmarks（http://www. blogmarks. net）是两个社会化书签系统，用户可以使用标签标注互联网上的任意一个 Web 页面；Bibsonomy（http://www. bibsonomy. org）既提供社会化书签服务，也提供学术分享服务。图 2.2 对一些有影响力的社会化标注系统进行了总结。

由社会化标注系统催生了一种新的分类方法——Folksonomy，“Folksonomy＝Folks＋Taxonomy”，又称作大众分类或分众分类，是 Web2.0 时代创造的一个复合词，它最早由美国的资深互联网专家 Thomas Vander Wal[25] 于 2004 年在讨论 Delicious 和 Flickr 网站所发展出的信息架构时提出。他描述这种信息架构是一种“自底向上的社会化分类方法(Bottom-up Social Classification)”。而 Adam Mathes[26] 认为 Folksonomy 是一种基于共享元数据的协作分类方法，他指出 Web 用户在 Folksonomy 中为自己创造元数据，并将这些元数据共享到网络社区中，元数据就是用户所创造的标签（Tag）。Clay Shirky[27] 则形容 Folksonomy 是一种社会性创造的平面化的命名空间（Socially Created，Typically Flat Name-spaces）。综上，从社会化标注系统中衍生出来的 Folksonomy 是一个由一群人自发性定义的、平面化的、非层级式的标签分类方法。而标签则是一种自由形式的关键词或索引短语元数据（Free Form Keyword or Index Term Metadata）。标签能够直接、迅速地反映 Web 用户的词汇、需求及其变化，对于元数据的扩展、认知权威的发现、信息检索的改进具有重要的意义。图 2.3 展示了两个社会化标注系统 Bibsonomy 和 Delicious 中的标签。

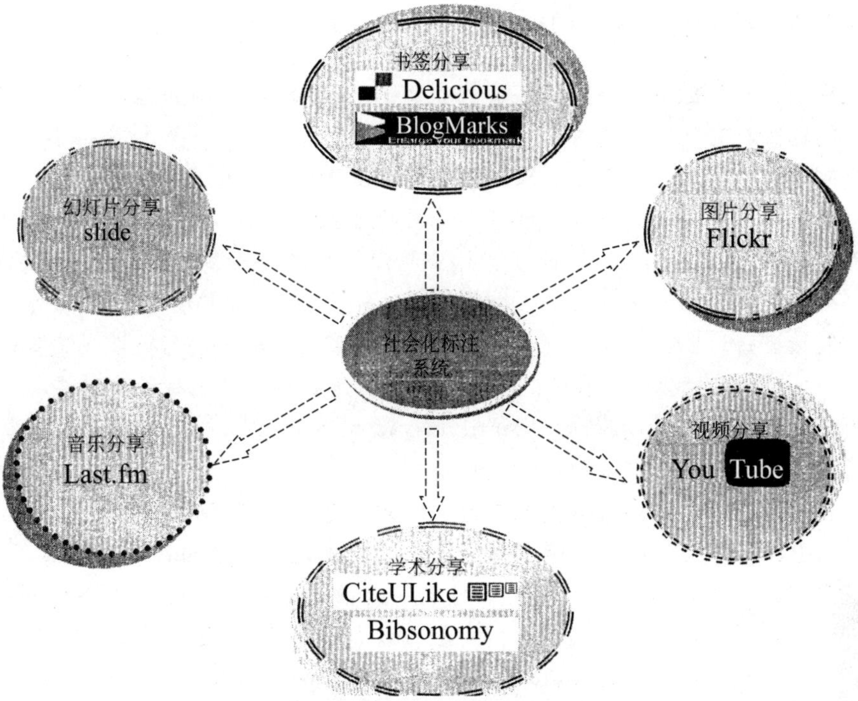

图 2.2 典型的社会化标注系统

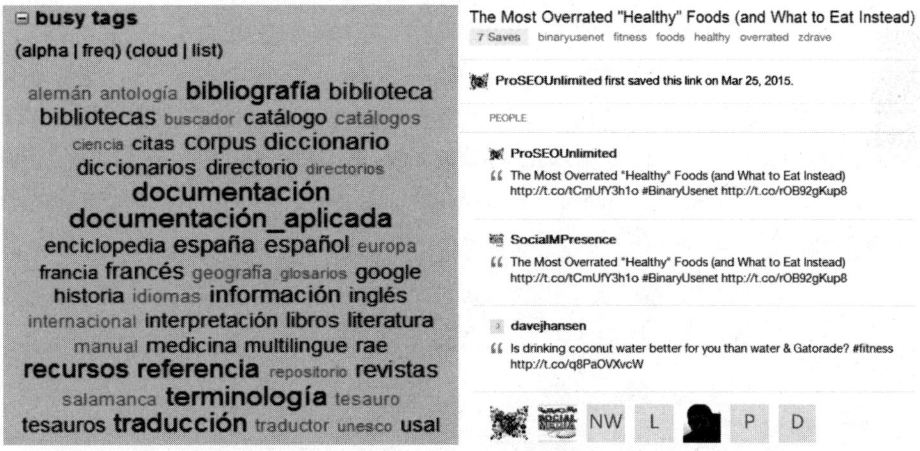

(a)Bibsonomy中的标签云　　(b)Delicious中用户为某Web页面标注的标签

图 2.3 社会化标签的例子

2.2 社会化标注的相关研究综述

从 Folksonomy 这一短语被 Thomas Vander Wal 创造之日起，研究人员就对社会化标注的相关理论及应用进行了深入且广泛的探讨。主要的研究包括用户的标注动机与标签的分类、社会化标注的动态演化规律、标签的语义识别、标签的推荐、标签的可视化、标签在信息检索中的应用、标签的聚类等。

2.2.1 用户的标注动机与标签的分类

用户的标注动机和标签的分类能够解答“Why and What”的问题，即：人们为什么要标注？标注的标签具有什么样的含义？研究人员从心理学、社会学、行为科学、语言学等角度对这两个问题进行了研究。Shilad Sen[28]对标注行为所支持的任务进行了研究，他认为，用户进行标注的目的是完成以下五个任务：①自我表达（Self-expression），标签被用来表达用户的观点；②学习（Learning），标签被用来帮助用户学习相关的知识；③组织行为（Organizing），标签被用来组织和管理个人网络资源；④查找（Finding），标签被用来搜索相关的资源；⑤决策支持（Decision Support），标签被用来决定是否进行检索或浏览。Golder和Huberman[29]对标签在社会化书签中的功能进行了归纳，他们认为标签在社会化书签中具有七种功能：①标签能够标识人或物［Identifying What（or Who）It Is About］，标签可以识别书签项目的主题，当一个书签项目的内容是对一个人、一个组织或一件物品的讨论时，书签项目的主题可以用一些具有特异性的普通名词或专有名词进行标记；②标签能够标识事物的类型（Identifying What It Is），除了标识人或物之外，标签还可以标识书签项目的类型，如某一书签项目的标签为article，表明是对某一文章的标注；③标签能够标识拥有人（Identifying Who Owns It），很多书签内容的创造者或拥有者会被用来标记书签项目；④标签能够精炼分类（Refining Categories），许多标签不是孤立的个体，它们要么被用来改善分类的质量，要么本身就是分类体系的一部分；⑤标签能够标识品质和特性（Identifying Qualities or Characteristics），一些形容词经常被用来标记书签项目的特性，如“funny，stupid，inspirational”等形容词被用来表达标注者的情感和观点；⑥标签具有“自引（Self Reference）”的功能，一些标签以“my”作为前缀，该类标签表明了书签的内容和标注者之间的关系；⑦标签具有“任务组织（Task Organizing）”的功能，当人们因为执行某一任务而去收集相关信息时，为了将这些信息聚集在一起，通常会根据该任务将这些信息标注合适的标签，使得标签具有了任务组织的功能。Manish Gupta等人[30]在总结前人研究成果的基础上，对用户的标注动机、标签的语言学分类、标签的类型等进行了系统的划分，如表2.1～表2.3所示。

表2.1 用户标注动机

用户标注动机 (User Tagging Motivations)	描述 (Describe)	标签举例 (Examples)
未来检索的需要 (Future Retrieval)	用户标注的目的是便于自己或别人以后更容易检索目标，标签作为一种提醒激励用户处理某一事情	“toread”, “tosearch”
贡献与共享 (Contribution and Sharing)	为了使已知或未知的朋友获取有价值的信息，标签被用来描述资源或添加到资源的概念集合中	“novel thriller”
吸引关注 (Attract Attention)	利用流行标签吸引其他人关注自己的资源	“Furious7”
竞争与比赛 (Play and Competition)	利用某些规则集合标注其他人正在进行的标注	
自我描述 (Self Presentation)	表明用户在标注系统中或标记某一特殊资源时的身份	“seen-live” “mystuff ”
观点表达 (Opinion Expression)	标签被用来表达一种有价值的判断，从而能够更好地分享给其他人	“elitist”
任务组织 (Task Organization)	标签被用来标注某项任务	“jobsearch”
社会信号传播 (Social Signalling)	标签被用来给其他人传达目标对象的上下文信息	
利益驱动 (Money)	某些网站如“Squidoo”等为用户创造的标签提供报酬	
技术易用性 (Technological Ease)	当前的技术使得人们能够十分容易地将标注有标签的资源上传到Web上	

表 2.2 标签的语言学分类

标签的语言学分类 (Linguistic Classification of Tags)	描述 (Describe)	标签举例 (Examples)
功能性的 (Functional)	标签被用来描述目标对象的功能	"weapon"
功能性的集合 (Functronal Collecation)	被用来描述目标对象功能的一组标签	"furniture, tableware"
起源性的集合(Original Collecation)	被用来描述事物为什么汇集到一起的一组标签	"garbage, contents,dishes"
功能与起源 (Function and Origin)	标签被用来描述为什么一个目标对象存在，它存在的目的是什么，它来自于哪里	"Michclangclo", "medieval"
分类性的 (Taxonomic)	标签被用来帮助目标对象分类到合适的类别	"animalia", "chordata"
形容词 (Adjective)	标签体现了资源的某些性质	"red","great"
动词 (Verb)	一些表示行为和动作的词	"explore", "jumping"
专有名词 (Proper Name)	标签描述的目标对象是一些特殊的事物	"New Zealand"

表 2.3 标签的种类

标签种类 (Kinds of Tags)	描述 (Describe)	标签举例 (Examples)
基于内容的标签 (Content-Based Tags)	标签被用来标识资源的内容	"autos", "batman"
基于上下文的标签 (Context-Based Tags)	标签被用来描述目标对象被创建的时间、地点或环境等信息	"San Francisco"
属性标签 (Attribute Tags)	标签被用来描述目标对象的内在属性	"black"
拥有者的标签 (Ownership Tags)	标签被用来标识资源的所有者	"jeremy's"
主观的标签 (Subjective Tags)	标签被用来描述用户的观点或情感	"funny","cool"
组织性的标签 (Organizational Tags)	标签被用来标识个人的素材	"mypaper", "mywork"
目的性的标签 (Purpose Tags)	标签被用来表明某种意图	"translate text"
真实性的标签 (Factual Tags)	标签被用来确定目标对象的真实情况，如目标对象是人、动物、位置或概念等	"blue bird"
个性化的标签 (Personal Tags)	该类标签的目标受众是用户自身	"00s"
自参考性的标签 (Self-referential Tags)	该类标签被用做自我参考，从而去标记其它资源	"sometaithurts"
标签束 (Tag Bundles)	通常被用来表明一种层次性的大众分类标签组	"C#, programming"

此外，Manish Gupta 等人[30]还将社会化标注系统的用户划分为两种类型：分类者（Categorizers）和描述者（Describers）。分类型的用户为目标对象所标注的标签更利于自己以后的查找和使用，分类型的用户有自己的词汇表；描述型的用户为目标对象所标注的标签更有利于其他用户的搜索或利用。用户标签数量的变化常被用来作为判断用户是描述者还是分类者的依据：某一用户越频繁地使用一次性的标签来标注资源，或他的标注词汇表增长的速度越快，则该用户越有可能是一个描述者；反之，如果一个用户使用的标签与标注的资源的比例处于一个相对稳定状态，则该用户更有可能是一个分类者。

2.2.2 社会化标注的动态演化规律

社会化标注允许用户将网络资源添加到标注系统中，并为资源标注上合适的标签，随着时间的推移，资源被用户不断地添加到系统中，用户生产的元数据-标签的数量也会不断地增长。标签的动态增长到底符合什么样的规律？是随着资源的增长而线性地增长，还是随着时间的变化，逐渐收敛到一个合适的规模？这个问题激起了一些研究人员的兴趣。Golder 和 Huberman[29]最先研究了 Delicious 系统的动态演化特性，通过对用户的行为模式、标签的数量与使用频率、资源的受关注度和同一资源使用的标签的稳定性等问题的研究，他们发现：用户对标签的选择不是随机的，他们的标注行为深受其他用户的影响；某一标签的使用频率会出现突然激增的现象，这与用户的兴趣转移有关；资源的受关注度会随着时间的推移达到一个峰值；同一资源中每个标签的使用频率随着多个用户创建的书签的增长而达到一个稳定的状态。Halpin 等人[31]通过对 Delicious 系统进行分析，发现 Delicious 系统中标签的使用频率和标签的数量符合幂律分布的特点，即大部分标签的使用频率较低，而只有少量的标签被用户频繁地使用，标签的使用频率呈现出长尾的现象；他们的研究还表明，标签的频率分布在不同时间点（时间步长相等）上的 KL 散度（Kullback-Leibler Divergence）随着时间的推移会逐渐收敛到 0。Cattuto 等人[32]指出，对于单个资源，其标签词汇表的增长在时间上遵循指数为 2/3 的幂律分布。Lin 等人[33]对 Flickr、Delicious 和 Youtube 等系统的动态特性进行了研究，证实了标签的增长遵循指数小于 1 的幂律分布，当标签的规模达到一定程度后，标签的增长规律遵循 Heap 的分布。上述研究表明，随着时间的变化及资源的不断增加，标签在标注系统中的使用会逐渐地收敛。标签的这种动态增长规律也体现了标注系统的协同学习机制，即用户通过浏览、搜索其他用户的标签或资源来相互学习，其使用的标签在相互学习的过程中会逐渐趋同，使得标注系统中的标签数量达到一个较为稳定的规模，不会随着资源的无限增长而无限地增加。

2.2.3 标签的语义识别

从直观上感觉，作为用户产生的大众分类，社会化标签应该具有一定意义的语义。然而，受到用户自身理解的差异和个人标注习惯等的影响，社会化标注系统中同一个标签对于不同的用户来说可能表达不同的含义，而且不同的标签又可能表达相同的含义，使得社会化标签表现出同义、多义等歧义性问题。如何有效地识别社会化标签的语义，对标签语义形成一个清晰的认识，使得标签在语义网中的应用价值最大化，已成为当前研究的热点问题。许多研究人员对标签的语义识别问题进行了研究，其主要方法有三种。

（1）从标注信息中挖掘标签的潜在语义

Yeung 等人[34]分析了社会化标注系统中的三部图结构，并利用 Newman 等人[35]提出的社区结构发现算法即 GN 算法来识别标签的语义，实现标签的词义消歧。首先，从标注数据中抽取与目标标签相关的资源，并将这些资源构建成一个图结构；然后，从图中移除最大介数中心性的边（Edge of Betweenness Centrality），对图进行划分并计算划分的模块度（Modularity），利用 Modularity 对图的最优划分实施更新，不断重复这一过程直到从图中移除所有的边；最后，使用最优 Modularity 的划分来对资源进行聚类，不同的聚类簇表示目标标签的不同含义，并选择簇中使用频率最高的 n 个标签来标识目标标签的语义。Wu 等人[36]利用概率模型分析了用户、资源和标签之间的三元关系，他们假设标注数据有 D 个概念空间，利用 EM 算法估计了标签、资源和用户属于每个概念空间的概率，从而挖掘出标签的潜在语义。

（2）基于外部知识源的方法

Carmagnola 等人[37]将社会化标签映射到 WordNet 的层次概念结构中，从概念层次中提取标签所属的类别，并判断标签类别与内容的一致性，从而识别标签的语义。Lee 等人[38]根据共现关系来识别标签的局部及全局邻居标签，并将这些标签作为目标标签的上下文背景，把 Wikipedia 作为参考的外部知识源，通过计算 Wikipedia 中所有的主题与目标标签上下文背景的内容相似性，使得目标标签被映射到内容相似性最大的主题上，从而识别标签的语义。Garcia 等人[39]将 DBpedia 作为外部知识源，选择与 Lee 等人相似的方法将目标标签映射到 DBpedia 的主题上，实现了标签的语义识别。

(3) 本体学习的方法

从标注信息中构建标签本体是识别标签语义和实现标签层次化的重要途径。Gruber[40]提出利用本体论来形式化地描述标签，并提出构建标签本体的概念模型，以期获取标签的语义层次结构。Schmitz[41]利用 Flickr 的标注数据，基于一种包含模型，结合剪枝技术来构建标签的本体结构。Brooks 和 Montanez[42]检索了 Technorati（http://technorati.com）网站中使用最多的 1000 个标签，采用随机的方式从 1000 个标签中抽取了 250 个标签，并获取了每个标签的 20 个相关文档，依据文档相似性，对这 250 个标签进行了聚类。他们在聚类标签时利用凝聚式层次聚类算法来生成标签的层次结构。刘凯鹏等人[43]提出了一种标签本体学习算法，即首先发现标签之间的包容关系，然后建立标签包容关系图，利用随机游走方法计算标签的普遍性并对其排序，同样使用凝聚式层次聚类算法生成了一个轻量级的标签本体。

2.2.4 标签的推荐

依据用户已使用的标签集合、用户的标注行为和标注习惯、资源的内容等信息，许多社会化标注系统已经开始为用户推荐合适的候选标签来帮助用户完成资源标注的工作。标签推荐不仅有益于提升用户的体验，而且对于实现富标注（Rich Annotation）是非常有效的；标签推荐在一定程度上决定了一个标注系统的流行程度和生存能力，好的标签推荐功能能够吸引更多的用户，赢得更多的投资。因此，对标签推荐方法的研究一直是社会化标注系统的一个重要研究内容。目前主要的标签推荐方法包括：基于资源的标签推荐方法、基于用户的标签推荐方法、基于标签分析的标签推荐方法和基于链接分析的标签推荐方法等。

基于资源的标签推荐方法通常选择与资源内容关联程度最好的标签来实现标签的推荐。Chirita 等人[44]提出了一种标签推荐算法 P-TAG，该算法同时利用标签与用户的相关文档及目标资源的相关性来推荐合适的标签。Lu 等人[45]提出了一种改进的基于资源内容的标签推荐方法，该方法在用户、资源和标签的三元关系模型中传播标签标注资源的概率，通过计算标签与资源内容的相关性，从而推荐合适的标签。Song 等人[46]利用 2-way 泊松混合模型来建模资源并对目标资源进行分类，通过排序目标资源所在类别内的标签来推荐最优的 n 个标签。Guan 等人[47]在引入资源内容的基础上，对用户、资源和标签之间的三元关系进行了重建，提出标签的图排序算法，并将其用于标签的推荐。Krestel 等人[48]利用 LDA（Latent Dirichlet Allocation）[49]主题模型来对资源的标签进行建模，在该模型上计算资源和标签的相关度来实现标签的推荐。Si 等人[50]提出了利用资源的内容及资源的标签进行联合建模的 Tag-LDA 潜在主题模型，并用于标签的推荐。基于资源的方法独立于用户，具有较好的时间性能，但是该类方法很少考虑用户的个人喜好，无法满足其个性化的推荐需求。

基于用户的标签推荐方法主要利用协同过滤的思想，即首先寻找与目标用户具有相似爱好的用户，然后根据这些相似用户的爱好为目标用户进行推荐。社会化标注系统的标注数据展现的是用户、资源和标签的三元关系，研究人员通常将三元关系转换成二元关系后再利用协同过滤方法进行推荐。Jäschke 等人[51]采用两种不同的方式将三元标注关系转换成二元关系，基于向量空间模型，利用余弦相似度来计算与目标用户最相似的用户，并将该相似用户的标签作为推荐的依据。Marinho 等人[52]使用相似的方法来推荐标签，他们限制了成为相似用户的条件，规定只有标注过目标资源的用户才可能成为相似用户。另外，基于用户的标签推荐还利用用户的外部信息来寻找相似用户，Mishne[53]通过分析用户资料（User Profile）来衡量用户之间的相似度，并根据相似的用户会使用相近的标签这一假设来为博客文章推荐标签。Liu 等人[54]利用资源内容来建模资源的相似关系，并引入了用户的社会关系，提出了一种新的图模型，在此模型上提出一种基于随机游走的相似度计算方法来计算各种对象（同类，如用户和用户；或者不同类，如用户和标签）之间的相似度，并将其应用于个性化的标签推荐。对于新用户来说，由于其提供的信息很少，基于用户的标签推荐方法具有较弱的推荐能力。

基于标签分析的标签推荐方法通常关注标签之间的共现关系和标签的质量。Sigurbjörnsson 等人[55]提出了基于 Jaccard 的标签共现、基于非对称的标签共现、基于投票的标签共现和基于加权投票的标签共现等方法来测量标签之间的相似关系并对标签进行评分，在此基础上，选择概率值较大、位于幂律分布中间的标签进行推荐。Xu 等人[56]对标签质量的评价标准进行了分析与定义，基于这些评价标准提出了一种协同的标签建议算法来发现高质量的标签，并将这些高质量的标签用于推荐。

基于链接分析的标签推荐方法常常使用图模型来建模用户、资源和标签之间的三元关系，并在图上使用链接分析来推荐标签。Hotho 等人[57]提出了 FolkRank 算法，通过迭代用户、资源和标签的互增强关系来计算标签在图中的分数，排序后选择分数最优的标签来完成推荐工作。Symeonidis 等人[58]利用三阶张量来建模社会化标注的三元关系，通过高阶奇异值分解来获取标签的潜在语义，进而完成标签的推荐工作。Rendle 等人[59]同样将三元标注关系用三阶张量进行建模，提出了基于张量分解的标签排序算法来进行标签推荐。除了将三元关系建模成图或张量之外，Harvey 等人[60]在分析用户、资源和标签关系的基础上，提出了它们的三部主题模型（Tripartite Topic Model）来解决标签推荐时的稀疏性等问题。

2.2.5 标签的可视化

作为用户生产的内容，标签蕴含着丰富的信息，合适的标签展现形式能够帮助用户从大量的标签中迅速地发现有价值的信息，因此，对于标签友好显示（即标签可视化）的研究从社会化标注系统诞生之日起就吸引了广大研究人员的兴趣。目前，大部分社会化标注系统采用“标签云”的形式来在网页中显示标签。一般来说，使用越频繁的标签，在标签云中的显示越醒目（如颜色鲜艳、字体大等）；此外，一些联系比较紧密的标签会被一起显示出来以利于查找。作为一种新颖的导航界面，标签云具有简明、时尚的特点，深受用户的喜爱。刘凯鹏[61]总结了标签云的功能，他们认为标签云具有浏览、搜索、提要和识别的功能。现有的研究也都围绕如何提升标签云的这些功能展开，包括：标签云的显示、应用和评价等。

仅考虑标签的使用频率来展现标签云是很多社会化标注系统普遍采用的方法。该方法简单有效，但是无法向用户直观地传递关于标签的更多信息。为了解决这一问题，许多人员开展了相关的研究。Kaser 和 Lemire[62]提出了一个对标签之间关系进行显示的模型，并给出了利用 HTML 语言在网页中嵌套 table 来展现标签云布局的方法。Fujimura 等人[63]研究了大规模标签数据的标签云显示方法，该方法用一个“地图”来展现标签云，其中，标签的使用频率或重要程度用字体的大小来表示，标签的相关性用两个标签在页面上的距离来表示，标签所表达概念的抽象程度用标签的“高度”表示，越抽象的标签高度越高。Montero等人[64]将标签覆盖资源的数量、描述资源的程度等作为评价标签有用性的指标，利用K-means算法选择相关的重要标签，并将其显示成标签云结构。Dubinko等人[65]对标签使用信息的时间变化趋势进行了分析，结合标签的受关注度、标签的权重和时间戳等信息，利用标签瀑布和河流等形式展现了标签云的动态演化特性。

除了被用来显示标签之外，标签云还被用来开展信息检索和查询等工作。Montero和Solana[64]通过分析将标签云用作信息搜索界面的相关影响因素，给出了在此背景下显示标签云的方法。Kuo等人[66]将查询结果的摘要分词成标签的形式，并利用标签云来展现这些标签的使用频率。Aouiche等人[67]研究了标签云的联机分析处理方法，包括标签云的切片、钻取等操作，从而实时地响应用户的操作。

关于标签云的评价，Rivadeneira等人[68]从颜色、大小、粗细等字体特征和排序、聚集、空间布局等特征上分析了影响标签云显示效果的视觉因素；通过用户参与评价，分析了用户的认知、记忆、印象的形成等受视觉因素的影响程度。结果表明，低级的认知与记忆容易受到字体的大小和位置等的影响，而高级的印象形成容易受空间布局的影响。Halvey和Keane[69]以任务驱动的方式对标签云的视觉特征进行了评价，结果表明，字体的大小、标签的位置、标签是否按字母排列对于用户查找信息非常重要，用户习惯于去扫描而非去阅读标签云。

2.2.6 标签在信息检索中的应用

传统的信息检索主要利用向量空间模型（VSM：Vector Space Model）来查找与用户查询相关的文档，在文档数量有限的情况下，该方法具有很好的性能。在网络环境下，由于存在着数量巨大的Web网页，这种基于内容的检索方法反馈给用户大量的相关网页，使得用户无法获取有效的结果。通过判断网页的质量来将查询结果中高质量的网页反馈给用户成为解决该问题的关键，Web本身的链接结构为网页质量的评估提供了一种有效的方法。现有的搜索引擎技术如Google的PageRank算法[70]就是依据网页的链接结构来判定网页的质量，其核心思想是依据受关注程度（被链接得越多越重要）来判断网页的质量，但是PageRank算法容易受到垃圾链接等问题的干扰，导致反馈给用户的结果出现一定的偏差。因此，依赖于关键词查询和搜索引擎倒排索引的信息检索方法在检索灵活性、检索性能和结果准确率上都存在着不足。

标签作为社会化标注系统中用户生产的元数据，描述了资源的内容、背景等属性，具有分面索引、语义联结和资源聚合等功能，以及在一定程度上改进当前的搜索结果的能力。已有学者开展了这方面的研究工作。Yanbe等人[71]利用标签数据改进了传统的搜索引擎，结果表明：标签数据有效地改进了基于链接分析的网页质量评估算法；标签中的时间数据不仅支持与时间相关的查询，而且还可以实现与时间相关的网页质量评估；标签的使用提高了查询结果的相关性；标签的使用能够对搜索结果实现情感性和倾向性的过滤。Heymann等人[72]利用Delicious数据对标签改进搜索引擎结果的可能性进行了统计分析，结果显示：标签标注数据的质量较高，标签标注的客观性非常明显，标注的相关性较强，利用标签标注数据改进搜索引擎结果是可行的。Braun等人[73]基于多源的思想，利用多个社会化标注系统设计了一种个性化的元搜索引擎。Li 等人[74]利用标签空间的查询扩展来对搜索结果进行改进，取得了良好的效果。标签与当前的信息检索技术相结合用于增强信息检索的能力，已取得了一定的成果。利用语义分析等技术发现标签的潜在语义并将其用于辅助语义检索是进一步研究的重点。

2.2.7 标签聚类对相关研究的作用

除了上述研究之外，标签的聚类也是社会化标注中的研究热点。如本书 1.2 节所述，标签聚类能够揭示标签在标注行为上的内在凝聚性和一致性，反映出用户、资源和标签更本质的特征，可以用一种更加简明扼要的形式来展现用户的兴趣模型、资源的概要信息或标签的潜在语义。标签聚类能够对标签描述的精确性进行有效的提升，从而改善标签组织的无序性；标签聚类能够为 Web 用户提供更好的标签导航与浏览机制，提高标签信息查询和检索的准确率；标签聚类能够发现标签集合中隐含的语义结构，为标签语义网及语义本体的构建提供基础；标签聚类能够辅助社会化标注系统，为用户提供更好的推荐服务。因此，作为一个基础性的工作，标签聚类对标签的语义识别、标签的推荐、标签的可视化、标签信息检索等研究工作具有十分重要的作用。

2.3 本章小结

本章对社会化标注的相关研究进行了综述。首先对社会化标注系统及其模型进行了简介，给出了社会化标注的形式化描述；然后对社会化标注的相关研究工作进行了概述，包括用户的标注动机、社会化标注的演化机制、标签语义识别、标签的推荐、标签可视化、基于标签的信息检索等内容；最后阐述了标签聚类对相关研究工作的重要意义。

第3章

基于相似度的社会化标签聚类方法研究

3.1 引言

社会化标注系统中包含着三个基本的实体要素和一个关系要素，实体要素是指用户、资源和标签，关系要素是指它们之间的三元标注行为。用户标注的自由和随意性，使得这种用户生产的元数据（标签）在语义表达、知识理解方面具有一定的局限性。标签聚类能够从标注行为上揭示标签的内在一致性和凝聚性，为对标签的理解和有效利用提供基础。众所周知，聚类学习是一种无监督的学习方法。和分类学习不同，聚类不依赖于训练样本预先定义的类和类标号进行学习，而是根据样本之间的相似关系将其聚集成不同的类簇。聚类以尽可能地追求较高的类内相似度和较低的类间相似度为基本指导原则。通过聚类，抽象对象的集合将会被分成多个由类似对象组成的集合。由此可见，聚类的主要工作是测量对象之间的相似关系，即获取对象之间的相似度，并以相似度为基础对对象进行重新归类。

在社会化标注系统中，同一用户可能使用相同的标签去标注不同的资源，同一资源的标签也可能由许多不同的用户所标注。用户使用标签去标注资源或资源被用户所标注，从而形成了一种特殊的三元标注关系，即用户、资源和标签这三类实体对象之间的标注行为。标签聚类即是对标签这一实体对象所形成的标签集合体进行聚集与归类，从而形成具有一定概念、语义或结构的聚类簇。标签聚类不仅能够方便用户的使用，而且能够为标注系统提供统一的用户词汇。由于用户、资源和标签之间的三元标注信息是社会化标注系统可提供的基础信息，如何利用这一基础信息来测量标签之间的相似关系并实现标签的聚类是本章研究的重点内容。

关于利用三元标注信息来实现标签的聚类，目前已有的聚类方法主要是将三元的标注关系进行投影，从而获取标签与资源或标签与用户之间的二元关系，通过建模这些二元关系，计算标签之间的相似度，并使用某种聚类算法来聚类标签。该类方法存在着一个重要的问题：由于不是对三元关系进行直接建模，因此在三元关系向二元关系转化的过程中，一些潜在的有用信息被丢弃，使得聚类结果的质量和可信性有待于进一步的提高。因此，有效地利用社会化标注系统提供的三元标注信息，精准地测量标签对象之间的相似性，是提升标签聚类质量的重要基础。本章将研究如何有效地利用三元标注信息来实现标签的聚类。本章的主要成果包括：①在对已有的标签相似度测量方法进行分析的基础上，提出了一种基于共同共现群体的标签相似度测量方法，该方法直接对三元标注信息进行建模，能够避免将三元关系转化成二元关系的过程中产生的语义或信息丢失问题；同时，该方法从全局的角度来度量标签的相似性，有效解决了局部信息稀疏或不足引起的相似度测量不精确的问题；此外，该方法从统计共现的角度来测量标签之间的相似性，一定程度上缓解了将标签建模成基于用户或基于资源的向量空间模型时所引起的高维等问题。②对主要的标签聚类算法进行了分析比较，提出利用谱聚类算法来解决标签数据分布不规则的问题。通过在实际的数据集上进行的实验和分析，表明了本章提出的基于共同共现群体相似度的标签谱聚类方法具有较好的聚类效果。

本章的组织结构如下：3.2 节介绍了社会化标注系统中标签聚类的相关工作；3.3 节详述了传统的标签相似度测量方法，包括基于向量空间模型的方法和基于标签共现的方法等，从三元标注关系的本质上对这些方法进行了分析与总结；3.4 节介绍了目前主要的标签聚类算法，并对其进行了分析；3.5 节详细描述了本章所提出的基于共同共现群体相似度的社会化标签谱聚类方法；3.6 节对实验结果进行了比较分析；最后在 3.7 节对本章内容做出了总结。

3.2 相关工作

近几年来，许多研究人员在社会化标注系统中应用聚类技术来实现社会化标签的再组织工作。

(1) 向量空间模型的代表性方法

Heymann 等人[75]利用向量空间模型将标签建模成基于资源的向量，通过计算标签之间的向量相似度来确定相关标签及其相似度，在此基础上，利用无向图分割等技术，他们最终将标签集转换成了一种层次树的结构。Andriy 和 Gemmell 等人[15,16]为了提升 Web 用户使用社会化标注系统的体验，也使用向量空间模型来建模标签与 Web 资源之间的标注关系，利用层次聚类算法来获取标签的聚类结果并将其应用到标签的个性化导航和推荐中。易明等人[14]利用向量空间模型把标签建模成 Web 资源向量的形式，在此基础上使用基于密度聚类的算法来实现标签的聚类，并将聚类结果应用到 Web 用户的兴趣建模中。曹高辉等人[76]利用余弦公式计算基于资源的标签向量相似度，并采用凝聚式层次聚类（AHC：Agglomerative Hierarchical Clustering）方法对标签进行聚类。Xu 等人[17]提出了一种核信息传播的标签聚类方法，该方法在标签的资源向量空间上利用余弦夹角函数来测量标签之间的相关性，在此基础上，首先在 kNN 有向图中利用核密度评估的方法来判断标注数据中标签的权威度，然后利用随机游走重启算法来确定标签聚类簇中的核。

Lehwark 等人[77]用 TF-IDF 公式来计算标签资源向量的权重，使用余弦公式来获取标签的相似度，在此基础上，利用涌现自组织特征映射（ESOM：Emergent-Self-Organizing-Maps）和 Ultsch 映射（U-Maps）技术来聚类和可视化标注数据，并将其用于揭示 Last. fm 音乐集合中的潜在语义结构。李艳等人[78]使用资源数表示标签向量，并对标签进行相似性计算，运用系统聚类法计算其聚类系数，从而构建出合适的标签簇。韩敏等人[79]提出了一种基于 TF-IDF 相似度的标签聚类方法，该方法利用 TF-IDF 公式计算任意两个标签关于某个资源或某个用户的相关度系数，并通过加权求和来确定标签之间的相似性，该方法的本质仍然是利用向量空间模型对标签进行聚类。熊回香[80]将标签表示成基于资源标注次数的向量，以广义 Dice 系数来计算标签间的相似度，在此基础上，结合层次聚类算法和划分聚类算法的优点，提出了一种基于标签向量排序的聚类算法。

(2) 标签共现的代表性方法

Dattolo等人[81]基于标签的资源共现，提出了一种检测相似标签聚类簇及簇之间关系的方法，他们从标签聚类的过程中发现了相关标签的不同类别。Mika等人[82]使用标签相对于资源的共现次数来测量标签之间的相似关系。Knautz等人[18]为了提升标签信息检索的效率，提出利用标签的资源共现来测量标签的相似性，在此基础上使用单链接层次聚类算法来聚类标签。Simpson[83]提出了一种基于资源共现的图划分方法来聚类标签，通过移除权重最小的边来将标签共现图划分成无连接的子图来获取聚类簇。Begelman等人[19]同样提出了一种基于资源共现的标签谱图分割聚类方法，并利用模块化函数来判定分割是否可接受。Cui等人[21]在“资源-标签”的二部图上，提出了一种基于资源共现的随机游走方法来测量标签之间的相关性，在此基础上，他们提出了一种新的标签聚类方法“TagClus”来实现标签的聚类。Liu等人[84]利用TF-IDF公式计算标签相对于每个资源的权重，在获取权重的基础上，他们提出用两个标签相对于相同资源的相关系数来测量标签的相似度，并使用K-means算法思想来实现标签的聚类，最终的聚类结果被用于协同过滤标签推荐并取得了较好的效果。

van Dam和Vandic等人[85,86]提出利用编辑距离和两个标签资源共现向量的余弦夹角来测量标签之间的相似度，在此基础上，他们提出了一个语义标签聚类搜索框架，能够用来同时处理基于语法和语义的标签变量，该方法能够帮助用户进行准确的浏览和搜索，从而克服现有云标注系统的缺陷。王萍和张际平[20]首先建模了标签的共现网络，在对标签共现网络进行分割的基础上，提出基于相似性的标签聚类算法来实现标签的聚类。Giannakidou等人[87,88]同时考虑标注数据的社会性和语义特征，提出了一种协同聚类的方法来聚类标签和社会数据资源，标签相似度的测量采用社会相似度和语义相似度加权综合的方法来实现，其中社会相似度利用基于资源的共现来获取，语义相似度利用外部的本体来测量。王翠英等人[89]使用标签的资源共现信息来测量标签之间的相似性，通过设定阈值来过滤非高度共现的标签并建立标签相似度稀疏矩阵；对于给定高度相似的成对标签，他们提出将其作为原始的标签群，通过寻找与原始标签群相似的其它标签来扩大这个标签群，从而实现标签的聚类。

上述标签聚类方法及其相关工作的研究基本上都是按照两步走的策略来对标签进行聚类，即首先测量标签之间的相似度，然后选择一种聚类算法进行聚类。标签相似度的测量方法主要从标签的向量空间模型、标签共现、标签与外部知识源的联系等角度来实现；聚类算法的选择也以划分法和层次法为主，包括K-means算法和凝聚式层次聚类法等。

3.3 传统的标签相似度测量方法

在上一节对相关工作的介绍中，明确了标签相似度的测量是实现标签聚类及再组织的基础，因此，本节将对传统的标签相似度测量方法进行详细的描述，包括基于向量空间模型的标签相似度测量方法和基于共现的标签相似度测量方法等，并对这些方法进行分析与总结。

3.3.1 基于向量空间模型的方法

Salton等人[90]在20世纪70年代提出了向量空间模型（VSM：Vector Space Model），

Salton 及其团队利用向量空间模型设计开发了第一个真正意义上的搜索引擎——神奇的文本自动检索器 SMART（Salton's Magic Automatic Retriever of Text）。VSM 主要被用来处理文本文档，其设计思想比较简单，即将文本的内容表示成向量空间中的运算向量，其中，向量的每一维都代表着文本中的一个特征词，通过计算向量之间的相似度来度量文档之间的相似性，从而为文本信息检索提供基础。在 VSM 中，$\boldsymbol{V}(d)=[i_1,v(i_1,d);i_2,v(i_2,d);\cdots;i_k,v(i_k,d);\cdots;i_n,v(i_n,d)]$表示文档 d 被映射成的一个特征向量；其中，向量 $\boldsymbol{V}$（d）用来表征某一文档，$\{i_1,i_2,\cdots,i_k,\cdots,i_n\}$代表文档的特征词集合，$v(i_k,d)$表示第 k 个特征词 i_k在文档 d 中的权重。常用的计算特征权重的公式为 TF-IDF 特征加权公式。TF-IDF 方法利用特征词在文档中的出现频数（词频：Term Frequency）和文档频数的倒数（逆文档频率：Inverse Document Frequency）这两项的乘积来表征特征词的重要程度，其中，TF 表示文档中特征词的重要性，IDF 表示整个文档集合中特征词的区分度。TF-IDF 公式在实际运用中会有很多不同的变形，这里给出最常用的 TF-IDF 公式，如式（3.1）所示：

$$\mathrm{TF}\times\mathrm{IDF}=\frac{\#(w,\boldsymbol{W}_d)}{|\boldsymbol{W}_d|}\times\lg\left(\frac{|D|}{|\{d'\mid w\in \boldsymbol{W}_{d'}\}|}\right) \tag{3.1}$$

式中，$|\boldsymbol{W}_d|$表示文档 d 中总的特征词数；$\#$（w，$\boldsymbol{W}_d$）表示特征词 w 在文档 d 中出现的频次；$|D|$代表着文档集合 D 的个数；$|\{d'\mid w\in W_{d'}\}|$表示文档集合 D 中包含特征词 w 的文档的个数。

利用 VSM 模型将文档建模成 n 维特征空间的向量后，可以利用向量在向量空间上的相似度来测量文档的相似性。常用相似度计算公式包括：欧氏距离（Euclidean Distance）、曼哈顿距离（Manhattan Distance）、余弦相似度（Cosine Similarity）、皮尔逊相关系数（Pearson Correlation Coefficient）等。欧氏距离和曼哈顿距离通过距离来表明两个向量的相似性：距离的值越小，表明两个向量的相似性越大；距离的值越大，表明两个向量的相似性越小。余弦相似度、皮尔逊相关系数等相似度计算公式计算结果的值越大，说明两个向量越相似。利用 VSM 模型处理文本时最常用的相似度计算公式为余弦相似度，如式（3.2）所示：

$$\mathrm{Sim}(\boldsymbol{d}_a,\boldsymbol{d}_b)=\frac{\sum_{k=1}^{n}[v_k(\boldsymbol{d}_a)\times v_k(\boldsymbol{d}_b)]}{\sqrt{\sum_{k=1}^{n}[v_k(\boldsymbol{d}_a)]^2}\times\sqrt{\sum_{k=1}^{n}[v_k(\boldsymbol{d}_b)]^2}} \tag{3.2}$$

式中，两个文本向量 $\boldsymbol{d}_a$和 $\boldsymbol{d}_b$的相似度用这两个向量的余弦夹角来度量。这两个向量的夹角越小，则相似度的值越趋向于 1，说明这两个向量在方向上越一致，相似性也就越高。

对于社会化标注系统中标签的相似性度量，同样可以利用向量空间模型来对标签进行建模，从而在标签特征向量空间上使用合适的相似度公式来计算其相似度。由于社会化标注系统中所提供的基本数据为三元标注数据，对这种三元关系数据进行转换，将其映射成二元关系，并在二元关系上建模标签向量空间成为解决这一问题的重要思路。常见模型主要有标签的资源向量空间模型和标签的用户向量空间模型。

3.3.1.1 标签的资源向量空间模型

如 2.1 节的描述，社会化标注系统的模型可以用一个四元组 $F=(U,R,T,A)$ 来表示，

这里 U（Users）指的是 Web 用户的有限集合，R（Resources）指的是 Web 资源的有限集合，T（Tags）指的是标签的有限集合，A（Associations）代表 U、R、T 之间的三元关系集合，即标注集合，且 $A \subseteq U \times T \times R$。在社会化标注系统中，每个 Web 用户可能会对不同的 Web 资源进行标注，每个 Web 资源可能会被不同的 Web 用户所标注，而每个标签可能会被同一个 Web 用户使用去标注不同的 Web 资源，也可能会被不同的 Web 用户使用去标注相同的 Web 资源，因此形成了复杂三元标注关系。社会化标注系统可采集的基本信息就是三元的标注数据，例如：用户 u_1 使用标签 t_1 和 t_2 标注了资源 r_1，使用标签 t_2 和 t_3 标注了资源 r_2；用户 u_2 使用标签 t_1 和 t_3 标注了资源 r_2。则形成的三元标注数据集合可以表示为 $A=\{(u_1t_1r_1),(u_1t_2r_1),(u_1t_2r_2),(u_1t_3r_2),(u_2t_1r_2),(u_2t_3r_2)\}$，此时，$U=\{u_1,u_2\}$，$T=\{t_1,t_2,t_3\}$，$R=\{r_1,r_2\}$。

标签的资源向量空间模型将三元的标注关系向“资源-标签”这一二元关系进行映射，即不考虑用户这一维度，仅对“资源-标签”的二元关系进行建模。对于每个 Web 资源来说，其都对应着自身的社会化标签集合，因此，可以先建立 Web 资源的标签向量空间模型。在上面的例子中，可以将每一个资源视为一个文档，每一个标签视为一个特征词，则 $\mathbf{V}(r_1)=[t_1,v_{t_1}(r_1);t_2,v_{t_2}(r_1);t_3,v_{t_3}(r_1)]$，在仅考虑词频为权重的情况下，$\mathbf{V}(r_1)=[t_1,1;t_2,1;t_3,0]$；同理，$\mathbf{V}(r_2)=[t_1,1;t_2,1;t_3,2]$。

假设社会化标注系统的标注数据集合中有 $|R|$ 个 Web 资源和 $|T|$ 个标签，用 $\mathbf{V}_T(r)=[t_1,v(t_1,r);t_2,v(t_2,r);\cdots;t_{|T|},v(t_{|T|},r)]$ 表示 Web 资源 r 的标签权重向量，其中，$R=\{r_1,r_2,\cdots,r_{|R|}\}$ 为 Web 资源的集合，$T=\{t_1,t_2,\cdots,t_{|T|}\}$ 为标签集合，$v(t, r)$ 表示标签 t 在 Web 资源 r 中的权重，则 Web 资源集合的向量空间可以由“资源-标签”的关联矩阵来表示：

$$\mathbf{RT}_{|R|\times|T|}=\begin{bmatrix} v(t_1,r_1) & v(t_2,r_1) & \cdots & v(t_{|T|},r_1) \\ v(t_1,r_2) & v(t_2,r_2) & \cdots & v(t_{|T|},r_2) \\ \vdots & \vdots & & \vdots \\ v(t_1,r_{|R|}) & v(t_2,r_{|R|}) & \cdots & v(t_{|T|},r_{|R|}) \end{bmatrix}$$

在 **RT** 关联矩阵中，行向量表示的是某一 Web 资源所包含的特征词（社会化标签）的权重，列向量表示的是某一个特征词（社会化标签）在全部 Web 资源中的权重。因此，根据 **RT** 关联矩阵的列向量，将其转置，可以用来表示标签的资源向量空间，即将标签 t 表示成 Web 资源及其权重的形式，$\mathbf{V}_R(t)=[v(t,r_1);v(t,r_2);\cdots;v(t,r_{|R|})]$。

基于资源的标签向量空间模型，可以用“标签-资源”的关联矩阵进行表示：

$$\mathbf{TR}_{|T|\times|R|}=(\mathbf{RT}_{|R|\times|T|})^{\mathrm{T}}=\begin{bmatrix} v(t_1,r_1) & v(t_1,r_2) & \cdots & v(t_1,r_{|R|}) \\ v(t_2,r_1) & v(t_2,r_2) & \cdots & v(t_2,r_{|R|}) \\ \vdots & \vdots & & \vdots \\ v(t_{|T|},r_1) & v(t_{|T|},r_2) & \cdots & v(t_{|T|},r_{|R|}) \end{bmatrix}$$

对于 $v(t, r)$ 权重的计算，可以使用 TF-IDF 公式或其变形公式，Si 等人[91]给出的 TF-IDF 的一个变形公式可以用来借鉴，如式（3.3）所示：

$$v(t,r)=\lg\left(\frac{\#(t,\boldsymbol{T}_r)}{|\boldsymbol{T}_r|}+1\right)\times\lg\left(\frac{|R|}{|\{r'|t\in T_{r'}\}|}+1\right) \tag{3.3}$$

式中，$|\boldsymbol{T}_r|$ 表示资源 r 中的总标签数；$\#(t, \boldsymbol{T}_r)$ 表示标签 t 在资源 r 中出现的次数；$|R|$ 代表着资源集合 R 中的资源个数；$|\{r'|t\in T_{r'}\}|$ 表示资源集合 R 中包含标签 t

的资源的个数。"+1"的目的是防止出现0的对数。

对标签的资源向量空间模型进行建模之后，可以在其向量空间模型上运用相似度公式测量整个标签集合内任意两个标签之间的相似度，在此基础上建立标签的相似度矩阵。余弦夹角公式是最常用的相似度度量公式。这里简单给出标签的资源向量空间模型中两个标签的余弦相似度计算公式，如式（3.4）所示：

$$\text{R\_VSM\_Sim}(t_i,t_j)=\frac{\sum_{k=1}^{R}[v(t_i,r_k)\times v(t_j,r_k)]}{\sqrt{\sum_{k=1}^{R}[v(t_i,r_k)]^2}\times\sqrt{\sum_{k=1}^{R}[v(t_j,r_k)]^2}} \tag{3.4}$$

3.3.1.2 标签的用户向量空间模型

当前的研究大都利用基于资源的标签向量空间模型来测量标签之间的相似性，然而，Web用户在社会化标注系统中使用标签进行标注时，通常是根据自身的理解和喜好去选择标签进行标注，Web用户会在自己的头脑中形成一些标签使用的模式，因此，用户标签集合中的标签也存在着一定的结构与联系。对于每一个Web用户，他都有自身所标注的社会化标签集合，因此，三元标注数据中的"用户-标签"这一二元关系也可以被用来建模标签向量空间。如3.3.1.1节中所示的例子，将每一个用户视为一个文档，每一个标签视为一个特征词，则$\mathbf{V}(u_1)=[t_1,v_{t_1}(u_1);t_2,v_{t_2}(u_1);t_3,v_{t_3}(u_1)]$，同样仅考虑用户使用标签的频次作为权重，则$\mathbf{V}(u_1)=[t_1,1;t_2,2;t_3,1]$,$\mathbf{V}(u_2)=[t_1,1;t_2,0;t_3,1]$。

假设社会化标注系统的标注数据集合中有$|U|$个Web用户和$|T|$个标签，用$\mathbf{V}_T(u)=[t_1,v(t_1,u);t_2,v(t_2,u);\cdots;t_{|T|},v(t_{|T|},u)]$表示Web用户$u$所使用的标签权重向量。其中，$U=\{u_1,u_2,\cdots,u_{|U|}\}$为Web用户的集合，$T=\{t_1,t_2,\cdots,t_{|T|}\}$为标签集合，$v(t, u)$表示标签$t$在Web用户$u$中的权重。则社会化标签集合的用户向量空间模型用"标签-用户"的关联矩阵表示如下：

$$\mathbf{TU}_{|T|\times|U|}=\begin{bmatrix} v(t_1,u_1) & v(t_1,u_2) & \cdots & v(t_1,u_{|U|}) \\ v(t_2,u_1) & v(t_2,u_2) & \cdots & v(t_2,u_{|U|}) \\ \vdots & \vdots & & \vdots \\ v(t_{|T|},u_1) & v(t_{|T|},u_2) & \cdots & v(t_{|T|},u_{|U|}) \end{bmatrix}$$

$v(t, u)$权重的计算如式（3.5）所示：

$$v(t,u)=\lg[\frac{\#(t,\boldsymbol{T}_u)}{|\boldsymbol{T}_u|}+1]\times\lg(\frac{|U|}{|\{u'|t\in T_{u'}\}|}+1) \tag{3.5}$$

式中，$|\boldsymbol{T}_u|$表示用户u所使用的总标签数；$\#(t,\boldsymbol{T}_u)$表示用户u使用标签t的频次；$|U|$表示用户集合U中的用户个数；$|\{u'|t\in T_{u'}\}|$表示用户集合U中使用了标签t的用户数。

同样地，在建模好基于用户的标签向量空间模型之后，可以运用相似度公式测量任意两个标签之间的相似度。标签的用户向量空间模型中两个标签的余弦相似度计算公式如式（3.6）所示：

$$U\_VSM\_Sim(t_i,t_j)=\frac{\sum_{k=1}^{U}[v(t_i,u_k)\times v(t_j,u_k)]}{\sqrt{\sum_{k=1}^{U}[v(t_i,u_k)]^2}\times\sqrt{\sum_{k=1}^{U}[v(t_j,u_k)]^2}} \tag{3.6}$$

3.3.2 基于共现的方法

共现分析指的是运用定量化的方法对各种信息载体中的共现信息进行分析，从而发现信息内容的关联性或者特征项的语义结构等[92]。共现分析以心理学领域的邻近联系法则为理论基础，该法则指的是：在想象中联系在一起的对象往往是曾经一起感受过的对象，当想起某一个对象时，也会以曾经同时出现的顺序想起其它的对象[93]。共现分析被广泛地应用于文本处理等领域，利用共现分析可以挖掘词汇之间的语义关系，并在此基础上构建词汇的概念空间[94]。在社会化标注系统中，对标签的共现信息进行分析同样能揭示隐藏在标签内的语义结构[95]。许多研究人员从标签共现的角度来测量标签之间的相似性[96,97]，并将其应用到标签的聚类中去，主要有基于资源的标签共现和基于用户的标签共现等两种形式。

3.3.2.1 基于资源的标签共现

资源的标签集合能够从多个维度反映资源的内容等特征，一些有特定联系的标签经常会一齐出现在资源的标签集合中，因此，基于资源的标签共现是研究人员常用的方法，他们从资源的角度来研究标签的共现相似度。基于资源的标签共现方法认为，如果两个标签 t_i和 t_j共同标注了某一个资源 r，那么称这两个标签在这一资源中共现。对于三元标注数据来说，基于资源的标签共现同样是将三元的标注关系向二元关系进行映射，即舍弃用户这一维度上的关系，仅利用“标签-资源”之间的二元关系来测量标签之间的相似度。假设标签 t_i所标注的资源集合为 $R(t_i)=\{r_1,r_2,\cdots,r_e\}$，标签 t_j所标注的资源集合为 $R(t_j)=\{r_1,r_2,\cdots,r_f\}$，则标签 t_i 和 t_j 的资源共现相似度常常用 Jaccard 相关度系数来测量，如式（3.7）所示：

$$R\_COO\_Sim(t_i,t_j)=\frac{|R(t_i)\cap R(t_j)|}{|R(t_i)\cup R(t_j)|} \tag{3.7}$$

Jaccard 相关度系数被用来衡量两个集合的相似程度，对于两个社会化标签来说，若两个标签各自所标注的资源集合中相同的资源个数较多，则说明这两个标签在资源上的共现次数也较多，那么这两个标签在描述资源的内容特征上面的相关度可能就比较高。

3.3.2.2 基于用户的标签共现

虽然研究人员大多是从资源的角度来测量标签的共现相似度，但是，用户的标签集合能够从多个方面反映用户的标注习惯、喜好或知识背景，用户会经常会一起使用一些有特殊联系的标签去进行标注，从用户的角度来研究标签的共现相似度也是一种可行的办法。和基于资源的标签共现相似度测量方法类似，基于用户的标签共现方法认为，如果两个标签 t_i和 t_j被某一个用户 u 一起使用，那么称这两个标签在这一用户中共现。在三元标注数据中，基于用户的标签共现相似度测量方法仅利用了“标签-用户”之间的二元标注关系，而丢弃了资源这一维度上的关系。假设集合 $U(t_i)=\{u_1,u_2,\cdots,u_p\}$表示使用过标签 t_i 的用户集合，$U(t_j)=\{u_1,u_2,\cdots,u_q\}$表示使用过标签 t_j 的用户集合，则标签 t_i 和 t_j 的用户共现相似度用

Jaccard 相关度系数表示如式（3.8）所示：

$$\text{U\_COO\_Sim}(t_i, t_j) = \frac{|U(t_i) \cap U(t_j)|}{|U(t_i) \cup U(t_j)|} \tag{3.8}$$

同理，若两个社会化标签各自的用户集合中相同的用户数较多，说明这两个标签在用户上的共现次数也较多，那么这两个标签在反映用户的使用偏好方面的相关度可能就比较高。

3.3.3 传统标签相似度测量方法的分析与总结

目前，基于资源的向量空间模型和基于用户的向量空间模型方法都是将三元的标注关系映射到二元关系上。社会化标注系统中的三元标注关系蕴含着最完整的语义信息，将三元标注关系映射到二元关系上割裂了标签整体语义的表达，使得标签之间的语义结构不再完整，因此，基于向量空间模型的标签相似度测量方法容易造成标签语义的丢失。另外，基于向量空间模型的标签相似度测量方法需要建立标签的向量空间，无论是将标签表示成资源的向量空间还是用户的向量空间，当整个标注数据空间比较大时，用户数和资源数都会比较庞大，从而使得标签的向量空间产生高维和稀疏性等问题，在计算相似度时，计算的时空复杂度也较高。

同样地，现阶段的基于资源的标签共现或基于用户的标签共现方法也是将三元关系转化成二元关系，并在二元关系上测量其相似性，该类方法同样容易引起标签语义的丢失问题；基于共现的方法通过直接统计标签的资源或用户共现次数等来计算标签的相似度，不需要将标签再转换成基于资源的向量或基于用户的向量，在一定程度上解决了高维和稀疏性等问题。

除了基于向量空间模型的方法和基于共现的方法之外，研究人员还利用外部知识源来测量标签之间的相似度，在获取标签的标注信息或内容等特征的基础上，将外部的知识源或知识本体作为语义背景，通过标签与本体的映射来测量两个标签之间的相似度。该方法处理新标签、新词汇和新概念的能力需要进一步提升。

3.4 经典的聚类算法

目前，标签的聚类主要还是采用经典的聚类算法，包括基于划分和基于层次的方法等，其中，划分法主要使用 K-means 算法对标签进行聚类，层次法主要使用凝聚式层次聚类（AHC）算法来聚类标签。下面简单介绍这两种算法。

3.4.1 K-means 算法

给定 n 个数据对象的数据集及要聚类的簇的个数 k，K-means 划分算法以 k 为参数，将这 n 个数据对象划分成 k 个聚类簇，使得簇内的对象具有较高的相似度，簇与簇之间的相似度较低。K-means 算法的聚类过程如下：①首先，在 n 个数据对象上任意选择 k 个数据作为初始的聚类中心；②然后，计算这些聚类中心与剩余对象的相似度或距离，将剩余的对象分配给与其最相似的聚类簇；③最后，重新计算所获取的每个新聚类的聚类中心，不断重复上述过程直到判别函数收敛为止。均方误差常被用作 K-means 算法的判别函数；K-means 算法的聚类结果能够使簇内对象的联系比较紧密，而簇与簇之间的区别比较明显；K-means

算法的时间复杂度为$O(tkn)$，其中，t是迭代次数，k是簇的个数，n是数据对象的个数，一般地，$k=n$且$t=n$，使得算法能够达到局部最优。

3.4.2 凝聚式层次聚类算法

给定n个数据对象的数据集，层次聚类方法能够把数据对象分解并组成一棵聚类的树。根据层次分解的类型，层次聚类算法可分为凝聚式层次聚类算法和分裂式层次聚类算法，其中，凝聚式层次聚类是最常用的算法。凝聚式层次聚类算法采用自底向上的策略来进行层次分解，即每个数据对象在初始阶段都被视为一个原始类簇，然后将这些原始类簇合并成越来越大的类簇，直到所有的数据对象都在一个类簇中，或者是达到预期的类簇数目，或是其它终止条件被满足为止。

对于给定的n个数据对象或其相似度矩阵$\mathbf{N}_{n\times n}$，凝聚式层次聚类的基本步骤如下：①初始化，把每个数据对象归为一个类簇，计算每两个类之间的距离，或对象与对象之间的相似度；②寻找各个类之间距离最近的两个类，把它们归为一类，使得总的类个数减少一个；③重新计算所有旧类与这个新类之间的相似度；④重复步骤②和步骤③直到所有数据对象都归为一类为止。判断两个类之间的距离或相似度是凝聚式层次聚类的关键，常用的方法主要有三种：Single-linkage、Complete-linkage 和 Average-linkage。Single-linkage 以两个类中距离最近的两个对象的距离作为这两个类的距离，若用相似度衡量，即为各类中的任一对象与另一类中任一对象的最大相似度。Complete-linkage 以两个类中距离最远的两个对象的距离作为两个类的距离。Average-linkage 以两个类中所有对象的平均距离作为两个类的距离。凝聚式层次聚类算法的时间复杂度为$O(n^3)$，总的来说，算法的效率比较低。

3.4.3 经典聚类算法的分析与比较

虽然研究人员广泛地使用基于划分的 K-means 和基于层次的 AHC 等经典的算法来实现标签的聚类，但是这些算法主要被用来设计处理球形结构的数据，对于分布不规则的数据或是任意形状的数据，如数据的分布结构是“S”形或椭圆形的类簇，K-means 算法和凝聚式层次聚类算法就无法准确地对这些类簇进行区分。对于社会化标注系统中的标签来说，用户标注的自由性和随意性使得每一个标签在用户使用其进行标注的过程中都会和其它一些标签产生如共现之类的语义联系，从而产生了形式自由但结构复杂的标注数据空间，使得标签数据的内在联系也非常复杂，标签集合中潜在的主题（类簇）呈现出重叠或混合等特征，标签的数据分布相应地也比较复杂，呈现出不规则的形状。由于标签空间中数据点的分布不像分散的球面形状那样被均分在数据空间中，因此 K-means 算法和凝聚式层次聚类算法不能够被简单有效地应用到标签聚类中。此外，对于划分法如 K-means 算法来说，迭代划分的过程需要的时间开销比较大，而且需要事先指定要聚类的个数；对于层次法的凝聚式层次聚类算法，聚类的终止条件和步骤也比较难确定。以上原因导致了 K-means 和凝聚式层次聚类等算法不能被有效地应用到社会化标签的聚类中去。

3.5 基于共同共现群体相似度的标签谱聚类方法

由3.3和3.4节的分析可知，将社会化标注系统的三元关系映射成“标签-用户”或

“标签-资源”的二元标注关系，在此基础上获取标签的相似度并利用聚类算法如K-means等对标签进行聚类存在着一定的问题。如将三元关系割裂成二元关系使得标签之间的语义关系不完整，向量空间模型构建的过程中可能产生的高维稀疏等问题，K-means等聚类算法在处理标签聚类时存在的局限性等问题。因此，本书提出了一种基于共同共现群体相似度的标签谱聚类方法，该方法在保证标签语义关系完整的情况下，利用标签的共同共现群体来测量标签的相似度，并使用谱聚类算法实现了标签的聚类。

3.5.1 标签的共现关系分析

Michlmayr和Cayzer等人[98]，以及Szomszor等人[99]都指出，在社会化标注系统中，标签之间语义联系的描述信息潜藏在用户、资源和标签的三元标注关系之间，他们认为标签与标签之间的共现关系应当被视为一种语义联系。由3.3.2小节可知，传统的基于共现的标签相似度测量方法都是利用三元标注关系中“标签-资源”或“标签-用户”的二元关系来衡量其语义相似性，从标注机制上来说，用户在进行标注的过程中会根据联想起来的概念选择合适的标签或标签组进行资源的标注，这一过程的结果集中体现在三元标注关系上，因此，将三元关系映射到二元关系上容易造成语义关系的丢失。为了对标签的语义相似性进行准确的描述，这里对三元标注数据中标签的共现关系进行全面的分析，从而发现最能揭示标签语义关系的共现形式。首先，对社会化标注系统中的相关概念进行形式化的描述。

① $T(r_m)=\{t_x|t_x\in T\}$，表示资源r_m的标签集合，其中$r_m\in R$且$T(r_m)\subset T$；这里R代表资源的集合，T代表标签的集合。

② $T(u_l)=\{t_y|t_y\in T\}$，表示用户u_l的标签集合，其中$u_l\in U$且$T(u_l)\subset T$；这里U代表用户的集合，T代表标签的集合。

③ $T(u_l,r_m)=\{t_z|t_z\in T\}$，表示用户$u_l$在标注资源$r_m$时所形成的标签集合，其中$u_l\in U$，$r_m\in R$且$T(u_l,r_m)\subset T$。

因此，社会化标注系统中的标签共现存在以下三种形式。

Status1：$t_i\in T(r_m),t_j\in T(r_m)$，且$t_i\neq t_j$，表示标签$t_i$和$t_j$同时出现在同一个资源$r_m$的标签集合$T(r_m)$内，称两个标签$t_i$和$t_j$基于同一个资源共现。

Status2：$t_i\in T(u_l),t_j\in T(u_l)$，且$t_i\neq t_j$，表示标签$t_i$和$t_j$同时出现在同一个用户$u_l$的标签集合$T(u_l)$内，称两个标签$t_i$和$t_j$基于同一个用户共现。

Status3：$t_i\in T(u_l,r_m),t_j\in T(u_l,r_m)$，且$t_i\neq t_j$，表示标签$t_i$和$t_j$同时出现在标签集合$T(u_l,r_m)$内，称两个标签$t_i$和$t_j$基于同一用户和同一资源同时共现。

分析**Status1**这种标签共现形式，两个标签在同一资源的标签集合中出现，说明这两个标签在资源表示方面具有较强的语义相关性，但是同一资源的标签集合由大量的用户根据个人对资源的理解与偏好来进行标注，体现了不同用户对同一资源的理解力。**Status1**这种情形割裂了“用户-标签-资源”之间完整的三元标注关系，忽略了用户这一维度上的信息，因此，利用**Status1**这种标签共现形式来测量标签之间的相似度会引起标签与标签之间语义关系弱化。

分析**Status2**这种标签共现形式，两个标签出现在同一用户的标签集合中，说明这两个标签在用户的理解方面具有较强的语义相关性，但是同一用户的标签集合是由用户对大量的资源进行标注而形成的，反映了同一用户对不同资源的理解力。**Status2**这种情形同样割裂了“用户-标签-资源”之间完整的三元标注关系，忽略了资源这一维度上的信息，因此，利用 **Status2** 这种标签共现形式来测量标签之间的相似度同样会引起标签与标签之间语义关系弱化。

分析 **Status3** 这种标签共现形式，两个标签被某一个用户同时使用来标注某一个资源，在这种情形下，对于两个标签，同样也存在着三种情况来表达它们之间的语义相关性，下面给出三个例子来分别说明这三种情况。

例 3.1：假设标签 $python \in T(u_1, r_1)$，标签 $programming \in T(u_1, r_1)$，标签 $python \in T(u_2, r_1)$，标签 $programming \in T(u_2, r_1)$；即用户 u_1 同时使用了标签“*python*”和标签“*programming*”去标注了资源 r_1，用户 u_2 也同时使用了标签“*python*”和标签“*programming*”去标注了资源 r_1；也就是说这两个标签被不同的用户使用去标注了相同的资源。在这种情况下，这两个标签反映了两个不同用户对同一资源在理解上的一致性和认同性，因此，这两个标签之间具有很强烈的语义联系。

例 3.2：假设标签 $python \in T(u_1, r_1)$，标签 $programming \in T(u_1, r_1)$，标签 $python \in T(u_1, r_2)$，标签 $programming \in T(u_1, r_2)$；即用户 u_1 同时使用了标签“*python*”和标签“*programming*”去标注了资源 r_1 和资源 r_2；也就是说这两个标签被同一个用户使用去标注了不同的资源。在这种情况下，这两个标签反映了同一用户对不同资源在理解上的一致性和认同性，也反映出资源 r_1 和 r_2 具有同类的性质，因而，这两个标签之间的语义联系也很强烈。

例 3.3：假设标签 $python \in T(u_1, r_1)$，标签 $programming \in T(u_1, r_1)$，标签 $python \in T(u_2, r_2)$，标签 $programming \in T(u_2, r_2)$；即用户 u_1 同时使用了标签“*python*”和标签“*programming*”去标注了资源 r_1，用户 u_2 同时使用了标签“*python*”和标签“*programming*”去标注了资源 r_2；也就是说这两个标签被不同的用户使用去标注了不同的资源。在这种情况下，这两个标签反映了不同用户对不同资源在理解上的一致性和认同性，同样地，这两个标签也具有很强烈的语义关系。

通过上述的分析，可以发现，三元标注关系中 **Status3** 这种标签共现形式完整保留了用户、资源和标签之间的三元关系，使得两个标签保持了最强的语义相关性。因此，本章将利用并扩展 **Status3** 这种标签共现形式来精确测量标签之间的相似度，在此基础上实现标签的聚类。

3.5.2 标签的共同共现群体相似度

基于资源的标签共现或基于用户的标签共现对三元关系进行了分割，容易引起标签语义信息的丢失；而同时基于资源和用户的标签共现形式对标签的语义进行了完整地保留，且在一定程度上缓解了将标签建模成向量空间时所造成的高维稀疏等问题。因此，本章利用 **Status3** 这种标签共现形式，提出了一种基于共同共现群体的标签相似度度量方法。该方法在两个标签对象个体的共现相似性的基础上，借用群体智慧的思想[100,101]，从全局的角度来考察标签的相似性。这里，首先对标签共现及两个标签的个体共现相似度进行描述和定义。

3.5.2.1 标签的个体共现相似度

用 **Status3** 这种标签共现形式来定义标签共现。

定义 3.1：标签共现（Tag Co-occurrence）。设 $S=(U, R, T)$ 是一个社会化标注数据集，其中 $U=\{u_1, u_2, \cdots, u_{|U|}\}$ 是用户的集合，$R=\{r_1, r_2, \cdots, r_{|R|}\}$ 是资源的集合，$T=\{t_1, t_2, \cdots, t_{|N|}\}$ 是标签的集合。$A_{t_i}=\{\langle u_p, r_q\rangle \mid u_p \in U, r_q \in R, t_i \in T, \langle u_p, r_q, t_i\rangle \in S\}$ 表示标签 t_i 的基于用户和资源的二元标注关系集合，且 $A_{t_i} \subseteq U \times R$，如果集合 A_{t_i} 和 A_{t_j} 中具有相同的元素，即 $A_{t_i} \cap A_{t_j} \neq \text{null}$，则称标签 t_i 和 t_j 共现，标记为 $\text{Co}(t_i, t_j)$。

定义 3.2：标签个体共现相似度（TICOS：Tag Individual Co-occurrence Similarity）。对于给定的两个标签 t_i 和 t_j，如果它们的二元标注关系集合 A_{t_i} 和 A_{t_j} 有相同的元素，则称这两个标签个体共现。使用 $\text{Sim}_{\text{indiv}}(t_i, t_j)$ 来表示两个标签的个体共现相似度，那么这两个标签的个体共现相似度可以用 Jaccard 相关度系数来测量，其定义如式（3.9）所示：

$$\text{Sim}_{\text{indiv}}(t_i, t_j)=\frac{|A_{t_i} \cap A_{t_j}|}{|A_{t_i} \cup A_{t_j}|} \tag{3.9}$$

式中，$|A_{t_i} \cap A_{t_j}|$ 为集合 A_{t_i} 和 A_{t_j} 交集中的元素数，表示标签 t_i 和 t_j 的个体共现频次；$|A_{t_i} \cup A_{t_j}|$ 为集合 A_{t_i} 和 A_{t_j} 并集中的元素数，表示标签 t_i 和 t_j 的总使用频次。

3.5.2.2 标签的共同共现群体相似度

使用标签的个体共现相似度来聚类标签是一个较好的选择，但是标签的个体共现相似度仅从这两个标签自身的角度去考虑其语义相关性，由于没有考虑到其它标签对它们的影响，所以并不能完整地揭示标签之间的语义关系。从全局的角度出发，如果两个标签共现，那么它们之间的语义相关性还会被和它们一起共现的一组标签所影响，称这一组标签为这两个标签的共同共现群体（CCOG：Common Co-occurrence Group）。下面给出共同共现群体的定义和形式化描述。

定义 3.3：共同共现群体。给定两个标签 t_i 和 t_j，t_i 和 t_j 个体共现，即 $\text{Co}(t_i, t_j)$，有一组标签 t_v，…，t_z 与 t_i 和 t_j 都共现，即 $\text{Co}(t_i, t_v)$，$\text{Co}(t_j, t_v)$，…，$\text{Co}(t_i, t_z)$，$\text{Co}(t_j, t_z)$。那么称这一组标签 t_v，…，t_z 为标签 t_i 和 t_j 的共同共现群体。下面给出两个例子来解释一下共同共现群体对标签相似度测量和聚类的影响。

例 3.4：给定一个标签集合 $T=\{t_1, t_2, t_3\}$，令 t_1 和 t_2 共现，t_1 和 t_3 共现，t_2 和 t_3 不共现；假设 $(|A_{t_1} \cap A_{t_2}|=|A_{t_1} \cap A_{t_3}|) \neq 0$，$(|A_{t_1} \cup A_{t_2}|=|A_{t_1} \cup A_{t_3}|) \neq 0$，且 $|A_{t_2} \cap A_{t_3}|=0$，根据标签个体共现相似度的公式（3.9），可以计算出：$[\text{Sim}_{\text{indiv}}(t_1, t_2)=\text{Sim}_{\text{indiv}}(t_1, t_3)] \neq 0$，$\text{Sim}_{\text{indiv}}(t_2, t_3)=0$。怎样将这三个标签聚集成两个聚类簇？

【解】 聚类的结果如图 3.1 所示。

如果标签 t_1 和 t_2 没有共同共现群体，t_1 和 t_3 也没有共同共现群体，则根据个体共现相似度不能够得到唯一的解，因为这三个标签可以被聚类成 $\{t_1, t_2\}$ 和 $\{t_3\}$，或者被聚类成 $\{t_1, t_3\}$ 和 $\{t_2\}$。其聚类结果如图 3.1（a）所示。

如果标签 t_1 和 t_2 有共同共现群体，但是 t_1 和 t_3 没有共同共现群体，则受共同共现群体的影响，标签 t_1 和 t_2 之间的相似性比标签 t_1 和 t_3 之间的相似性更大，因此，可以很容易地得出唯一解，这三个标签可以被聚类成 $\{t_1, t_2\}$ 和 $\{t_3\}$ 这两个类簇。反之，如果标签 t_1 和 t_2 没有共同共现群体，t_1 和 t_3 有共同共现群体，那么唯一的解为 $\{t_1, t_3\}$ 和 $\{t_2\}$。聚类的结果如图 3.1（b）所示。

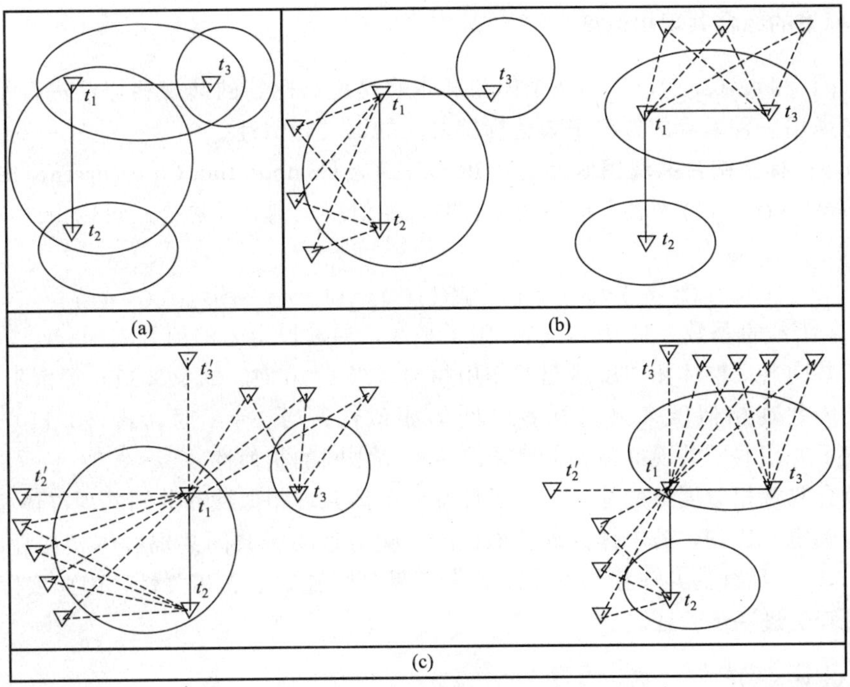

图 3.1　例 3.4 的聚类结果

如果标签 t_1 和 t_2 有共同共现群体，t_1 和 t_3 也有共同共现群体，那么通过比较这两组共同共现群体对标签相似度影响力的大小，仍然可以得到唯一的解，其聚类结果如图 3.1（c）所示。

例 3.5：考虑一种极端的情况，对于一个标签集合 $T=\{t_1, t_2\}$，如果 $(|A_{t_1}\cap A_{t_2}|=|A_{t_2}|)\ll(|A_{t_1}\cup A_{t_2}|=|A_{t_1}|)$，那么能否将标签 t_1 和 t_2 聚集成一类？

【解】 根据个体相似度公式（3.9），可以计算出标签 t_1 和 t_2 的个体共现相似度，即 $\left[\mathrm{Sim}_{\mathrm{indiv}}(t_1, t_2)=\dfrac{|A_{t_1}\cap A_{t_2}|}{|A_{t_1}|}\right]\approx 0$，显然不能将标签 t_1 和 t_2 聚成一类。实际上，这两个标签可能会在概念上具有一定的包含或层次关系，例如标签 t_1 为“*programming*”，标签 t_2 可能为一个更专业的概念“*python*”，在这种情况下，使用个体共现相似度可能就不能够做出正确的判断。因此，可以使用共同共现群体来描述这两个标签之间的语义相关性，根据这两个标签的共同共现群体相似度来判定这两个标签是否能够被归类到同一个类簇中。

定义 3.4：标签共同共现群体相似度（TCCOGS：Tag Common Co-occurrence Group Similarity）。给定两个标签 t_i 和 t_j，且 $\mathrm{Co}(t_i, t_j)$，设标签集合 $C=\{t_y|t_y\in T\}$ 是标签 t_i 和 t_j 的共同共现群体，且 $C\subseteq T$。用 t_C^k 来表示集合 C 中的第 k 个标签，用符号 $\mathrm{Sim}_{\mathrm{group}}(t_i, t_j)$ 来表示标签 t_i 和 t_j 的共同共现群体相似度，则这两个标签的共同共现群体相似度可以用改进的 Jaccard 公式测量，其定义如式（3.10）所示：

$$\mathrm{Sim}_{\mathrm{group}}(t_i,t_j)=\frac{1}{|C|}\sum_{k=1}^{|C|}\frac{|(A_{t_i}\cup A_{t_C^k})\cap(A_{t_j}\cup A_{t_C^k})|}{|(A_{t_i}\cup A_{t_C^k})\cup(A_{t_j}\cup A_{t_C^k})|} \tag{3.10}$$

式（3.10）的物理意义在于引入一组语义关系最强的共现标签来测量两个共现标签的相似性，使得这两个标签相似性的区分度得到了有效的提升。

3.5.2.3 标签的综合共现相似度

式（3.9）和式（3.10）分别从个体和群体的视角对标签的共现相似度进行了衡量，因此，可以考虑用一种综合的方法来表达标签之间的语义相似性。

定义 3.5：标签综合共现相似度（TCBCOS：Tag Combination Co-occurrence Similarity）。使用符号 $\mathrm{Sim}_{\mathrm{comb}}(t_i, t_j)$ 来表示标签的综合共现相似度，则其计算公式可以由式（3.11）来定义：

$$\mathrm{Sim}_{\mathrm{comb}}(t_i, t_j) = \lambda \times \mathrm{Sim}_{\mathrm{group}}(t_i, t_j) + (1-\lambda) \times \mathrm{Sim}_{\mathrm{indiv}}(t_i, t_j) \tag{3.11}$$

式中，λ 为权重系数，且 $0 \leqslant \lambda \leqslant 1$。为了平衡，通常设定 λ 的值为 $\lambda=0.5$，表明个体共现相似度和共同共现群体相似度所起的作用相同。当 $\lambda=0$ 时，式（3.11）等价于式（3.9），表示使用个体共现相似度来测量标签之间的相似性；当 $\lambda=1$ 时，式（3.11）等价于式（3.10），表示使用共同共现群体相似度来测量标签之间的相似性。

标签综合共现相似度虽然综合考虑了标签的个体共现相似性和共同共现群体相似性，但参数 λ 难以确定。比如，若个体共现相似性的影响力远弱于共同共现群体相似性的影响力，则当 $\lambda=0.5$ 时，综合的共现相似度反而弱化了两个标签的语义相关性，因此实际的应用效果有待于实验的进一步验证。

3.5.3 谱聚类算法

谱聚类（Spectral Clustering）算法是建立在谱图理论上的一种聚类方法，谱聚类能够聚类任意形状的样本数据，且能够收敛到全局最优解[102]。在谱聚类算法中，每个样本数据都被视为图中的一个顶点 V，顶点之间连接边 E 的权重值为样本之间的相似度，由此建立一个基于样本相似度的无向加权图 $G(V, E)$，则图 G 的划分问题即为样本的聚类问题。基于谱图理论的划分原则，要求划分成的子图内的连接边的权重最大，子图间的连接边权重最小。研究人员提出了多个划分准则，如规范割集准则（Normalized Cut）[103]、平均割集准则（Average Cut）[104]、比例割集准则（Ratio Cut）[105]、最小最大割集准则（Min-max Cut）[106]、多路规范割集准则（MNCut）[107]等。其中规范割是基于 2-way 划分的目标函数，首先将图划分为 2 个子图，然后不断地进行迭代划分，当目标函数的最小值满足一定条件时终止迭代；而多路规范割是基于 k-way 划分的目标函数，即将图同时划分为多个子图，并使其满足目标函数的要求。规范割目标函数是常用的划分函数，它能够满足类内样本数据的相似度大且类间样本数据的相似度小的原则，还不容易产生不平衡的划分；多路规范割目标函数是规范割目标函数的变形，当 $k=2$ 时，MNCut 和 NCut 是等价的。

规范割集准则的目标函数如式（3.12）所示：

$$\mathrm{NCut}(A, B) = \frac{\mathrm{cut}(A, B)}{\mathrm{vol}(A)} + \frac{\mathrm{cut}(A, B)}{\mathrm{vol}(B)} \tag{3.12}$$

式中，A 和 B 分别代表两个不同的子图；$\mathrm{vol}(A) = \sum_{i \in A} \sum_{j} w_{ij}$ 是子图 A 内连接边的权重和；$\mathrm{cut}(A, B)$ 是子图 A 和 B 之间的边切集，$\mathrm{cut}(A, B) = \sum_{i \in A} \sum_{j \in B} w_{ij}$ 。

多路规范割集准则的目标函数如式（3.13）所示：

$$\mathrm{MNCut}(A_1, A_2, \cdots, A_k) = \frac{\mathrm{cut}(A_1, \overline{A}_1)}{\sum_{i \in A_1} \sum_{j} w_{ij}} + \frac{\mathrm{cut}(A_2, \overline{A}_2)}{\sum_{i \in A_2} \sum_{j} w_{ij}} + \cdots + \frac{\mathrm{cut}(A_k, \overline{A}_k)}{\sum_{i \in A_k} \sum_{j} w_{ij}} \tag{3.13}$$

NCut 和 MNCut 都是 NP-hard 问题[108]，为了满足目标函数，谱聚类算法将图的相似度矩阵做 Laplace 变换来对约束条件进行松弛，即令 $\boldsymbol{L}=\boldsymbol{D}-\boldsymbol{W}$，其中，$\boldsymbol{W}$ 是图的相似度矩阵，$\boldsymbol{D}$ 是对角矩阵，且 $D_{ii}=\sum_j w_{ij}$。图的 Laplacian 矩阵 $\boldsymbol{L}$ 具有四个重要的性质：

① 对于任意一个已定义的 n 维划分指示向量 $\boldsymbol{x}$，满足 $x'L\boldsymbol{x}=\frac{1}{2}\sum_{i=1}^{n}\sum_{j=1}^{n}w_{ij}(x_i-x_j)^2$，其中，$x_i$ 可定义为 $x_i=\begin{cases}1 & x_i\in A\\ -1 & x_i\in \overline{A}\end{cases}$；

② 它是一个对称的半正定矩阵；

③ 它有一个零特征值，且该特征值所对应的特征向量是一个元素值为 1 的常向量；

④ 它的所有 n 个特征值都是非负的实数，即：$0=\lambda_1\leqslant\lambda_2\leqslant\cdots\leqslant\lambda_n$。

根据图的 Laplacian 矩阵 $\boldsymbol{L}$ 的这四个性质，对 $\boldsymbol{L}$ 进行正则化处理，可以推理得出多路规范割集目标函数的最优解在 $\boldsymbol{L}$ 的 k 个最小特征值对应的特征向量所组成的子空间上，当进行 2-way 划分时，$\boldsymbol{L}$ 的第二最小特征值包含图的划分信息[109]。

谱聚类算法的本质是利用样本数据的相似矩阵进行特征分解，即利用拉普拉斯特征映射（Laplacian Eigenmap）方法对数据做降维处理，并对得到的特征向量进行聚类。与传统的聚类算法相比，谱聚类算法能够聚类任意形状的数据且能收敛到全局最优解；谱聚类算法对于不规则的误差数据不是很敏感，在大规模稀疏数据聚类问题的处理上具有较好的健壮性[110]。因此，选择谱聚类算法来对社会化标注数据空间中的标签进行聚类，提出一种基于共同共现群体相似度的社会化标签谱聚类方法，即扩展利用标签的共现关系直接建立标签的相似度矩阵（共同共现群体相似度）并使用谱聚类算法聚类标签。该方法具有两个主要的特点：在相似度的度量上，该方法从全局的角度保证了标签整体语义的完整性，在一定程度上缓解了把标签建模成向量空间时所引起的高维等问题；在聚类算法上，谱聚类算法能够有效处理标注数据空间中标签的数据分布不规则等问题。

3.5.4 标签共现谱聚类算法

本书使用基于 NCut 的规范化谱聚类算法[111]来聚类社会化标签集合，首先需要对数据进行预处理。对于给定的一个社会化标注数据集 $S=(U, R, T)$，其中用户的集合为 $U=\{u_1, u_2, \cdots, u_{|U|}\}$，资源的集合为 $R=\{r_1, r_2, \cdots, r_{|R|}\}$，$T=\{t_1, t_2, \cdots, t_{|T|}\}$ 为标签的集合。先要为每一个标签 t_i 建立其基于用户和资源的二元标注关系集合 A_{t_i}，然后构建数据集 $A_T=\{A_{t_1}, A_{t_2}, \cdots, A_{t_{|T|}}\}$ 作为算法的输入数据。基于共同共现群体相似度的社会化标签谱聚类算法如图 3.2 所示。

在 Algorithm 1 中，$\boldsymbol{W}$ 是标签集合的相似度矩阵，$\boldsymbol{D}$ 是派生于 $\boldsymbol{W}$ 中的标签的对角矩阵，$\boldsymbol{L}$ 是从 $\boldsymbol{W}$ 和 $\boldsymbol{D}$ 中派生出来的标签的非规范化 Laplacian 矩阵，$\boldsymbol{L}'$ 是从 $\boldsymbol{D}$ 和 $\boldsymbol{L}$ 中派生出来的标签的规范化 Laplacian 矩阵，$\boldsymbol{E}$ 是从 $\boldsymbol{L}'$ 中得到的特征向量矩阵，$\boldsymbol{R}$ 是 $\boldsymbol{E}$ 的归一化矩阵。算法的时间复杂度主要和步骤 1，步骤 4 和步骤 8 有关。对于步骤 1，构建相似度矩阵的时间复杂度为 $O(n^2)$；对于步骤 4，计算特征向量的时间消耗为 $O(kn^2)$；对于步骤 8，K-means 算法的时间消耗为 $O(m_1kn)$，这里的 m_1 为迭代次数。总的来说，基于共同共现群体相似度的标签谱聚类方法的时间复杂度是可接受的。

Algorithm 1: Tag spectral clustering based common co-occurrence group similarity
Input: The dataset A_T, the number of clusters k
Output: Clusters $T_1, T_2, \cdots, T_k$
1: Generate the tag similarity matrix $\boldsymbol{W} \in \boldsymbol{\Phi}^{n\times n}$ from A_T based on Eq. (3.10), and set $W_{ii}=0$.
2: Compute the unnormalized *Laplacian* matrix $\boldsymbol{L}=\boldsymbol{D}-\boldsymbol{W}$, where $\boldsymbol{D}$ is a diagonal matrix, and $D_{ii} = \sum_{i\sim j} w_{ij}$.
3: Compute the normalized *Laplacian* matrix $\boldsymbol{L}'=\boldsymbol{D}^{-1/2}\boldsymbol{L}\boldsymbol{D}^{-1/2}$.
4: Compute the first k eigenvectors $\boldsymbol{e}_1, \cdots, \boldsymbol{e}_k$ of $\boldsymbol{L}'$.
5: Let $\boldsymbol{E} \in \boldsymbol{\Phi}^{n\times k}$ be the matrix containing the vectors $\boldsymbol{e}_1, \cdots, \boldsymbol{e}_k$ as columns.
6: Form the matrix $\boldsymbol{R} \in \boldsymbol{\Phi}^{n\times k}$ from $\boldsymbol{E}$ by normalizing the rows to norm 1, which is set $r_{ij} = e_{ij} / \left(\sum_k e_{ik}^2\right)^{1/2}$.
7: For $i=1, \cdots, n$, let $t_i \in \boldsymbol{\Phi}^k$ be the vector corresponding to the i-th row of $\boldsymbol{R}$.
8: Cluster the points $(t_i)_{i=1,\cdots,T}$ with the K-means algorithm into clusters $T_1, \cdots, T_k$.
9: Return $T_1, \cdots, T_k$.

图 3.2　标签谱聚类算法

3.6　实验与分析

本节利用社会化标注系统中的实际数据集来验证基于共同共现群体相似度的标签谱聚类方法的有效性。首先介绍实验的数据集，然后介绍实验的评价指标，最后对实验结果进行对比与分析。

3.6.1　实验数据集

实验工作是在两个社会化标注数据集上进行。第一个数据集来自社会化标注系统 CiteULike，CiteULike 是一个著名的学术文献共享平台，注册用户可以自由地标注别人或自己的论文，来创建自己的学术文集。CiteULike 产生了大量的数据，并为研究人员提供各种各样的研究数据，笔者从 CiteULike 的数据集“Who-Posted-What Data”中抽取了部分数据形成原始的数据集，为了保证本书全部实验的需要，对原始数据进行了预处理：首先移除不活跃的用户、不常见的资源和不常用的标签等噪音数据，这里移除数据集中出现次数 $k<5$ 的用户、资源和标签；然后在 CiteULike 网站上对用户进行检索，移除和其他用户没有联系的孤立用户及其相关的标注，保证用户全体存在着一定的联系；最后在 CiteULike 网站上和利用 Google 学术搜索等工具对资源进行检索，移除和其它资源没有联系的孤立资源及相关的标注，保证资源全体也存在着一定的联系。经过数据预处理后形成了 CiteULike 数据集，该数据集包括 4824 个用户，2998 个资源，7185 个标签和 44394 个标注项。第二个数据集来自书签和学术文献收藏网站 Bibsonomy，自 2014 年 07 月至 2014 年 09 月从 Bibsonomy 网站上采集资源类型为“学术论文”的社会化标注数据形成原始数据集，包括 3965 个用户，7530 个资源，17438 个标签和 185688 个标注项，采用同样的方法对原始数据进行了预处理，形成了 Bibsonomy 数据集，该数据集包含 1983 个用户，5012 个资源，10108 个标签和 76447 个标注项。两个数据集的基本统计信息如表 3.1 所示。

表 3.1　数据集的统计信息

集合名称	用户数	资源数	标签数	标注数	用户平均标注数	资源平均标注数	标签平均标注数
CiteULike	4824	2998	7185	44394	9.2	14.8	6.2
Bibsonomy	1983	5012	10108	76447	38.6	15.3	7.6

3.6.2 评价指标

聚类是一种无监督学习的方法，对聚类结果的评价是对聚类方法有效性的验证，由于社会化标注系统中的 Tag 并没有类标签或其它的基准，因此不能够使用准确率、召回率、精度等评价指标来评价标签聚类的有效性。本书采用 SC、Dunn 和 DB 等内部评价指标和基于搜索引擎的外部评价指标等来验证本章提出的标签聚类方法的有效性，下面分别介绍。

3.6.2.1 SC(Silhouette Coefficient) 指标

Kaufman 等人[112]介绍使用 Silhouette Coefficient（SC）指标来评价聚类结果的方法。SC 指标使用对象的类内凝聚度和类间分离度来判断对象和它所属类别的一致性。对于社会化标注系统中的标签聚类来说，设给定的一个标签对象 t_i，它的 SC 值［标记为 $\mathrm{SC}(t_i)$］可由式（3.14）来计算：

$$\mathrm{SC}(t_i)=\frac{b(t_i)-a(t_i)}{\max\{a(t_i),b(t_i)\}} \tag{3.14}$$

这里设定标签对象 t_i 属于聚类结果簇 A，在式（3.14）中，$a(t_i)$ 表示标签 t_i 和簇 A 中其它标签的平均距离，$b(t_i)$ 表示标签 t_i 和其它任意簇 B 之间的平均距离的最小值。当聚类结果中的聚类簇是只包含一个对象的单例簇时，根据式（3.14），不能够求出 SC 的值，这时，可以根据应用的需要设定 SC 的值为 -1 到 $+1$ 之间的任意值，本书中的实验，如果出现单例簇，则将其 SC 值设为 0。如果想要得到一个聚类簇 C 的 SC 值，可以由式（3.15）来计算，它是聚类簇中所有标签 SC 值的算术平均值。式（3.16）给出了聚类结果集合 D 的 SC 值的计算公式。本书采用式（3.16）这一全局平均值来评估聚类结果。

$$\mathrm{SC}(C)=\Big[\sum_{t_i\in C}\mathrm{SC}(t_i)\Big]/\mathrm{Size}(C) \tag{3.15}$$

$$\mathrm{SC}(D)=\Big[\sum_{t_i\in D}\mathrm{SC}(t_i)\Big]/\mathrm{Size}(D) \tag{3.16}$$

SC 是聚类结果的内部评价指标，其本质是利用对象之间的距离来评价聚类结果。SC 的取值范围在 -1 到 $+1$ 之间，SC 的值越大，代表数据对象和它所在的类的匹配程度越高。

3.6.2.2 Dunn 指标

Dunn[113]提出了 Dunn 指标来识别内部联系紧密且外部分割较好的类簇。Dunn 指标利用最小类间距离与最大类内距离的比值来判断聚类结果的有效性，其计算公式如式（3.17）所示：

$$\mathrm{Dunn}=\min_{1\leqslant i\leqslant |C|}\left\{\min_{1\leqslant j\leqslant |C|}\left\{\frac{d(C_i,C_j)}{\max\limits_{1\leqslant k\leqslant |C|} d'(C_k)}\right\}\right\} \tag{3.17}$$

式中，$|C|$ 为聚类结果簇的个数；$d(C_i, C_j)$ 为聚类簇 C_i 和 C_j 之间的距离，且 $d(C_i, C_j)=\min\limits_{x\in C_i, y\in C_j}\{d(x, y)\}$；$d'(C_k)$ 为聚类簇 C_k 内部的距离，且 $d'(C_k)=\max\limits_{x,y\in C_k}\{d(x, y)\}$。内部的评价标准总是以类内高相似度和类间低相似度为目标来衡量聚类结果的有效性，所以 Dunn 指标的值越高，说明聚类效果越好。

3.6.2.3 DB(Davies-Bouldin) 指标

Davies 和 Bouldin[114]提出了 DB 指标来评价聚类结果的有效性，其计算公式如式

（3.18）所示：

$$DB=\frac{1}{|C|}\sum_{k=1}^{|C|}\max_{k\neq k'}\left(\frac{\sigma_k+\sigma_{k'}}{d\,(c_k,c_{k'})}\right)\quad k'=1,2,\cdots,|C| \tag{3.18}$$

式中，$|C|$为聚类结果簇的个数；c_k为簇k的中心；σ_k为簇k中所有数据点到簇k的中心c_k的平均距离，$\sigma_{k'}$同理；$d\,(c_k,\ c_{k'})$是两个簇类中心c_k和$c_{k'}$之间的距离。DB 指标同样以类内高相似性和类间低相似性为目标来衡量聚类结果的有效性，DB 指标的值越小，说明聚类效果越好。

3.6.2.4 基于搜索引擎的评价指标

Cui 等人[21]提出利用搜索引擎来对聚类结果进行评价。对于社会化标签来说，位于同一个聚类簇中的标签之间的相关性应该比位于不同聚类簇中的标签之间的相关性强，如果将同一个簇中的两个标签和不同簇中的两个标签放入到搜索引擎中进行检索，则期望同一个簇中的两个标签能够检索到更多的页面。基于这种预期，Cui 等人将两个标签t_i和t_j放入到搜索引擎进行检索并给出三种系数来测量这两个标签的相关性，其公式如式（3.19）所示：

$$\begin{cases}\mathrm{Avg}(t_i,t_j)=\mathrm{page}(t_i,t_j)/\mathrm{avg}\{\mathrm{page}(t_i),\mathrm{page}(t_j)\}\\ \mathrm{Max}(t_i,t_j)=\mathrm{page}(t_i,t_j)/\max\{\mathrm{page}(t_i),\mathrm{page}(t_j)\}\\ \mathrm{Min}(t_i,t_j)=\mathrm{page}(t_i,t_j)/\min\{\mathrm{page}(t_i),\mathrm{page}(t_j)\}\end{cases} \tag{3.19}$$

式中，$\mathrm{page}(t_i)$为包含标签t_i的页面数；$\mathrm{page}(t_i,\ t_j)$为同时包含标签t_i和t_j的页面数。通过抽取部分簇内（Intra Cluster）标签对、簇间（Inter Cluster）标签对或随机（Random）抽取的途径，可以判断标签聚类方法的内部有效性，也可以比较不同聚类方法的聚类效果。

3.6.3 实验结果分析

3.6.3.1 基于 TICOS、TCCOGS 及 TCBCOS 的标签谱聚类方法的比较

为了评估基于共同共现群体相似度的标签谱聚类方法的有效性，笔者在两个实验数据集上开展了一系列的实验并进行了对比。首先比较了标签个体共现相似度（**TICOS**）、标签共同共现群体相似度（**TCCOGS**）及标签综合共现相似度（**TCBCOS**）在使用谱聚类算法时各评价指标的值。如 3.5.2.3 小节所介绍，式（3.11）表示标签的综合相似度。当参数$\lambda=0$时，式（3.11）等价于式（3.9），即使用 **TICOS**；当参数$\lambda=1$时，式（3.11）等价于式（3.10），即使用 **TCCOGS**。因此，以参数λ的变化来展示各评价指标的结果。聚类时，需要设定聚类个数：对于 CiteULike 数据集，设定最小聚类个数为$k=20$，并以$k=20$的整数倍递增；对于 Bibsonomy 数据集，设定最小聚类个数为$k=30$，同样以$k=30$的整数倍递增；此外，SC、Dunn 和 DB 等指标需要使用对象之间的距离，这里设定为 Distance＝1－Similarity。图 3.3～图 3.5 和图 3.6～图 3.8 分别展示了 CiteULike 和 Bibsonomy 数据集上基于三种相似度的谱聚类算法的 SC 指标、Dunn 指标和 DB 指标的对比。

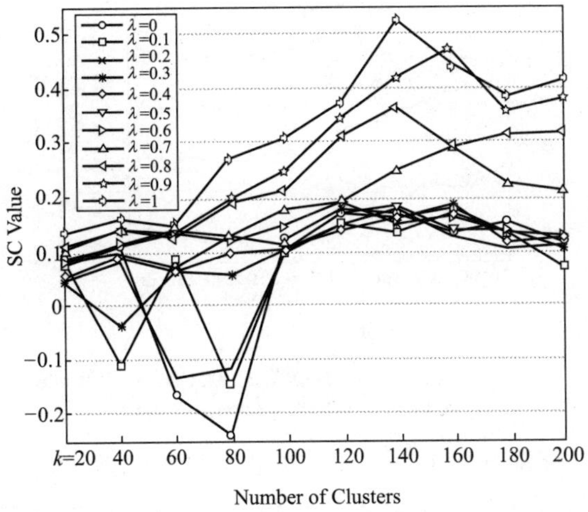

图 3.3 CiteULike 数据集上 **TCCOGS**、**TICOS**、**TCBCOS** 谱聚类方法 **SC** 值比较

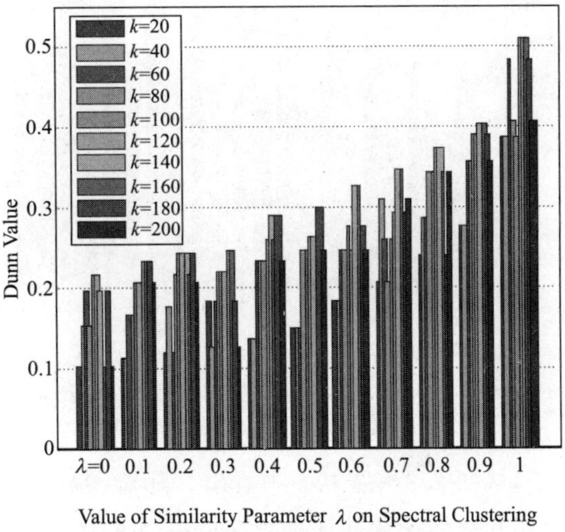

图 3.4 CiteULike 数据集上 **TCCOGS**、**TICOS**、**TCBCOS** 谱聚类方法 **Dunn** 值比较

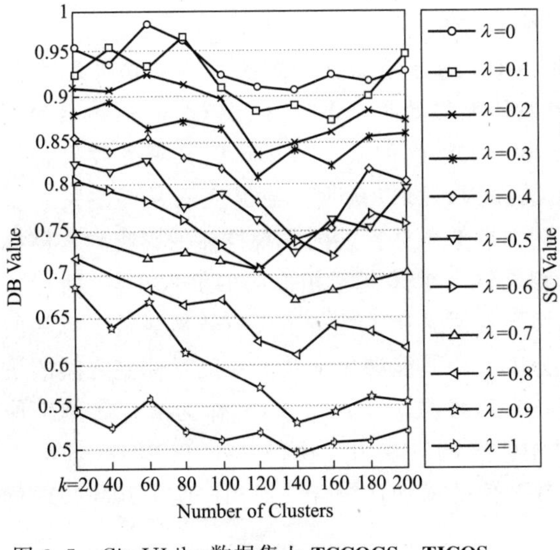

图 3.5 CiteULike 数据集上 **TCCOGS**、**TICOS**、**TCBCOS** 谱聚类方法 **DB** 值比较

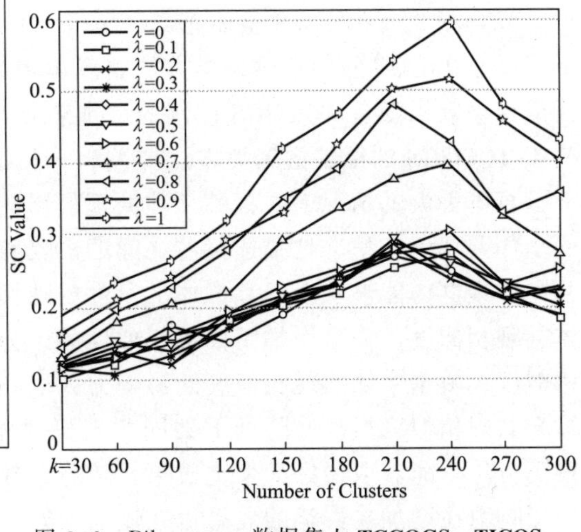

图 3.6 Bibsonomy 数据集上 **TCCOGS**、**TICOS**、**TCBCOS** 谱聚类方法 **SC** 值比较

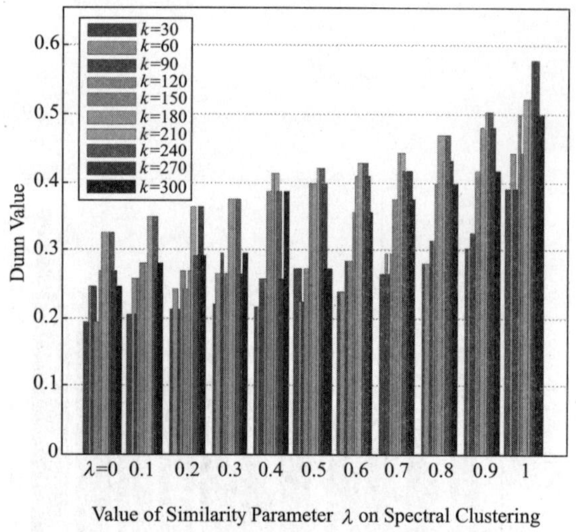

图 3.7 Bibsonomy 数据集上 **TCCOGS**、**TICOS**、**TCBCOS** 谱聚类方法 **Dunn** 值比较

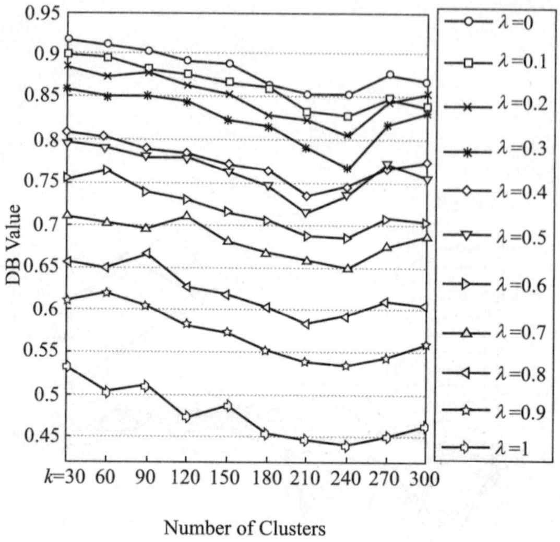

图 3.8 Bibsonomy 数据集上 **TCCOGS**、**TICOS**、**TCBCOS** 谱聚类方法 **DB** 值比较

从图 3.3～图 3.5 中看出，随着参数 λ 从 0 逐渐增加到 1，即标签相似度的测量方法由个体共现到综合共现再到共同共现群体，CiteULike 数据集上 SC 和 Dunn 的值呈现出逐渐增大的趋势，DB 的值呈现出逐渐减小的趋势，说明 CiteULike 数据集上基于 **TCCOGS** 的标签谱聚类方法在 SC、Dunn 和 DB 等三个指标上的值优于基于 **TICOS** 和 **TCBCOS** 的标签谱聚类方法；同样地，从图 3.6～图 3.8 中可以看出，随着参数 λ 从 0 逐渐增加到 1，Bibsonomy 数据集上的 SC 值和 Dunn 值呈现出逐渐增大的趋势，DB 的值呈现出逐渐减小的趋势，说明 Bibsonomy 数据集上基于 **TCCOGS** 的标签谱聚类方法在 SC、Dunn 和 DB 等三个指标上的值优于基于 **TICOS** 和 **TCBCOS** 的标签谱聚类方法。

综合图 3.3～图 3.8 整体来看，基于 **TCCOGS** 的标签谱聚类方法表现出最好的聚类效果；基于 **TICOS** 的标签谱聚类方法表现出最差的聚类效果；基于 **TCBCOS** 的标签谱聚类方法的聚类效果随着 **TCCOGS** 比例的增加表现出越来越好的聚类效果，但其聚类效果仍然比基于 **TCCOGS** 的标签谱聚类方法要差。分析其原因，可以认为，在保证三元标注关系中语义信息不丢失的情况下，标签个体共现的影响力远低于标签共同共现群体的影响力，即标签的个体共现无法精准地描述标签之间的语义相关性（个体共现相似度的值太小），而标签的共同共现群体能够从全局和群体的角度反映标签的语义相关性，不仅有效地涵盖了标签的个体共现相似度，而且增加了标签相似性的区分度，使其能够更加精准地测量标签之间的语义相似度；由于个体共现相似度的影响力太弱，在以参数 λ（$0<\lambda<1$）作为混合比例来使用综合共现相似度聚类时降低了共同共现群体相似度的影响力，使得基于 **TCBCOS** 的标签谱聚类方法不能获取最好的聚类效果，随着参数 λ 值的增加，结合共现相似度中共同共现群体的影响力在增加，聚类的效果也在逐渐变好。

SC 指标常常被用来区分最优聚类个数，SC 值越大，聚类的效果越好，聚类的个数也将达到最优。从图 3.3 中可以看出，在 CiteULike 数据集上：使用基于 **TICOS** 的标签谱聚类方法聚类时，在聚类个数 $k=120$ 时，SC 的值达到最大，其后，随着聚类个数的增加，SC 的值呈现出逐渐减小的趋势；使用基于 **TCCOGS** 的标签谱聚类方法聚类时，在聚类个数 $k=140$ 时，SC 的值达到最大，随后 SC 的值呈现出逐渐下降的趋势；当 $\lambda=0.9$ 时，使用基于

TCBCOS 的标签谱聚类方法，在聚类个数 $k=160$ 时，SC 的值达到最大，随后 SC 的值也呈现出逐渐减小的趋势。对比图 3.5，对于 CiteULike 数据集上的 DB 指标：基于 **TICOS** 的标签谱聚类方法在聚类个数 $k=140$ 时 DB 的值最小；基于 **TCCOGS** 的标签谱聚类方法在聚类个数 $k=140$ 时 DB 的值最小；当 $\lambda=0.9$ 时，基于 **TCBCOS** 的标签谱聚类方法也在聚类个数 $k=140$ 时 DB 的值最小。结合 SC 和 DB 指标，CiteULike 数据集上基于 **TICOS** 的标签谱聚类方法的最优聚类个数可能在 120～140 之间；基于 **TCCOGS** 的标签谱聚类方法的最优聚类个数可能在 140 左右；$\lambda=0.9$ 时，基于 **TCBCOS** 的标签谱聚类方法的最优聚类个数可能在 140～160 之间。图 3.3 中，一些数据点的 SC 值小于 0，表明在这些情况下聚类的结果中可能存在着一些没有意义的类簇。

从图 3.6 中可以看出，在 Bibsonomy 数据集上：使用基于 **TICOS** 的标签谱聚类方法聚类时，在聚类个数 $k=210$ 时，SC 的值达到最大，其后，随着聚类个数的增加，SC 的值呈现出逐渐减小的趋势；使用基于 **TCCOGS** 的标签谱聚类方法聚类时，在聚类个数 $k=240$ 时，SC 的值达到最大，随后 SC 的值呈现出逐渐下降的趋势；当 $\lambda=0.9$ 时，使用基于 **TCBCOS** 的标签谱聚类方法，在聚类个数 $k=240$ 时，SC 的值达到最大，随后 SC 的值也呈现出逐渐减小的趋势。对比图 3.8，对于 Bibsonomy 数据集上的 DB 指标：基于 **TICOS** 的标签谱聚类方法在聚类个数 $k=240$ 时 DB 的值最小；基于 **TCCOGS** 的标签谱聚类方法在聚类个数 $k=240$ 时 DB 的值最小；当 $\lambda=0.9$ 时，基于 **TCBCOS** 的标签谱聚类方法也在聚类个数 $k=240$ 时 DB 的值最小。结合 SC 和 DB 指标，Bibsonomy 数据集上基于 **TICOS** 的标签谱聚类方法的最优聚类个数可能在 210～240 之间；基于 **TCCOGS** 的标签谱聚类方法的最优聚类个数可能在 240 左右；$\lambda=0.9$ 时，基于 **TCBCOS** 的标签谱聚类方法的最优聚类个数可能在 240 左右。

前面利用内部评价指标对基于 **TICOS**、**TCCOGS** 和 **TCBCOS** 的标签谱聚类方法进行了比较与分析，表明基于 **TCCOGS** 的标签谱聚类方法具有较好的聚类效果。为了更加充分地验证标签聚类方法的有效性，下面利用基于搜索引擎的评价指标对基于 **TICOS**、**TCCOGS** 和 **TCBCOS** 的标签谱聚类方法进行比较。首先，使用 SC 指标确定各方法的最优聚类个数，然后采用簇内（Intra Cluster）抽取、簇间（Inter Cluster）抽取和随机（Random）抽取的方式分别抽取 500 对标签放入到 Google 中进行搜索并计算这 500 对标签各相关性指标的平均值。表 3.2 和表 3.3 分别展示了 CiteULike 数据集和 Bibsonomy 数据集上基于 **TICOS**、**TC-COGS** 和 **TCBCOS** 等谱聚类方法各相关性指标的结果。

表 3.2 基于 TICOS、TCCOGS 和 TCBCOS 的谱聚类方法在 CiteULike 数据集上搜索引擎的各相关性指标

数据集	聚类方法	聚类个数	抽取方式	评价指标		
				Avg	Max	Min
CiteULike	Spectral clustering method based on TICOS	120	Intra Cluster	0.00528	0.00311	0.05973
			Inter Cluster	0.00316	0.00265	0.01053
			Random	0.00427	0.00343	0.01629
	Spectral clustering method based on TCCOGS	**140**	**Intra Cluster**	**0.02252**	**0.01837**	**0.31514**
			Inter Cluster	**0.01003**	**0.00858**	**0.06472**
			Random	**0.01367**	**0.01096**	**0.11778**
	Spectral clustering method based on TCBCOS (λ=0.9)	160	Intra Cluster	0.01272	0.00954	0.10069
			Inter Cluster	0.00805	0.00736	0.03168
			Random	0.00982	0.00812	0.06247

表 3.3 基于 TICOS、TCCOGS 和 TCBCOS 的谱聚类方法在 Bibsonomy 数据集上搜索引擎各相关性指标

数据集	聚类方法	聚类个数	抽取方式	评价指标		
				Avg	Max	Min
Bibsonomy	Spectral clustering method basd on TICOS	210	Intra Cluster	0.00889	0.00703	0.12482
			Inter Cluster	0.00495	0.00417	0.02107
			Random	0.00719	0.00526	0.02905
	Spectral clustering method based on TCCOGS	**240**	**Intra Cluster**	**0.02894**	**0.02243**	**0.45292**
			Inter Cluster	**0.01526**	**0.01337**	**0.10056**
			Random	**0.02052**	**0.01488**	**0.15263**
	Spectral clustering method based on TCBCOS (λ=0.9)	240	Intra Cluster	0.01861	0.01365	0.12106
			Inter Cluster	0.01242	0.01014	0.06592
			Random	0.01683	0.01252	0.08354

表 3.2 和表 3.3 显示，采用基于搜索引擎的外部评价指标来评价标签聚类方法的聚类效果时，对于 CiteULike 和 Bibsonomy 数据集，无论是采用基于 **TICOS** 的标签谱聚类方法，还是采用基于 **TCCOGS** 的标签谱聚类方法，或者是采用基于 **TCBCOS** 的标签谱聚类方法，在使用类内（Intra Cluster）抽取的方式抽取标签时，各相关性系数具有最大的值，表明了基于这三种相似度的标签谱聚类方法的聚类结果在同一个类簇中的标签的相关性比在不同类簇中的标签的相关性要高。从表 3.2 和表 3.3 中可以看出，在 CiteULike 和 Bibsonomy 数据集上，基于 **TCCOGS** 的标签谱聚类方法在三个相关性评价指标上的值最优，表明基于 **TCCOGS** 的标签谱聚类方法比基于 **TICOS** 和基于 **TCBCOS** 的标签谱聚类方法更好，基于 **TCCOGS** 的标签谱聚类方法具有最优的聚类效果。

3.6.3.2 基于 TCCOGS 的标签谱聚类、 K-means 聚类及凝聚式层次聚类的比较

上一小节利用评价指标对基于 **TICOS**、**TCCOGS** 和 **TCBCOS** 三种相似度的标签谱聚类方法进行了比较与分析，表明了基于 **TCCOGS** 的标签谱聚类方法的有效性。为了进一步验证基于 **TCCOGS** 的标签谱聚类方法的效果，使用 K-means 算法和凝聚式层次聚类（AHC）算法对得到的标签共同共现群体相似度（**TCCOGS**）进行聚类，并利用内部评价指标对这三种方法进行比较分析。这里，聚类的个数设定为与上一节相同，即 CiteULike 数据集上设定聚类个数为 $k=20, 40, \cdots, 200$，Bibsonomy 数据集上设定聚类个数为 $k=30, 60, \cdots, 300$，且对于 AHC 算法，使用 Single-linkage 作为两个类之间的距离。图 3.9～图 3.11 和图 3.12～图 3.14 分别展示了 CiteULike 和 Bibsonomy 数据集上基于 **TCCOGS** 的标签谱聚类方法与基于 **TCCOGS** 的标签 K-means 聚类方法和基于 **TCCOGS** 的标签 AHC 聚类方法在 SC 指标、Dunn 指标和 DB 指标的对比。

从图 3.9～图 3.11 中可看出，对于 CiteULike 数据集，在聚类个数相同的情况下，基于 **TCCOGS** 的标签谱聚类方法的 SC 值大于基于 **TCCOGS** 的标签 K-means 聚类方法和基于 **TCCOGS** 的标签 AHC 方法的 SC 值，其 DB 的值小于基于 **TCCOGS** 的标签 K-means 聚类方法和基于 **TCCOGS** 的标签 AHC 方法的 DB 值，其 Dunn 的值总体上也较好；从图 3.12～图 3.14 可看出，Bibsonomy 数据集上基于 **TCCOGS** 的标签谱聚类方法的 SC 值和 DB 值也最优，其 Dunn 的值总体上也较好。图 3.9～图 3.14 表明，基于 **TCCOGS** 的标签谱聚类方法比基于 **TCCOGS** 的标签 K-means 聚类方法和基于 **TCCOGS** 的标签 AHC 方法有更好的聚类效果。从图 3.9～图 3.14 还可看出，基于 **TCCOGS** 的标签 K-means 聚类方法和基于 **TCCOGS** 的标签 AHC 方法具有比较相似的聚类效果，其原因与聚类算法自身的特性有关：谱聚类算法能够处理任意形状的样本数据且能收敛到全局最优解，具有较强的数据处理的能

力；受初始聚类中心的选择和合并点的选择等的影响，K-means 算法和 AHC 算法在处理数据时容易陷入局部最优的情况。

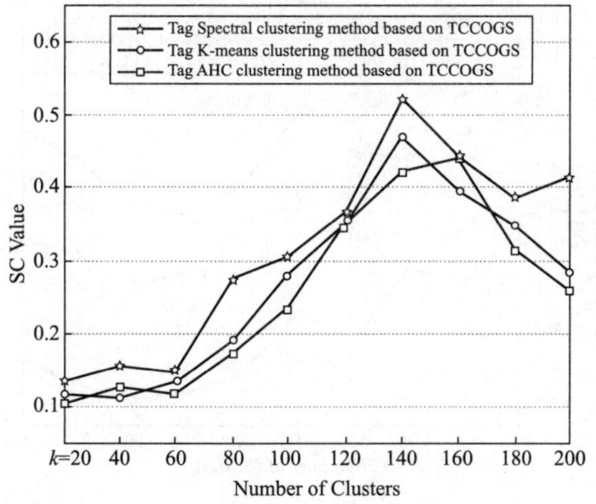

图 3.9 CiteULike 数据集上基于 **TCCOGS** 的谱聚类、K-means 聚类和凝聚式层次聚类 SC 值的比较

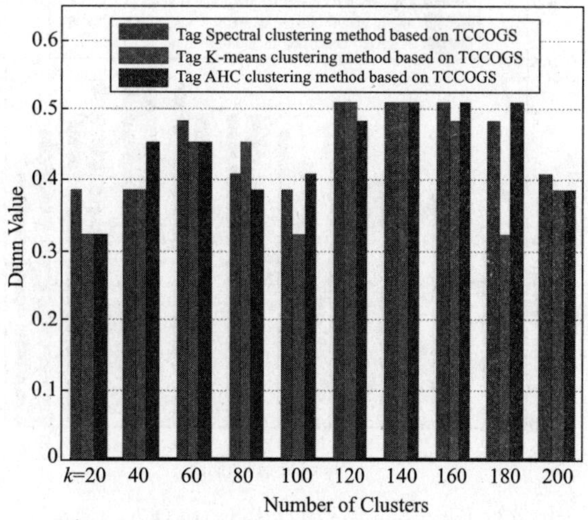

图 3.10 CiteULike 数据集上基于 **TCCOGS** 的谱聚类、K-means 聚类和凝聚式层次聚类 Dunn 值比较

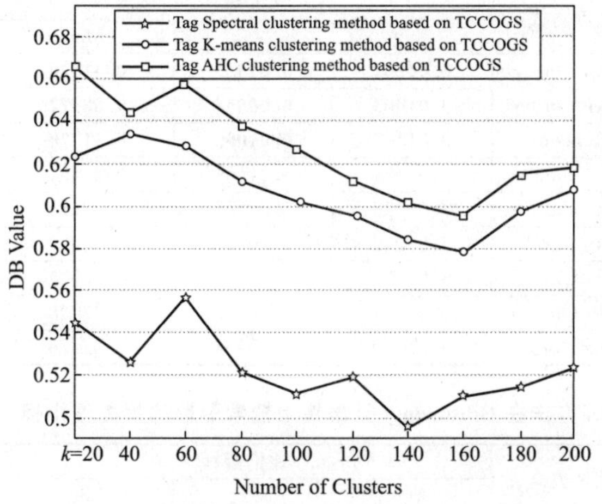

图 3.11 CiteULike 数据集上基于 **TCCOGS** 的谱聚类、K-means 聚类和凝聚式层次聚类 DB 值比较

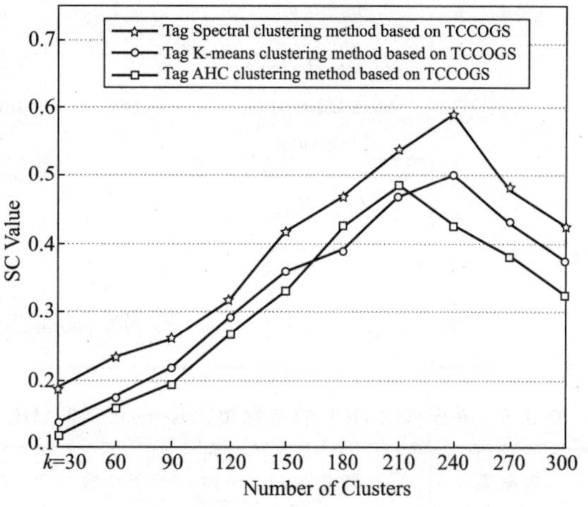

图 3.12 Bibsonomy 数据集上基于 **TCCOGS** 的谱聚类、K-means 聚类和凝聚式层次聚类 SC 值的比较

前面利用内部评价指标对基于 **TCCOGS** 标签谱聚类方法、标签 K-means 聚类方法和标签 AHC 方法进行了比较，下面利用基于搜索引擎的评价指标对这三种方法进行比较与分析，仍然使用 SC 指标的值确定最优聚类个数，抽取 500 对标签检索并计算基于搜索引擎的各相关性指标的平均值。表 3.4 展示了 CiteULike 数据集上基于 **TCCOGS** 的标签谱聚类方法、标签 K-means 聚类方法和标签 AHC 方法各相关性指标的结果；表 3.5 展示了 Bibsonomy 数据集上基于 **TCCOGS** 的标签谱聚类方法、标签 K-means 聚类方法和标签 AHC 方法各相关性指标的结果。

从表 3.4 和表 3.5 中可以看出，在 CiteULike 和 Bibsonomy 数据集上，基于 **TCCOGS** 的标签谱聚类方法在三个相关性评价指标上的值优于基于 **TCCOGS** 的标签 K-means 聚类方法和基于 **TCCOGS** 的标签 AHC 方法，表明基于 **TCCOGS** 的标签谱聚类方法比基于 **TCCOGS**

的标签 K-means 聚类方法和基于 **TCCOGS** 的标签 AHC 方法具有更好的聚类效果。

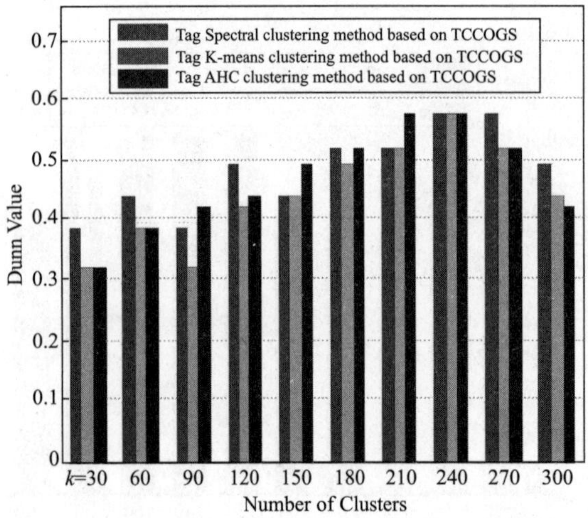

图 3.13 Bibsonomy 数据集上基于 **TCCOGS** 的谱聚类、K-means 聚类和凝聚式层次聚类 Dunn 值比较

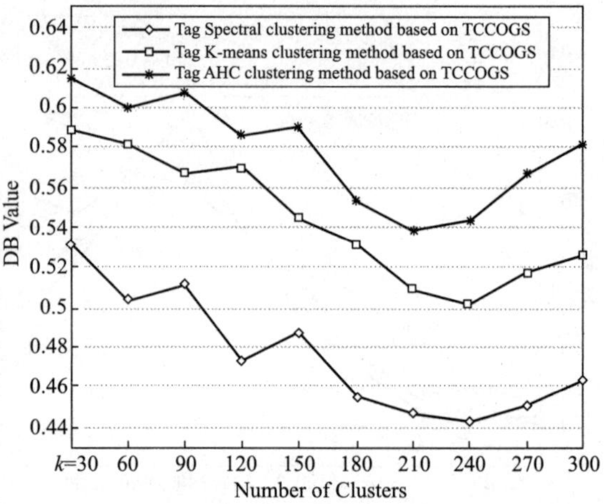

图 3.14 Bibsonomy 数据集上基于 **TCCOGS** 的谱聚类、K-means 聚类和凝聚式层次聚类 DB 值比较

表 3.4 基于 TCCOGS 的谱聚类、K-means 和 AHC 等方法在 CiteULike 数据集上搜索引擎的各相关性指标

数据集	聚类方法	聚类个数	抽取方式	评价指标		
				Avg	Max	Min
CiteULike	**Spectral clustering method based on TCCOGS**	**140**	**Intra Cluster**	**0.02252**	**0.01837**	**0.31514**
			Inter Cluster	**0.01003**	**0.00858**	**0.06472**
			Random	**0.01367**	**0.01096**	**0.11778**
	K-means clustering method based on TCCOGS	140	Intra Cluster	0.01654	0.01166	0.22654
			Inter Cluster	0.00936	0.00781	0.03684
			Random	0.01042	0.00852	0.08670
	AHC method based on TCCOGS	160	Intra Cluster	0.01452	0.01082	0.20574
			Inter Cluster	0.00884	0.00742	0.03428
			Random	0.01006	0.00806	0.07256

表 3.5 基于 TCCOGS 的谱聚类、K-means 和 AHC 等方法在 Bibsonomy 数据集上搜索引擎的相关性指标

数据集	聚类方法	聚类个数	抽取方式	评价指标		
				Avg	Max	Min
Bibsonomy	**Spectral clustering method based on TCCOGS**	**240**	**Intra Cluster**	**0.02894**	**0.02243**	**0.45292**
			Inter Cluster	**0.01526**	**0.01337**	**0.10056**
			Random	**0.02052**	**0.01488**	**0.15263**
	K-means clustering method based on TCCOGS	240	Intra Cluster	0.02290	0.01625	0.37013
			Inter Cluster	0.01272	0.01047	0.07459
			Random	0.01833	0.01226	0.10073
	AHC method based on TCCOGS	210	Intra Cluster	0.02114	0.01558	0.34206
			Inter Cluster	0.01204	0.01016	0.07064
			Random	0.01698	0.01172	0.09361

3.6.3.3 基于 TCCOGS 的谱聚类与基于 VSM 模型的 K-means 和 AHC 的比较

3.6.3.1 节和 3.6.3.2 节分别从相同算法（Spectral Clustering）不同共现相似度（**TICOS，TCCOGS，TCBCOS**）和相同共现相似度（**TCCOGS**）不同算法（Spectral Clustering，K-means，AHC）的角度评价了基于 **TCCOGS** 的标签谱聚类方法的有效性。传统的标签聚

类方法主要使用标签的资源向量空间模型或标签的用户向量空间模型获取标签的相似度并选择 K-means 或 AHC 算法进行聚类。为了充分验证基于 **TCCOGS** 的标签谱聚类方法的聚类效果，下面利用内部评价指标将基于 **TCCOGS** 的标签谱聚类方法与基于标签的资源向量空间模型（T_R_VSM：Tag's Resource VSM）相似度的 K-means 聚类方法、基于标签的资源向量空间模型相似度的 AHC 方法、基于标签的用户向量空间模型（T_U_VSM：Tag's User VSM）相似度的 K-means 聚类方法、基于标签的用户向量空间模型相似度的 AHC 方法进行比较与分析。这里，首先利用向量空间模型对标签进行建模并计算权重，然后使用式（3.4）和式（3.6）分别获取基于资源的标签相似度和基于用户的标签相似度，最后使用 K-means 算法和 AHC 算法在这两种相似度上进行聚类（AHC 算法仍然采用 Single-linkage 作为两个类之间的距离，聚类个数与前面一致）。

图 3.15～图 3.17 展示了 CiteULike 数据集上基于 **TCCOGS** 的谱聚类方法与基于向量空间模型相似度的 K-means 等聚类方法在 SC、Dunn 和 DB 上的比较。

图 3.18～图 3.20 展示了 Bibsonomy 数据集上基于 **TCCOGS** 的谱聚类方法与基于向量空间模型相似度的 K-means 等聚类方法在 SC、Dunn 和 DB 上的比较。

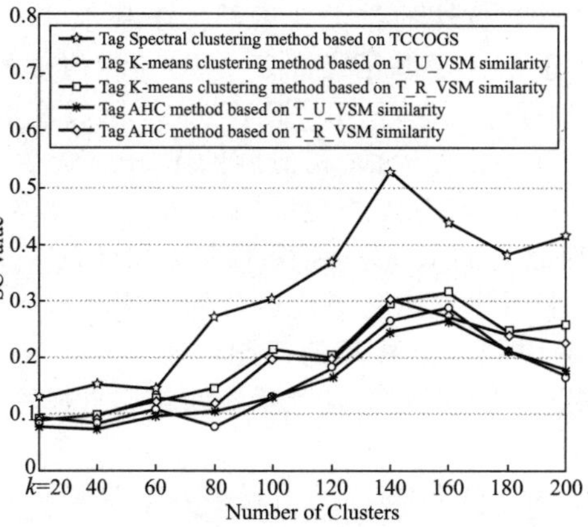

图 3.15 CiteULike 数据集上基于 **TCCOGS** 的谱聚类、基于 VSM 相似度的 K-means 聚类和基于 VSM 的 AHC 的 SC 值比较

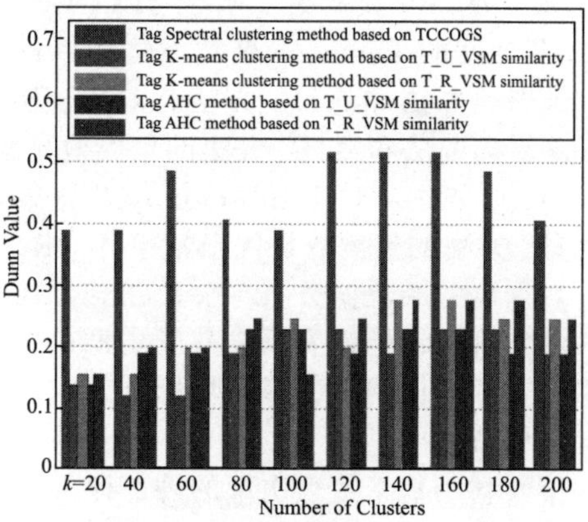

图 3.16 CiteULike 数据集上基于 **TCCOGS** 的谱聚类、基于 VSM 相似度的 K-means 聚类和基于 VSM 的 AHC 的 Dunn 值比较

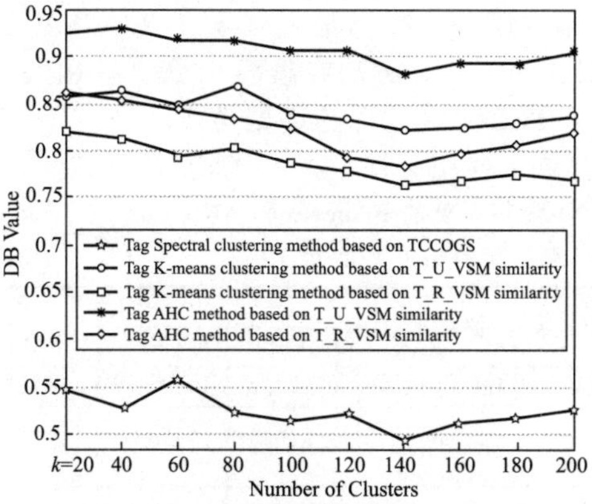

图 3.17 CiteULike 数据集上基于 **TCCOGS** 的谱聚类、基于 VSM 相似度的 K-means 聚类和基于 VSM 的 AHC 的 DB 值比较

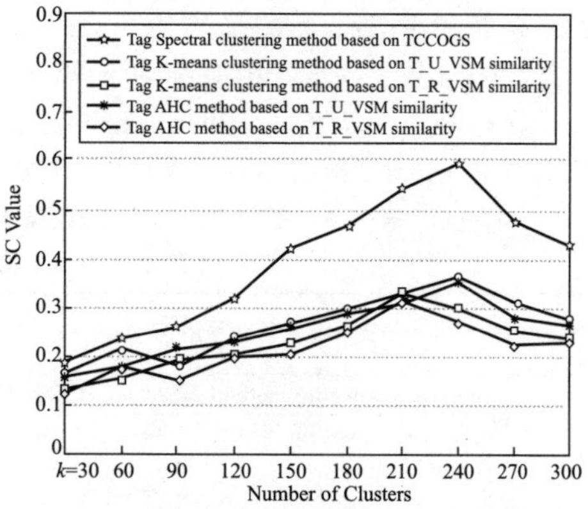

图 3.18 Bibsonomy 数据集上基于 **TCCOGS** 的谱聚类、基于 VSM 相似度的 K-means 聚类和基于 VSM 的 AHC 的 SC 值比较

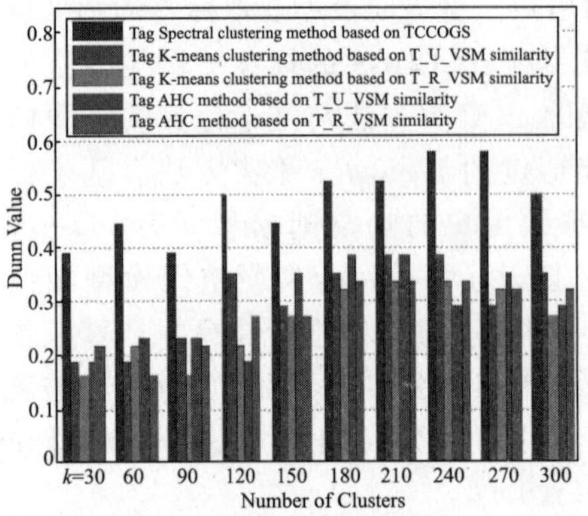

图 3.19　Bibsonomy 数据集上基于 **TCCOGS** 的谱聚类、基于 VSM 相似度的 K-means 聚类和基于 VSM 的 AHC 的 Dunn 值比较

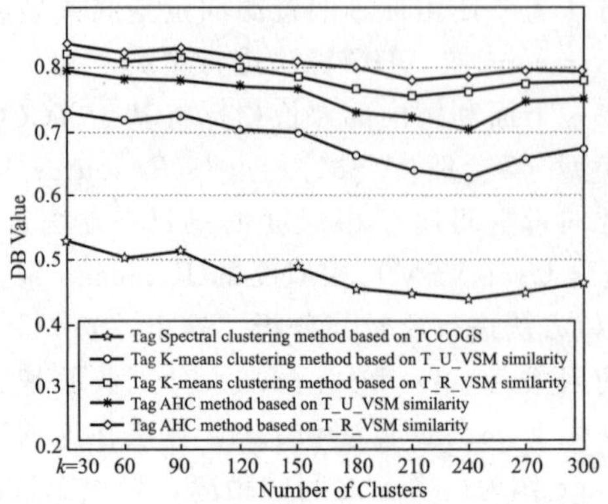

图 3.20　Bibsonomy 数据集上基于 **TCCOGS** 的谱聚类、基于 VSM 相似度的 K-means 聚类和基于 VSM 的 AHC 的 DB 值比较

从图 3.15～图 3.20 可看出，采用内部评价指标进行评价时，无论是 CiteULike 数据集还是 Bibsonomy 数据集，基于 **TCCOGS** 的标签谱聚类方法的聚类效果都优于基于 T _ R _ VSM 相似度的 K-means 聚类方法和 AHC 方法，也都优于基于 T _ U _ VSM 相似度的 K-means 聚类方法和 AHC 方法。对于 CiteULike 数据集，基于 T _ R _ VSM 相似度的 K-means 聚类方法和 AHC 方法的聚类效果优于基于 T _ U _ VSM 相似度的 K-means 聚类方法和 AHC 方法；对于 Bibsonomy 数据集，基于 T _ U _ VSM 相似度的 K-means 聚类方法和 AHC 方法的聚类效果优于基于 T _ R _ VSM 相似度的 K-means 聚类方法和 AHC 方法。这与数据集中的数据分布有关，CiteULike 数据集中用户数比资源数多，将标签表示成基于用户的向量比将标签表示成基于资源的向量更容易引起高维稀疏的问题，而 Bibsonomy 数据集中资源数比用户数多，将标签表示成基于资源的向量引起的高维稀疏问题比将标签表示成基于用户的向量更严重。

下面利用基于搜索引擎的外部评价指标对基于 **TCCOGS** 的标签谱聚类方法与基于 VSM 相似度的 K-means 聚类方法和 AHC 方法进行比较。从表 3.2～表 3.5 可知，采用类内（Intra Cluster）抽取的方式抽取的标签对的各相关性指标值优于类间（Inter Cluster）抽取和随机（Random）抽取，所以这里仅采用类内抽取的方式来进行比较。仍然利用 SC 的值确定各方法的最优聚类个数，然后从聚类结果中抽取 500 对类内标签放入到搜索引擎进行检索并计算各相关性指标的平均值。表 3.6 给出了 CiteULike 数据集上基于 **TCCOGS** 的标签谱聚类方法与基于 VSM 相似度的 K-means 聚类方法和 AHC 方法在搜索引擎上各相关性指标的比较；表 3.7 给出了 Bibsonomy 数据集上基于 **TCCOGS** 的标签谱聚类方法与基于 VSM 相似度的 K-means 聚类方法和 AHC 方法在搜索引擎上各相关性指标的比较。

表 3.6　基于 TCCOGS 的谱聚类、基于 VSM 相似度的 K-means 和 AHC 等方法在 CiteULike 数据集上搜索引擎的相关性指标

数据集	聚类方法	聚类个数	抽取方式	评价指标		
				Avg	Max	Min
CiteULike	**Spectral clustering method based on TCCOGS**	**140**	**Intra Cluster**	**0.02252**	**0.01837**	**0.31514**
	K-means clustering method based on T_U_VSM similarity	160	Intra Cluster	0.01083	0.00917	0.08621
	K-means clustering method based on T_R_VSM similarity	160	Intra Cluster	0.01246	0.01016	0.11174
	AHC method based on T_U_VSM similarity	160	Intra Cluster	0.01014	0.00885	0.08064
	AHC method based on T_R_VSM similarity	140	Intra Cluster	0.01172	0.00989	0.10318

表 3.7 基于 TCCOGS 的谱聚类、基于 VSM 相似度的 K-means 和 AHC 等方法在 Bibsonomy 数据集上搜索引擎的相关性指标

数据集	聚类方法	聚类个数	抽取方式	评价指标		
				Avg	Max	Min
Bibsonomy	**Spectral clustering method based on TCCOGS**	**240**	**Intra Cluster**	**0.02894**	**0.02243**	**0.45292**
	K-means clustering method based on T_U_VSM similarity	240	Intra Cluster	0.01782	0.01454	0.28724
	K-means clustering method based on T_R_VSM similarity	210	Intra Cluster	0.01887	0.01526	0.30428
	AHC method based on T_U_VSM similarity	240	Intra Cluster	0.01398	0.01289	0.22206
	AHC method based on T_R_VSM similarity	210	Intra Cluster	0.01416	0.01345	0.23148

表 3.6 和表 3.7 显示，在 CiteULike 和 Bibsonomy 数据集上，利用基于搜索引擎的外部评价指标进行评价时，基于 **TCCOGS** 的标签谱聚类方法比基于 T _ R _ VSM 和基于 T _ U _ VSM 相似度的 K-means 和 AHC 标签聚类方法具有更好的聚类效果。

3.6.3.4 基于 TCCOGS 的谱聚类与基于标签的用户共现和基于标签的资源共现的 K-means 和 AHC 的比较

利用标签的用户共现关系或标签的资源共现关系获取标签的相似度并使用 K-means 或 AHC 等算法是另外比较常用的标签聚类方法，下面利用内部评价指标将基于 **TCCOGS** 的标签谱聚类方法与基于标签的资源共现（T _ R _ COO：Tag's Resource Co-occurrence）相似度的 K-means 聚类方法、基于标签的资源共现相似度的 AHC 方法、基于标签的用户共现（T _ U _ COO：Tag's User Co-occurrence）相似度的 K-means 聚类方法、基于标签的用户共现相似度的 AHC 方法进行比较与分析。首先利用式（3.7）和式（3.8）分别获取标签的资源共现相似度和标签的用户共现相似度，然后使用 K-means 算法和 AHC 算法分别聚类标

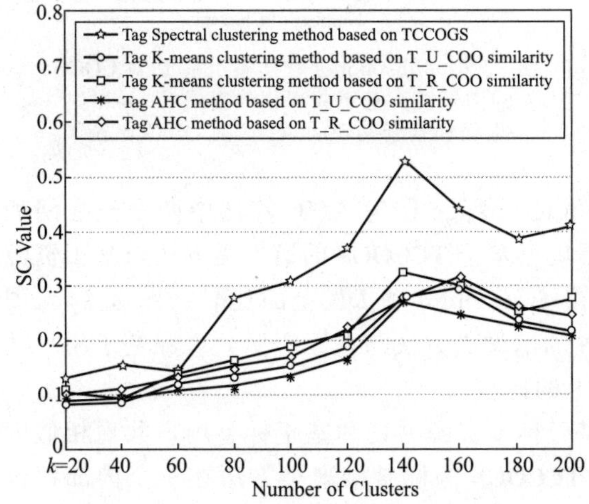

图 3.21 CiteULike 数据集上基于 **TCCOGS** 的谱聚类、基于共现相似度的 K-means 聚类和基于共现的 AHC 的 SC 值比较

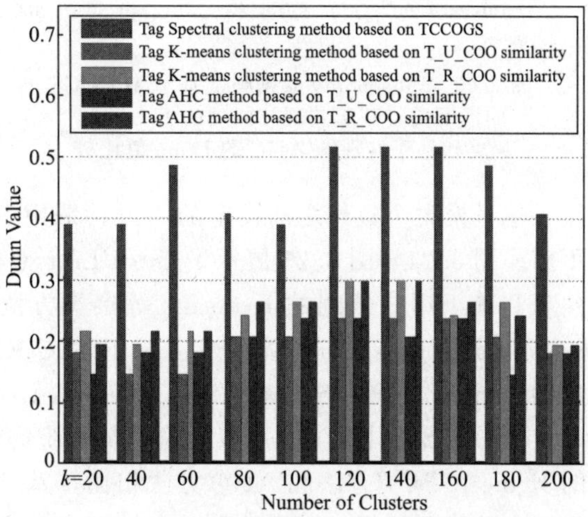

图 3.22 CiteULike 数据集上基于 **TCCOGS** 的谱聚类、基于共现相似度的 K-means 聚类和基于共现的 AHC 的 Dunn 值比较

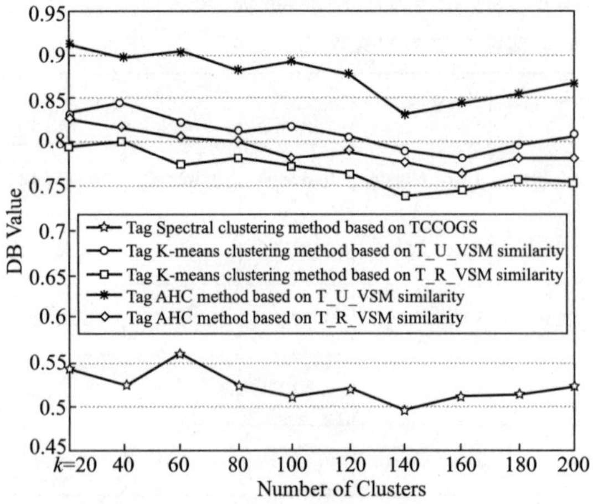

图 3.23　CiteULike 数据集上基于 **TCCOGS** 的谱聚类、基于共现相似度的 K-means 聚类和基于共现的 AHC 的 DB 值比较

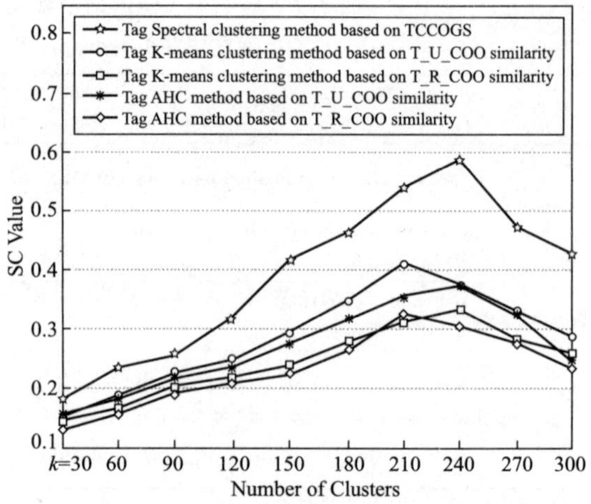

图 3.24　Bibsonomy 数据集上基于 **TCCOGS** 的谱聚类、基于共现相似度的 K-means 聚类和基于共现的 AHC 的 SC 值比较

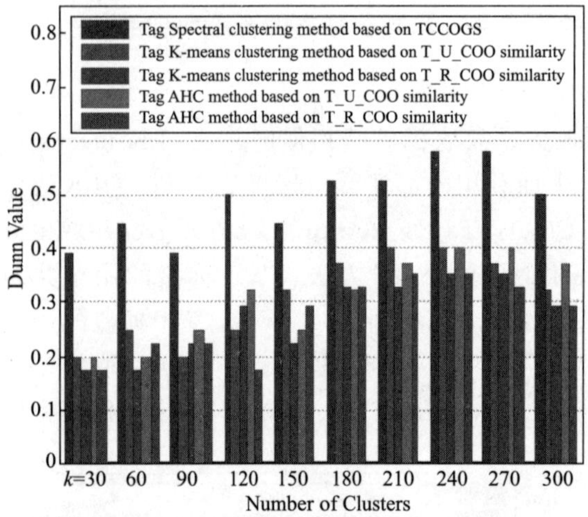

图 3.25　Bibsonomy 数据集上基于 **TCCOGS** 的谱聚类、基于共现相似度的 K-means 聚类和基于共现的 AHC 的 Dunn 值比较

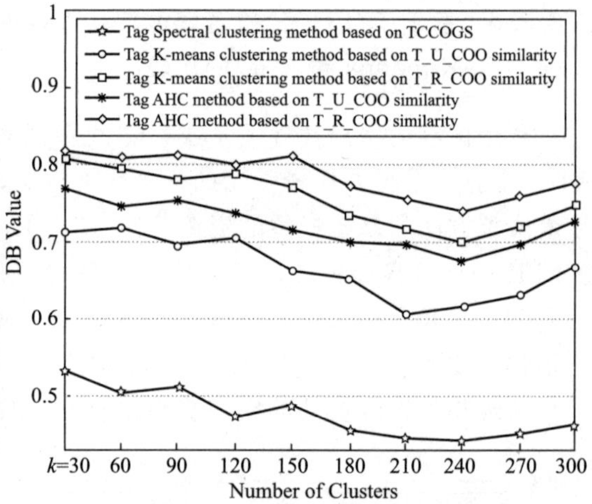

图 3.26　Bibsonomy 数据集上基于 **TCCOGS** 的谱聚类、基于共现相似度的 K-means 聚类和基于共现的 AHC 的 DB 值比较

签，这里聚类个数与之前设定的一致，采用 Single-linkage 作为 AHC 算法中两个类之间的距离。图 3.21～图 3.23 展示了 CiteULike 数据集上基于 **TCCOGS** 的谱聚类方法与基于资源共现和基于用户共现的 K-means 等聚类方法在 SC、Dunn 和 DB 上的比较；图 3.24～图 3.26 展示了 Bibsonomy 数据集上基于 **TCCOGS** 的谱聚类方法与基于资源共现和基于用户共现的 K-means 等聚类方法在 SC、Dunn 和 DB 上的比较。

从图 3.20～图 3.26 可以看出，与传统的基于标签资源共现和基于标签用户共现相似度的 K-means 聚类方法和 AHC 方法相比，基于 **TCCOGS** 的标签谱聚类方法在三个内部评价指标上的值都较优，说明基于 **TCCOGS** 的标签谱聚类方法比传统的基于共现的标签聚类方法具有更好的聚类效果。

下面利用基于搜索引擎的外部评价指标对基于 **TCCOGS** 的标签谱聚类方法与基于共现相似度的 K-means 聚类方法和 AHC 方法进行比较。利用 SC 指标确定各聚类方法的最优聚类个数，在此基础上采用类内（Intra Cluster）抽取的方式抽取500对标签检索并计算各相关性指标的平均值。表3.8和表3.9分别给出了CiteULike数据集和Bibsonomy数据集上基于**TCCOGS**的标签谱聚类方法与基于标签资源共现和基于标签用户共现相似度的K-means聚类方法和AHC方法在搜索引擎上各相关性指标的比较。

表3.8 基于TCCOGS的谱聚类、基于共现相似度的K-means和AHC等方法在CiteULike数据集上搜索引擎的相关性指标

数据集	聚类方法	聚类个数	抽取方式	评价指标		
				Avg	Max	Min
CiteULike	**Spectral clustering method based on TCCOGS**	**140**	**Intra Cluster**	**0.02252**	**0.01837**	**0.31514**
	K-means clustering method based on T_U_COO similarity	160	Intra Cluster	0.01216	0.01024	0.10143
	K-means clustering method based on T_R_COO similarity	140	Intra Cluster	0.01531	0.01195	0.13106
	AHC method based on T_U_COO similarity	140	Intra Cluster	0.01148	0.00968	0.09827
	AHC method based on T_R_COO similarity	160	Intra Cluster	0.01449	0.01113	0.12174

表3.9 基于TCCOGS的谱聚类、基于共现相似度的K-means和AHC等方法在Bibsonomy数据集上搜索引擎的相关性指标

数据集	聚类方法	聚类个数	抽取方式	评价指标		
				Avg	Max	Min
Bibsonomy	**Spectral clustering method based on TCCOGS**	**240**	**Intra Cluster**	**0.02894**	**0.02243**	**0.45292**
	K-means clustering method based on T_U_COO similarity	210	Intra Cluster	0.01917	0.01549	0.29257
	K-means clustering method based on T_R_COO similarity	240	Intra Cluster	0.02043	0.01628	0.31265
	AHC method based on T_U_COO similarity	240	Intra Cluster	0.01586	0.01321	0.24038
	AHC method based on T_R_COO similarity	210	Intra Cluster	0.01693	0.01417	0.25424

表3.8和表3.9显示，在CiteULike和Bibsonomy数据集上，利用基于搜索引擎的外部评价指标进行评价时，基于**TCCOGS**的标签谱聚类方法比基于T_R_COO和基于T_U_COO相似度的K-means和AHC标签聚类方法具有更好的聚类效果。

3.7 本章小结

本章从相似度的角度研究了社会化标签的聚类方法。首先介绍了传统的基于向量空间模型的标签相似度测量方法和基于共现的标签相似度测量方法，分析了传统的标签相似度测量方法在保持语义关系完整性、高维稀疏等问题上的不足；然后对经典的聚类算法（如K-means和AHC）进行了分析与比较；在此基础上提出了基于共同共现群体相似度的标签谱聚类方法，利用内部评价指标和外部评价指标开展了多种基于相似度的标签聚类方法的实验比较工作。实验结果表明，本章提出的基于共同共现群体相似度的标签谱聚类方法具有较好的聚类效果。

第4章

基于主题模型的社会化标签聚类方法研究

4.1 引言

社会化标注系统中的标签蕴含着丰富的语义信息，从语义关系的角度来说，一组语义联系紧密、语义概念相似的标签应该具有清晰的语义结构特征，这种语义结构可以用一个概念或主题进行识别与表达。对于一个给定的标签集合，该集合中的标签实际存在着一些固有的语义结构，每一个语义结构都可以表达一个概念或一个主题。从该集合的标签中发现这些语义结构，即发现标签集合中蕴含着的概念或主题，并将每一个标签归属到合适的主题下面，就可以实现标签的聚类。既然标签集合中存在着潜在的语义结构，那么发现标签中这些潜在的语义结构成为解决标签聚类问题的关键。在第3章中，介绍了基于相似度的标签聚类方法，基于相似度的标签聚类方法以获取标签之间的相似度来衡量标签之间的语义关系，在此基础上利用合适的聚类算法将相似的标签聚集到一起，形成比较完整的语义结构，实现标签的概念表达与主题识别。基于相似度的聚类方法通常采用两步走的策略来实现聚类，即首先获取样本数据之间的相似度，然后在获取的相似度上运用K-means等算法进行聚类，这种两步走的策略在面对大样本数据时需要耗费较多的计算资源。如何利用社会化标注系统中的三元标注关系直接发现标签所蕴含的潜在语义结构、识别标签的主题、降低标签聚类的成本是一个非常值得关注的问题。

近年来，基于隐含主题模型（Latent Topic Models）的方法被广泛地应用到文档建模中，隐含主题模型假设文档集合中所有的文档都是由 k 个潜在的主题所构成的，每一个文档可以被表示成一个包含 k 个主题的分布，每一个隐含的主题可以表示为文档集合中所有词的一个分布。最典型的隐含主题模型是Blei等人[49]提出的隐含狄利克雷分配模型（LDA：Latent Dirichlet Allocation）。作为一种新颖的无监督机器学习方法，LDA模型被设计来识别大规模文档集或语料库中潜在的主题信息，它是一个三层的贝叶斯概率模型，在数据降维和语义分析方面具有很强的优势，已经在文本挖掘及聚类中得到广泛的应用。隐含主题模型为发现标签集合中隐藏的语义结构提供了很好的思路。如何从三元标注关系中发现标签集合所蕴含的主题，并将标签归属于不同的主题从而实现标签的聚类是本章研究的关键，为此，本章提出了一种基于LDA的标签综合聚类方法。该方法将社会化标注系统中“用户-资源-标签”的三元标注关系转化成“用户-标签”和“资源-标签”两个二元关系，分别利用用户的标注信息和资源的被标注信息来建立主题学习模型，通过学习，获取基于用户的标签潜在主题和基于资源的标签潜在主题，综合标签在这两类主题上的概率分布结果，建立标签主题的二次学习模型，学习出标签的混合主题并在此基础上判定标签的聚类簇。本章提出的方法首先对三元标注关系中标签的整体语义进行了分割，并实现了三元标注数据的降维处理；然后实现了标签整体语义的重构与聚类识别。

本章的组织结构如下：4.2 节介绍了相关工作，包括 LDA 主题模型及其在标签主题建模方面的应用；4.3 节详述了基于 LDA 的标签综合聚类方法，首先对三元标注关系中标签的语义进行了分析，然后介绍了基于 LDA 的标签综合聚类方法的模型及建模过程，最后总结了聚类的步骤；4.4 节进行了实验并和相关方法进行了对比分析；4.5 节对本章内容做出了总结。

4.2 相关工作

4.2.1 LDA 主题模型

Blei 等人[49]对概率隐含语义分析（PLSA：Probabilistic Latent Semantic Analysis）模型[115]进行扩展并提出了 LDA 主题模型来对文档集合进行建模，从而发现文档中潜在的语义结构。Blei 等人认为，PLSA 没有使用统一的概率模型来计算文档主题的概率，过多的参数估计会引起过拟合（Overfitting）问题，而且训练集以外的文档很难被分配概率。为了解决上述问题，Blei 等人在 PLSA 的基础上引入了狄利克雷（Dirichlet）先验分布超参数，形成一个包含文档、主题和词的三层贝叶斯结构模型，该模型是一个基于产生式的概率模型，如图 4.1 所示。

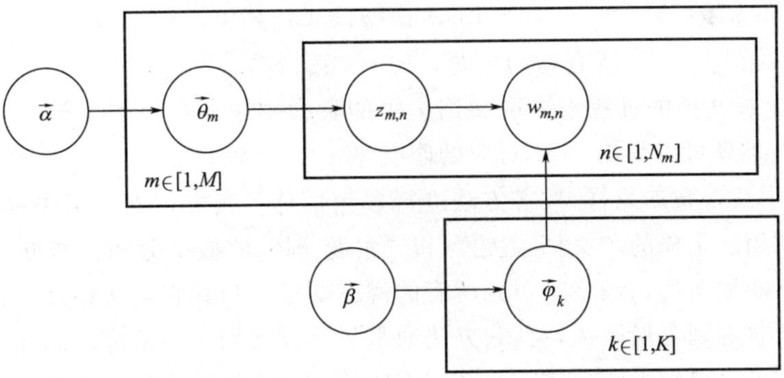

图 4.1 LDA 主题模型

LDA 模型的主要思想是：每个文档可以用若干个主题的混合分布来表示；而每个主题可以用词汇表中所有词的一个多项式概率分布来表示[116]。对于一个给定的文档 m，假设有 K 个主题，那么对于文档 m 中的第 n 个词 $w_{m,n}$ 的概率分布可由式（4.1）来表示：

$$p(w_{m,n} \mid m) = \sum_{k=1}^{K} p(w_{m,n} \mid z_{m,n}=k)p(z_{m,n}=k \mid m) \tag{4.1}$$

LDA 模型中的词 w 是唯一的可观测变量，设文档集 D 中包含 M 个文档，假定共有 K 个潜在主题，$w_{m,n}$表示第 m 个文档中的第 n 个词，V 是词典集；$z_{m,n}$表示产生 $w_{m,n}$的主题，α 是文档集 D 的主题先验分布超参数；θ_m是 m 在主题上 z 的分布，对于每个文档 m，θ_m服从 Dirichlet 分布；某一主题 φ_k 是 V 中词的分布，β 是 φ 的主题先验分布超参数；N 是 m 中的总词数。LDA 模型生成一篇文档 m 的过程包括两个步骤：①从 $p(\theta \mid \alpha)$ 的 Dirichlet 分布中随机选择一个 θ_m，生成文档 m 的主题；②依据 $p(w_{m,n} \mid \theta_m, \varphi)$ 生成 m 中的每一个词 $w_{m,n}$。那么对于文档 m 来说，其 LDA 概率模型可由式（4.2）表示：

$$p(\theta_m, z, w \mid \alpha, \beta) = p(\theta_m \mid \alpha) \prod_{n=1}^{N} p(z_{m,n} \mid \theta_m) p(w_{m,n} \mid z_{m,n}, \beta) \tag{4.2}$$

整个文档集合的生成过程如下：

① 对于每一个隐含的主题 $k \in 1, \cdots, K$，以参数为 β 的 Dirichlet 分布采样一个词层的分布 φ_k，φ_k：$\mathrm{Dir}(\beta)$；

② 对于每一个文档 $m \in 1, \cdots, M$，以参数为 α 的 Dirichlet 分布采样主题层上的一个分布 θ_m，θ_m：$\mathrm{Dir}(\alpha)$；

③ 对于文档 m 中的第 n 个词 $w_{m,n}$：

a. 以参数为 θ_m 的多项式分布采样一个隐含主题 $z_{m,n} \in 1, \cdots, K$；

b. 以参数为 $\varphi_{z_{m,n}}$ 的多项式分布采样一个词 $w_{m,n}$。

对式（4.2）两边积分，可得式（4.3）：

$$\int_{m=1}^{M} p(\theta_m, z, w \mid \alpha, \beta) \mathrm{d}\theta m = \int_{m=1}^{M} p(\theta_m \mid \alpha) \prod_{n=1}^{N} p(z_{m,n} \mid \theta_m) p(w_{m,n} \mid z_{m,n}, \beta) \mathrm{d}\theta m \tag{4.3}$$

由式（4.3）可以推导出式（4.4）：

$$\begin{aligned} p(z, w \mid \alpha, \beta, \theta) &= \int_{m=1}^{M} p(\theta_m \mid \alpha) \prod_{n=1}^{N} p(z_{m,n} \mid \theta_m) p(w_{m,n} \mid z_{m,n}, \beta) \mathrm{d}\theta m \\ &= \prod_{m=1}^{M} p(\theta_m \mid \alpha) \prod_{n=1}^{N} p(z_{m,n} \mid \theta_m) p(w_{m,n} \mid z_{m,n}, \beta) \end{aligned} \tag{4.4}$$

式（4.4）即为生成整个文档集的 LDA 模型公式，其中，$w = \{w_m\}_{m=1}^{M}$ 表示文档集合中的所有词，$z = \{z_m\}_{m=1}^{M}$ 表示所有词的主题，$z_m = \{z_{m,n}\}_{n=1}^{N}$。

LDA 根据生成文档的过程来提取文档集中的隐含主题，在观测变量只有文档集中的词 w 时，通过反向推理可以得出 w 所对应的隐变量 z_m，从而得到 θ，α，φ 和 β。可以通过变分期望最大化[117]或吉布斯采样[118]等方法进行参数估计。其中，吉布斯采样是常用的方法，其基本思想是利用已采样的“文档-主题”和“主题-词”的概率分布来推断当前词所属的主题概率，经过不断地迭代，最终学习到所有的潜在变量。与其它方法相比，在理论上，吉布斯采样能够保证收敛到全局最优，其它方法通常只能收敛到局部最优；此外，吉布斯采样不需要通过近似就可以得到采样公式，而其它方法如变分法的迭代公式必须要通过近似才能推导出。

4.2.2 LDA 吉布斯采样（Gibbs Sampling）公式的推导

假设文档集 $W = \{\boldsymbol{w}_1, \boldsymbol{w}_2, \cdots, \boldsymbol{w}_M\}$ 表示有 M 篇文档，对于任一篇文档 $\boldsymbol{d} = \boldsymbol{w} = (w_1, w_2, \cdots, w_n)$，该文档被生成的概率为 $p(\boldsymbol{w}) = p(w_1, w_2, \cdots, w_n) = p(w_1) p(w_2) \cdots p(w_n)$；假定文档和文档相互独立，那么整个文档集的概率为 $p(W) = p(\boldsymbol{w}_1)\ p(\boldsymbol{w}_2) \cdots p(\boldsymbol{w}_M)$。

设文档集的总词数为 N，每个词 v_i 的发生次数为 n_i，则 $\boldsymbol{n} = (n_1, n_2, \cdots, n_V)$ 服从多项式分布，如式（4.5）所示：

$$p(\boldsymbol{n}) = \text{Mult}(\boldsymbol{n} \mid \boldsymbol{p}, N) = \binom{N}{\boldsymbol{n}} \prod_{k=1}^{V} p_k^{n_k} \tag{4.5}$$

此时，整个文档集的概率如式（4.6）所示：

$$\begin{aligned} p(W) &= p(\boldsymbol{w}_1)p(\boldsymbol{w}_2)\cdots p(\boldsymbol{w}_M) \\ &= \prod_{k=1}^{V} p_k^{n_k} \end{aligned} \tag{4.6}$$

已知 Dirichlet 分布是多项式分布（Multinomial）的共轭分布，那么参数为 $\boldsymbol{p}$ 的 Dirichlet 先验分布如式（4.7）所示：

$$\text{Dir}(\boldsymbol{p} \mid \boldsymbol{\alpha}) = \frac{1}{\Delta(\boldsymbol{\alpha})} \prod_{k=1}^{V} p_k^{\alpha_k - 1} \tag{4.7}$$

式中，$\boldsymbol{\alpha}$ 为 Dirichlet 先验分布超参数 $\boldsymbol{\alpha}=(\alpha_1, \cdots, \alpha_V)$；$\Delta(\boldsymbol{\alpha})$ 为归一化因子 $\text{Dir}(\boldsymbol{\alpha})$，且 $\Delta(\boldsymbol{\alpha}) = \int \prod_{k=1}^{V} p_k^{\alpha_k - 1} \mathrm{d}\boldsymbol{p}$。

由 Dirichlet 分布和 Multinomial 分布共轭，在给定参数为 $\boldsymbol{p}$ 的先验分布 $\text{Dir}(\boldsymbol{p} \mid \boldsymbol{\alpha})$ 和各词出现频次的数据 $\boldsymbol{n} \sim \text{Mult}(\boldsymbol{n} \mid \boldsymbol{p}, N)$ 为多项式分布的情况下，可以推导出 $\boldsymbol{p}$ 的后验分布仍然为 Dirichlet 分布，如式（4.8）所示：

$$\begin{aligned} \text{Dir}(\boldsymbol{p} \mid \boldsymbol{\alpha} + \boldsymbol{n}) &= \text{Dir}(\boldsymbol{p} \mid \boldsymbol{\alpha}) + \text{MultCount}(\boldsymbol{n}) \\ &= \frac{1}{\Delta(\boldsymbol{n} + \boldsymbol{\alpha})} \prod_{k=1}^{V} p_k^{n_k + \alpha_k - 1} \end{aligned} \tag{4.8}$$

Dirichlet 分布有一个重要的性质：如果 $\boldsymbol{p} \sim \text{Dir}(\boldsymbol{t} \mid \boldsymbol{\alpha})$，那么可以证明 $\boldsymbol{p}$ 的期望 $E(\boldsymbol{p}) = \left(\frac{\alpha_1}{\sum_{i=1}^{K} \alpha_i}, \frac{\alpha_2}{\sum_{i=1}^{K} \alpha_i}, \cdots, \frac{\alpha_K}{\sum_{i=1}^{K} \alpha_i} \right)$。所以，在确定 $\boldsymbol{p}$ 的后验分布为 $\text{Dir}(\boldsymbol{p} \mid \boldsymbol{n} + \boldsymbol{\alpha})$ 后，可得 $E(\boldsymbol{p}) = \left(\frac{n_1 + \alpha_1}{\sum_{i=1}^{V} (n_i + \alpha_i)}, \frac{n_2 + \alpha_2}{\sum_{i=1}^{V} (n_i + \alpha_i)}, \cdots, \frac{n_V + \alpha_K}{\sum_{i=1}^{V} (n_i + \alpha_i)} \right)$。那么，利用参数 $\boldsymbol{p}$ 在后验分布下的平均值，可以为每一个 p_i 做出参数估计，如式（4.9）所示：

$$\hat{p}_i = \frac{n_i + \alpha_i}{\sum_{i=1}^{V} (n_i + \alpha_i)} \tag{4.9}$$

由式（4.6）、式（4.7）、式（4.8）可推导出，在已知参数 $\boldsymbol{p}$ 的先验分布为 $\text{Dir}(\boldsymbol{p} \mid \boldsymbol{\alpha})$ 的条件下，整个文档集的产生概率为：

$$\begin{aligned} p(W \mid \boldsymbol{\alpha}) &= \int p(W \mid \boldsymbol{p}) p(\boldsymbol{p} \mid \boldsymbol{\alpha}) \mathrm{d}\boldsymbol{p} \\ &= \int \prod_{k=1}^{V} p_k^{n_k} \text{Dir}(\boldsymbol{p} \mid \boldsymbol{\alpha}) \mathrm{d}\boldsymbol{p} \\ &= \int \prod_{k=1}^{V} p_k^{n_k} \frac{1}{\Delta(\boldsymbol{\alpha})} \prod_{k=1}^{V} p_k^{\alpha_k - 1} \mathrm{d}\boldsymbol{p} \\ &= \frac{1}{\Delta(\boldsymbol{\alpha})} \int \prod_{k=1}^{V} p_k^{n_k + \alpha_k - 1} \mathrm{d}\boldsymbol{p} \\ &= \frac{\Delta(\boldsymbol{n} + \boldsymbol{\alpha})}{\Delta(\boldsymbol{\alpha})} \end{aligned} \tag{4.10}$$

令 $\boldsymbol{w}=(\boldsymbol{w}_1, \cdots, \boldsymbol{w}_m)$，$\boldsymbol{z}=(\boldsymbol{z}_1, \cdots, \boldsymbol{z}_m)$，其中 $\boldsymbol{w}_m$ 表示第 m 篇文档中的词，$\boldsymbol{z}_m$ 表示这

些词对应的主题编号。那么图 4.1 的概率图模型可分解为两个基本的物理过程：

① 生成主题（Topic）：$\boldsymbol{\alpha} \rightarrow \boldsymbol{\theta}_m \rightarrow \boldsymbol{z}_m$，代表生成第 m 篇文档中所有词所对应的主题，其中，$\boldsymbol{\alpha} \rightarrow \boldsymbol{\theta}_m$ 服从 Dirichlet 分布，$\boldsymbol{\theta}_m \rightarrow \boldsymbol{z}_m$ 服从 Multinomial 分布，而 $\boldsymbol{\alpha} \rightarrow \boldsymbol{\theta}_m \rightarrow \boldsymbol{z}_m$ 是一个 Dirichlet-Multinomial 共轭结构。由式（4.10），可以得到第 m 篇文档的主题生成概率，如式（4.11）所示：

$$p(\boldsymbol{z}_m \mid \boldsymbol{\alpha}) = \frac{\Delta(\boldsymbol{n}_m + \boldsymbol{\alpha})}{\Delta(\boldsymbol{\alpha})} \tag{4.11}$$

式中，$\boldsymbol{n}_m = (n_m^{(1)}, \cdots, n_m^{(K)})$，$n_m^{(k)}$ 代表第 m 篇文档中第 k 个主题生成的词的个数。根据共轭结构，得到参数 $\boldsymbol{\theta}_m$ 的后验分布为 $\mathrm{Dir}(\boldsymbol{\theta}_m \mid \boldsymbol{n}_m + \boldsymbol{\alpha})$。由于 M 篇文档的主题生成过程相互独立，所以整个文档集中的主题生成概率如式（4.12）所示：

$$\begin{aligned} p(\boldsymbol{z} \mid \boldsymbol{\alpha}) &= \prod_{m=1}^{M} p(\boldsymbol{z}_m \mid \boldsymbol{\alpha}) \\ &= \prod_{m=1}^{M} \frac{\Delta(\boldsymbol{n}_m + \boldsymbol{\alpha})}{\Delta(\boldsymbol{\alpha})} \end{aligned} \tag{4.12}$$

② 生成词（Word）：$\boldsymbol{\beta} \rightarrow \boldsymbol{\varphi}_k \rightarrow \boldsymbol{w}_{(k)} \mid k = z_{m,n}$，表示生成主题 k 下面的所有词，其中，$\boldsymbol{\beta} \rightarrow \boldsymbol{\varphi}_k$ 服从 Dirichlet 分布，$\boldsymbol{\varphi}_k \rightarrow \boldsymbol{w}_{(k)}$ 服从 Multinomial 分布，其整体也是一个 Dirichlet-Multinomial 共轭结构。同理，可以得到式（4.13）：

$$p(\boldsymbol{w}_{(k)} \mid \boldsymbol{\beta}) = \frac{\Delta(\boldsymbol{n}_k + \boldsymbol{\beta})}{\Delta(\boldsymbol{\beta})} \tag{4.13}$$

式中，$\boldsymbol{n}_k = (n_k^{(1)}, \cdots, n_k^{(V)})$，$n_k^{(x)}$ 表示第 k 个主题产生的词中词 x 的个数，且有参数 $\boldsymbol{\varphi}_k$ 的后验分布为 $\mathrm{Dir}(\boldsymbol{\varphi}_k \mid \boldsymbol{n}_k + \boldsymbol{\beta})$。由于文档集中 K 个主题生成词的过程相互独立，那么整个文档集中词的生成概率如式（4.14）所示：

$$\begin{aligned} p(\boldsymbol{w} \mid \boldsymbol{z}, \boldsymbol{\beta}) &= \prod_{k=1}^{K} p(\boldsymbol{w}_{(k)} \mid \boldsymbol{z}_{(k)}, \boldsymbol{\beta}) \\ &= \prod_{k=1}^{K} \frac{\Delta(\boldsymbol{n}_k + \boldsymbol{\beta})}{\Delta(\boldsymbol{\beta})} \end{aligned} \tag{4.14}$$

由式（4.12）和式（4.14），可以得到联合概率分布 $p(\boldsymbol{w}, \boldsymbol{z})$，如式（4.15）所示：

$$\begin{aligned} p(\boldsymbol{w}, \boldsymbol{z} \mid \boldsymbol{\alpha}, \boldsymbol{\beta}) &= p(\boldsymbol{w} \mid \boldsymbol{z}, \boldsymbol{\beta}) p(\boldsymbol{z} \mid \boldsymbol{\alpha}) \\ &= \prod_{k=1}^{K} \frac{\Delta(\boldsymbol{n}_k + \boldsymbol{\beta})}{\Delta(\boldsymbol{\beta})} \prod_{m=1}^{M} \frac{\Delta(\boldsymbol{n}_m + \boldsymbol{\alpha})}{\Delta(\boldsymbol{\alpha})} \end{aligned} \tag{4.15}$$

确定了联合概率分布 $p(\boldsymbol{w}, \boldsymbol{z})$，可以使用吉布斯采样对分布进行采样，由于 $\boldsymbol{w}$ 是可观测的已知数据，$\boldsymbol{z}$ 是隐含变量，所以只需对分布 $p(\boldsymbol{z} \mid \boldsymbol{w})$ 进行采样。记文档集中第 m 个文档的第 n 个词的索引为 i，其对应的主题记为 z_i，记 $\neg i$ 为除去索引为 i 的词。假设已观测到的词 $w = w_i$，根据贝叶斯法则，可得 $p(z_i = k \mid \boldsymbol{z}_{\neg i}, \boldsymbol{w}) \propto p(z_i = k, w = w_i \mid \boldsymbol{z}_{\neg i}, \boldsymbol{w}_{\neg i})$，且根据 Dirichlet-Multinomial 的共轭结构，可知 $\boldsymbol{\theta}_m$ 的后验分布 $p(\boldsymbol{\theta}_m \mid \boldsymbol{z}_{\neg i}, \boldsymbol{w}_{\neg i}) = \mathrm{Dir}(\boldsymbol{\theta}_m \mid \boldsymbol{n}_{m,\neg i} + \boldsymbol{\alpha})$，$\boldsymbol{\varphi}_k$ 的后验分布 $p(\boldsymbol{\varphi}_k \mid \boldsymbol{z}_{\neg i}, \boldsymbol{w}_{\neg i}) = \mathrm{Dir}(\boldsymbol{\varphi}_k \mid \boldsymbol{n}_{k,\neg i} + \boldsymbol{\beta})$。

依据上述的结论，LDA 主题模型的吉布斯采样公式可以进行如下推导：

$$\begin{aligned}
p(z_i=k \mid \boldsymbol{z}_{\neg i}, \boldsymbol{w}) &\propto p(z_i=k, w=w_i \mid \boldsymbol{z}_{\neg i}, \boldsymbol{w}_{\neg i}) \\
&= \int p(z_i=k, w=w_i, \boldsymbol{\theta}_m, \boldsymbol{\varphi}_k \mid \boldsymbol{z}_{\neg i}, \boldsymbol{w}_{\neg i}) \mathrm{d}\boldsymbol{\theta}_m \mathrm{d}\boldsymbol{\varphi}_k \\
&= \int p(z_i=k, \boldsymbol{\theta}_m \mid \boldsymbol{z}_{\neg i}, \boldsymbol{w}_{\neg i}) p(w=w_i, \boldsymbol{\varphi}_k \mid \boldsymbol{z}_{\neg i}, \boldsymbol{w}_{\neg i}) \mathrm{d}\boldsymbol{\theta}_m \mathrm{d}\boldsymbol{\varphi}_k \\
&= \int p(z_i = k \mid \boldsymbol{\theta}_m) p(\boldsymbol{\theta}_m \mid \boldsymbol{z}_{\neg i}, \boldsymbol{w}_{\neg i}) p(w = w_i \mid \boldsymbol{\varphi}_k) p(\boldsymbol{\varphi}_k \mid \\
&\quad \boldsymbol{z}_{\neg i}, \boldsymbol{w}_{\neg i}) \mathrm{d}\boldsymbol{\theta}_m \mathrm{d}\boldsymbol{\varphi}_k \\
&= \int p(z_i=k \mid \boldsymbol{\theta}_m) \mathrm{Dir}(\boldsymbol{\theta}_m \mid \boldsymbol{n}_{m,\neg i}+\boldsymbol{\alpha}) \mathrm{d}\boldsymbol{\theta}_m \int p(w=w_i \mid \boldsymbol{\varphi}_k) \mathrm{Dir}(\boldsymbol{\varphi}_k \mid \\
&\quad \boldsymbol{n}_{k,\neg i}+\boldsymbol{\beta}) \mathrm{d}\boldsymbol{\varphi}_k \\
&= \int \theta_{mk} \mathrm{Dir}(\boldsymbol{\theta}_m \mid \boldsymbol{n}_{m,\neg i}+\boldsymbol{\alpha}) \mathrm{d}\boldsymbol{\theta}_m \int \varphi_{kw} \mathrm{Dir}(\boldsymbol{\varphi}_k \mid \boldsymbol{n}_{k,\neg i}+\boldsymbol{\beta}) \mathrm{d}\boldsymbol{\varphi}_k \\
&= E(\theta_{mk}) E(\varphi_{kw}) \\
&= \hat{\theta}_{mk} \hat{\varphi}_{kw}
\end{aligned} \tag{4.16}$$

根据Dirichlet分布的性质，参照式（4.9）可得式（4.17）和式（4.18）：

$$\hat{\theta}_{mk} = \frac{n_{m,\neg i}^{(k)} + \alpha_k}{\sum_{k=1}^{K} (n_{m,\neg i}^{(k)} + \alpha_k)} \tag{4.17}$$

$$\hat{\varphi}_{kw} = \frac{n_{k,\neg i}^{(w)} + \beta_w}{\sum_{w=1}^{V} (n_{k,\neg i}^{(w)} + \beta_w)} \tag{4.18}$$

则LDA主题模型的吉布斯采样公式可由式（4.19）给出：

$$p(z_i=k \mid \boldsymbol{z}_{\neg i}, \boldsymbol{w}) \propto \frac{n_{m,\neg i}^{(k)} + \alpha_k}{\sum_{k=1}^{K} (n_{m,\neg i}^{(k)} + \alpha_k)} \times \frac{n_{k,\neg i}^{(w)} + \beta_w}{\sum_{w=1}^{V} (n_{k,\neg i}^{(w)} + \beta_w)} \tag{4.19}$$

确定了吉布斯采样公式，就可以对文档集进行建模并估计参数 θ 和 φ 的值。

4.2.3 LDA在社会化标注中的应用

在社会化标注系统中，LDA主题模型主要被用来实现标签的推荐工作。Krestel等人[48]直接使用LDA模型来对资源的标签进行建模，并将其应用到资源的标签推荐中，他们的实验结果显示，基于LDA模型的标签推荐比基于关联规则的标签推荐具有更好的推荐效果。Blei对LDA模型进行了改进，分别提出了Supervised LDA(S-LDA）模型[119]和Correspondence LDA（Corr-LDA）模型[120]对文档及文档的标注和图像及图像对应的标签进行建模，他们的实验结果表明，S-LDA和Corr-LDA能够显著地提高文档和图像的标注性能及标签推荐的能力。Qian等人[121]使用LDA模型对图像及图像的标注进行建模，并将其应用到图像的语义识别及标注推荐中，取得了较好的效果。Newman等人[122]将LDA中的高斯分布修改成多项式分布，提出了Conditionally Independent LDA（CI-LDA）模型来对文档内容及其标签进行联合建模，实验结果表明该模型具有较好的标签推荐能力。Ramage等人[123]

提出了 Multi-Multinomial LDA（MM-LDA）模型来对网页内容和标签进行联合建模从而改进网页的聚类效果。Si 等人[50]提出了 Tag-LDA 模型来对文档内容和文档标签进行联合建模并将其应用于标签推荐，该模型假设文档内容和文档的标签都服从多项式分布，实验结果表明该模型的推荐效果优于近邻法等标签推荐方法。Chen 等人[124]提出了 Probabilistic Topic Connection（PTC）模型来对图像的内容和图像的标注进行建模，并将其应用于图像的标签推荐中。与 MM-LDA 模型相似，PTC 模型生成图像的标签时首先采样一个子主题，然后在子主题下采样视觉词。

无论是对图像资源还是对文本资源，上述的研究都是从资源的角度建模标签的主题并将其应用到标签推荐工作中。本书主要研究文本标注集合中的标签聚类方法，上述的研究为利用主题模型实现标签的聚类提供了有益的借鉴。但是，对于社会化标注系统本身来说，“用户-资源-标签”之间的三元标注关系蕴含着标签的完整语义，在仅仅获取三元标注关系的条件下，从“资源-标签”的角度研究标签的主题并利用其进行标签的聚类没有有效利用标签的语义信息。因此，本章提出了一种基于 LDA 模型的标签综合聚类方法来实现标签的聚类。该方法是一个两级的 LDA 模型，首先利用 LDA 模型学习出基于用户的标签潜在主题和基于资源的标签潜在主题，综合标签在这两种主题上的概率分布结果，继续利用 LDA 模型学习出标签的混合主题，并确定唯一的聚类结果。基于 LDA 模型的标签综合聚类方法既利用了资源的信息，又利用了用户的信息，可以在一定程度上缓解标签语义不全的问题；由于不需要测度标签之间的相关性，基于 LDA 模型的标签综合聚类方法也可以有效缓解基于资源向量空间模型的标签聚类过程中所面临的高维和稀疏性问题。

4.3 基于 LDA 的标签综合聚类方法

4.3.1 三元标注关系中标签的语义分析

社会化标注系统产生的三元标注数据隐含着用户的兴趣轮廓和资源的特征概要，标签聚类能够把语义相似的标签聚集在一起来揭示标签的内在结构和主题。假设社会化标注系统产生的标注数据集合为 $S=(U, R, T)$，其中 $U=\{u_1, u_2, \cdots, u_{|U|}\}$ 为用户集合，$R=\{r_1, r_2, \cdots, r_{|R|}\}$ 为资源集合，$T=\{t_1, t_2, \cdots, t_{|T|}\}$ 为标签集合。对于用户集合中的某个用户，他所使用的标签及标签的使用频次形成了该用户的标注信息，用户总是根据他的感知和理解创造或选择合适的标签进行标注，他的标注信息从用户的角度反映了标签的主题和语义特征。对于资源集合中的某个资源，它所包含的标签及标签的标注频次形成了资源的被标注信息，资源被不同的用户所理解和感知，它的被标注信息从资源的角度反映了标签的主题和语义特征。

图 4.2 展示了 Delicious 系统中某一用户的标签集合和某一资源的标签集合，且该用户标注过该资源。从图 4.2 中可以看出，资源（edcanvas.com）的标签集合中主要涉及“教育”和“技术”这两大类主题，隐藏的语义信息包括教育管理、信息技术、软件、社会化书签等；而用户（RDBynon）的标签集合中除了包含“教育”“技术”这两大类主题之外，还涉及“文化”“艺术”等主题，隐藏的语义信息包括教育管理、信息技术、软件、硬件、语言、文学、阅读、写作等。

从图 4.2 中可以发现，某一用户的标签集合和该用户所标注过的某一资源的标签集合在

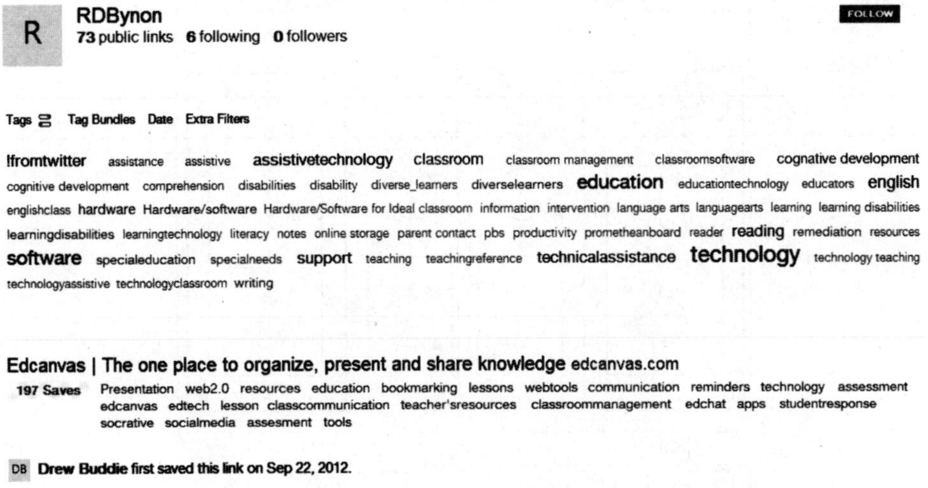

图 4.2 Delicious 系统中用户标签集合和资源标签集合

语义特征及主题的表达上具有紧密的联系，因此，标签在用户全体上所表达的语义及主题和标签在资源全体上所表达的语义及主题应该具有关联性、重叠性和差异性，那么标签在这两类主题特征之上一定会存在着一种混合的主题特征。LDA 模型作为一种语义分析工具，从概率的角度反映了词汇与主题之间的分布规律及词汇之间的语义关系，对于主题识别具有独特的优势。为了有效识别出标签在用户和资源上的混合主题特征，下面将综合利用用户的标注信息和资源的被标注信息建立 LDA 模型来学习标签的混合主题并在此基础上进行聚类。

4.3.2 基于 LDA 的标签综合聚类方法的建模

4.3.2.1 建模过程

基于 LDA 的标签综合聚类方法的建模过程如下：将用户的标注信息和资源的被标注信息看成是两个不同的语料库，这里称之为“用户-标签语料库（**UTC：User-Tag Corpus**）”和“资源-标签语料库（**RTC：Resource-Tag Corpus**）”，标签被看作是这两个语料库中的词；假设标签全体具有 K 个相互独立的主题，分别在“用户-标签语料库”和“资源-标签语料库”上建立 LDA 模型，学习出基于用户的 K 个潜在主题和基于资源的 K 个潜在主题；由 4.3.1 节的分析可知，学习得到的基于用户的标签潜在主题和基于资源的标签潜在主题之间是非独立的，因此，可将学习到的这两类主题扩展成一个具有 $2K$ 个主题的新集合，当两个标签 t_1 和 t_2 在新主题集合上具有相似的概率分布时，它们能够聚成一类；基于 LDA 语义分析的优势，仍然采用 LDA 作为聚类模型；即综合标签在这 $2K$ 个主题下的概率分布（这里的概率分布指的是：在保持总出现频次不变的情况下，通过吉布斯采样学习后，标签在每个主题上的发生频次），将每一个主题看作一个新的语料，标签在此主题上的概率分布看作是标签的频次权重，形成新的语料库，这里称之为“主题-标签语料库（**STC：Subject-Tag Corpus**）”，建立新的 LDA 模型，学习得到标签的混合主题及其在混合主题下的概率分布，从而确定唯一的聚类结果。基于 LDA 的标签综合聚类方法如图 4.3 所示。

该模型是一个两级的 LDA 模型，第一级是两个 LDA 模型分别学习，第二级是综合学习到的结果进行二次学习。第一级的学习完成了三元标注数据的降维与标签整体语义的分割，第二级的学习实现了标签整体语义的重构与聚类识别。与传统基于资源的标签聚类方法

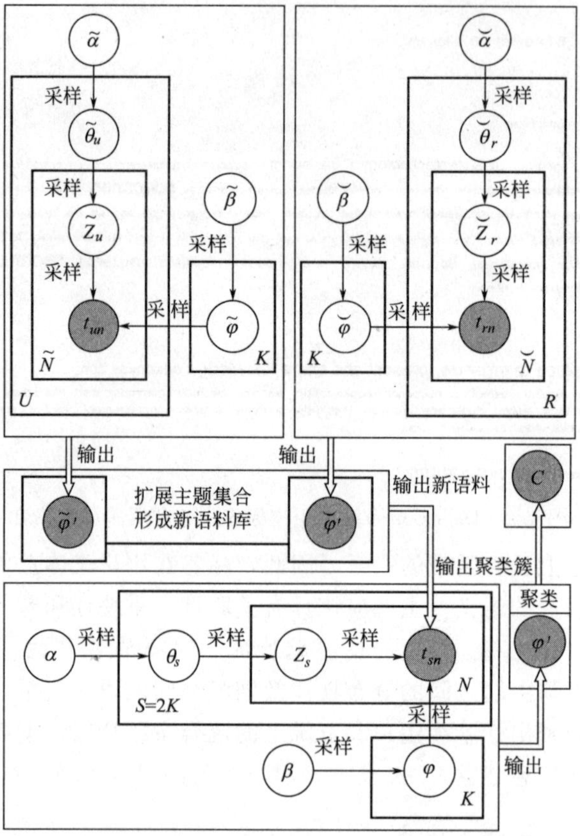

图 4.3 基于 LDA 的标签综合聚类方法

相比，基于 LDA 的标签综合聚类方法有效地利用了用户的标注信息，使得聚类结果能够反映标签的整体语义。该方法需要建立三个 LDA 模型，4.3.2.2 节给出了基于用户的标签 LDA 模型，其模型图如图 4.3 左上部分所示；4.3.2.3 节给出了基于资源的标签 LDA 模型，其模型图如图 4.3 右上部分所示。

4.3.2.2 基于用户的标签 LDA 模型

设从社会化标注系统中形成的“用户-标签语料库”和“资源-标签语料库”包含有 U 个用户，R 个资源和 T 个标签。对于一个给定的用户，假设有 K 个主题，用户 u 中的第 n 个标签 t_{un} 的概率分布可由式（4.20）来表示。

$$p(t_{un} \mid u)=\sum_{k=1}^{K}p(t_{un} \mid \tilde{z}_{un}=k)p(\tilde{z}_{un}=k \mid u) \tag{4.20}$$

式中，$\tilde{z}_{un}$ 为潜在主题变量，表示产生标签 t_{un} 的主题；$p(t_{un} \mid \tilde{z}_{un}=k)$ 为标签 t_{un} 属于主题 k 的概率；$p(\tilde{z}_{un}=k \mid u)$ 为主题 k 属于当前用户 u 的概率。在“用户-标签语料库”中，基于用户的标签 LDA 模型假设用户是按下面的顺序生成的：

（1）对于整个“用户-标签语料库”。

（2）从参数为 $\tilde{\beta}$ 的 Dirichlet 分布 Dir($\tilde{\beta}$) 中采样隐含主题生成标签的分布参数 $\tilde{\varphi}$。

1）对于一个用户 u。

2）从参数为 $\tilde{\alpha}$ 的 Dirichlet 分布 Dir($\tilde{\alpha}$）中采样用户 u 的隐含主题分布参数 $\tilde{\theta}_u$。

3）从参数为 $\tilde{\lambda}$ 的泊松分布 Pois($\tilde{\lambda}$）中采样用户 u 的标签长度 $\tilde{N}$。

① 对于 $\tilde{N}$ 个标签中的第 n 个标签，$n\in[0,\ \tilde{N})$。

② 从参数为 $\tilde{\theta}_u$ 的多项式分布 Mult($\tilde{\theta}_u$）中采样一个隐含主题 $\tilde{z}_{un}$。

③ 从当前主题 $\tilde{z}_{un}$ 所决定的多项式分布 Mult($\tilde{\varphi}^{\tilde{z}_{un}}$）中采样一个标签 t_{un}。

采用吉布斯采样公式来估计基于用户的标签 LDA 模型中的隐变量，参照式（4.19），基于用户的标签 LDA 的吉布斯采样公式如式（4.21）所示：

$$p(\tilde{z}_{t_i}=k\,|\,\tilde{\boldsymbol{Z}}_{UT}^{\neg i},\tilde{\boldsymbol{T}},\Theta)\propto\frac{N_{kt_i}^{\neg i}+\tilde{\beta}}{N_k^{\neg i}+T\tilde{\beta}}\times\frac{N_{ku}^{\neg i}+\tilde{\alpha}}{N_u^{\neg i}+K\tilde{\alpha}} \tag{4.21}$$

式中，$\tilde{z}_{t_i}=k$ 表示标签 t_i 的主题为 k；$\tilde{\boldsymbol{T}}=\{\boldsymbol{t}_u\}_{u=1}^{U}$ 表示用户的全部标签；$\tilde{\boldsymbol{Z}}_{UT}=\{\tilde{\boldsymbol{z}}_u^t\}_{u=1}^{U}$ 表示所有标签的主题，其中 $\tilde{\boldsymbol{z}}_u^t=\{\tilde{z}_{un}\}_{n=1}^{T}$；$\Theta$ 泛指所有模型的参数；$\neg i$ 表示不考虑当前标签 t_i 的频次计数；$N_{kt_i}^{\neg i}$ 表示在整个“用户-标签语料库”中标签 t_i 和主题 k 的共现次数；$N_k^{\neg i}$ 表示在整个“用户-标签语料库”中主题 k 的出现次数；$N_{ku}^{\neg i}$ 表示当前用户 u 中含有主题 k 的频次；$N_u^{\neg i}$ 表示用户 u 的所有词（主题）数；K 表示主题的个数；T 表示“用户-标签语料库”中标签的总个数；$\tilde{\alpha}$ 和 $\tilde{\beta}$ 是 Dirichlet 分布的先验超参数。由此，根据式（4.21），可以对整个“用户-标签语料库”中“主题-标签”和“用户-主题”的概率进行估计。

通过在“用户-标签语料库”中的反复迭代学习，即可获取隐含变量 $\tilde{\boldsymbol{\theta}}$ 和 $\tilde{\boldsymbol{\varphi}}$ 的值。参数 $\tilde{\boldsymbol{\theta}}$ 是一个 K 维向量，代表某一用户的主题分布；$\tilde{\boldsymbol{\varphi}}$ 是一个 $T\times K$ 维的矩阵，代表所有标签在主题下的概率分布；所有的 $\tilde{\boldsymbol{\theta}}$ 可以组成一个 $U\times K$ 维的矩阵，代表所有用户的主题分布。

4.3.2.3 基于资源的标签 LDA 模型

参照基于用户的标签 LDA 模型的构建过程，可在“资源-标签语料库”上建立基于资源的标签 LDA 模型。对于一个给定的资源，仍然假设存在 K 个主题，资源 r 中的第 n 个标签 t_{rn} 的概率分布可由式（4.22）来表示。

$$p(t_{rn}\mid r)=\sum_{k=1}^{K}p(t_{rn}\mid \breve{z}_{rn}=k)p(\breve{z}_{rn}=k\mid r) \tag{4.22}$$

式中，$\breve{z}_{rn}$ 为潜在主题变量，表示产生 t_{rn} 的主题；$p(t_{rn}\mid \breve{z}_{rn}=k)$ 为标签 t_{rn} 属于主题 k 的概率；$p(\breve{z}_{rn}=k\mid r)$ 为主题 k 属于当前资源 r 的概率。在“资源-标签语料库”中，基于资源的标签 LDA 模型假设资源是按下面的顺序生成的：

（1）对于整个“资源-标签语料库”。

（2）从参数为 $\breve{\beta}$ 的 Dirichlet 分布 Dir($\breve{\beta}$）中采样隐含主题生成标签的分布参数 $\breve{\varphi}$。

1）对于一个资源 r。

2）从参数为 $\breve{\alpha}$ 的 Dirichlet 分布 Dir($\breve{\alpha}$）中采样资源 r 的隐含主题分布参数 $\breve{\theta}_r$。

3）从参数为 $\breve{\lambda}$ 的泊松分布 Pois($\breve{\lambda}$）中采样资源 r 的标签长度 $\breve{N}$。

① 对于$\breve{N}$个标签中的第n个标签，$n\in[0,\breve{N})$。

② 从参数为$\breve{\theta}_r$的多项式分布$\mathrm{Mult}(\breve{\theta}_r)$中采样一个隐含主题$\breve{z}_{rn}$。

③ 从当前主题$\breve{z}_{rn}$所决定的多项式分布$\mathrm{Mult}(\breve{\varphi}^{\breve{z}_{rn}})$中采样一个标签$t_{rn}$。

基于资源的标签LDA的吉布斯采样公式如式（4.23）所示：

$$p(\breve{z}_{t_i}=k\,|\,\breve{\boldsymbol{Z}}_{RT}^{\neg i},\breve{\boldsymbol{T}},\boldsymbol{\Theta})\propto\frac{N_{kt_i}^{\neg i}+\breve{\beta}}{N_k^{\neg i}+T\breve{\beta}}\cdot\frac{N_{kr}^{\neg i}+\breve{\alpha}}{N_r^{\neg i}+K\breve{\alpha}} \tag{4.23}$$

式中，$\breve{z}_{t_i}=k$表示标签t_i的主题为k；$\breve{\boldsymbol{T}}=\{\boldsymbol{t}_r\}_{r=1}^{R}$表示资源的全部标签；$\breve{\boldsymbol{Z}}_{RT}=\{\breve{\boldsymbol{z}}_r^t\}_{r=1}^{R}$表示所有标签的主题，其中$\breve{\boldsymbol{z}}_r^t=\{\breve{z}_{rn}\}_{n=1}^{T}$；$N_{kt_i}^{\neg i}$表示在整个“资源-标签语料库”中标签$t_i$和主题$k$的共现次数；$N_k^{\neg i}$表示在整个“资源-标签语料库”中主题$k$的出现次数；$N_{kr}^{\neg i}$表示当前资源$r$中含有主题$k$的频次；$N_r^{\neg i}$表示资源$r$的所有词（主题）数；$K$表示主题的个数；$T$表示“用户-标签语料库”中标签的总个数；$\breve{\alpha}$和$\breve{\beta}$是Dirichlet的先验分布超参数。根据式（4.23），可以对整个“资源-标签语料库”中“主题-标签”和“资源-主题”的概率进行估计。

4.3.2.4 标签的混合主题建模

在“主题-标签语料库”中建立的LDA模型如图4.3下半部分所示，具体的过程与基于用户的标签LDA和基于资源的标签LDA的建模过程类似，这里给出采样公式如式（4.24）所示。

$$p(z_{t_i}=k\,|\,\boldsymbol{Z}_{\neg i},\boldsymbol{T},\Theta)\propto\frac{N_{kt_i}^{\neg i}+\beta}{N_k^{\neg i}+T\beta}\cdot\frac{N_{ks}^{\neg i}+\alpha}{N_s^{\neg i}+K\alpha} \tag{4.24}$$

式中，$z_{t_i}=k$表示标签t_i的主题为k；$\boldsymbol{T}=\{t_s\}_{s=1}^{S}$表示语料的所有标签，$S$表示语料集合；$\boldsymbol{Z}=\{\boldsymbol{z}_s\}_{s=1}^{S}$表示所有标签的主题，其中$\boldsymbol{z}_s=\{z_{sn}\}_{n=1}^{T}$；$N_{kt_i}^{\neg i}$表示在整个“主题-标签语料库”中标签$t_i$和主题$k$的共现次数；$N_k^{\neg i}$表示在整个“主题-标签语料库”中主题$k$的出现次数；$N_{ks}^{\neg i}$表示当前语料$s$中含有主题$k$的频次；$N_s^{\neg i}$表示资源$s$的所有词（主题）数；$K$表示主题的个数；$T$表示“主题-标签语料库”中标签的总个数；$\alpha$和$\beta$是Dirichlet的先验分布超参数。

在构建“主题-标签语料库”时，需要输入矩阵$\tilde{\boldsymbol{\varphi}}'$和$\breve{\boldsymbol{\varphi}}'$，为了方便建立二次学习模型，这里的参数$\tilde{\boldsymbol{\varphi}}'$是利用吉布斯采样从“用户-标签语料库”中学习得到的标签在每一个基于用户的主题上的发生频次，参数$\breve{\boldsymbol{\varphi}}'$是从“资源-标签语料库”中学习得到的标签在每一个基于资源的主题上的发生频次，即不将矩阵的值转换成概率的形式。从三元标注关系上来说，标注数据集中用户的总标注次数和资源的总被标注次数是相同的，在“主题-标签语料库”上建立的LDA主题模型综合利用了用户的标注信息和资源的被标注信息，总频次的加倍使得学习到的标签混合主题更能反映标签的语义特性。

4.3.3 聚类步骤

对于一个给定的社会化标注数据集合$S=(U,R,T)$，基于LDA模型的标签综合聚类

方法将其聚成 K 个聚类簇的聚类过程就是 LDA 建模的过程，具体步骤总结如下：

步骤 1：将 $S=(U, R, T)$ 转换成两个二元的关系数据集合 UT 和 RT，其中 $UT=\{\langle u,t\rangle | u\in U, t\in T\}, RT=\{\langle r,t\rangle | r\in R, t\in T\}$。

步骤 2：从 UT 数据集合中为每个用户 u 统计其使用的标签及标签的使用次数，建立“用户-标签语料库”；从 RT 数据集合中为每个资源 r 统计其包含的标签及标签的使用次数，建立“资源-标签语料库”。

步骤 3：在“用户-标签语料库”和“资源-标签语料库”上分别建立基于用户的标签 LDA 模型和基于资源的标签 LDA 模型。

步骤 4：依据式（4.21），采用文献[125]中介绍的吉布斯采样算法，从“用户-标签语料库”中学习得到 K 个基于用户的标签潜在主题及所有标签在这 K 个主题上的概率分布（发生频次）；同理，依据式（4.23），学习得到 K 个基于资源的标签潜在主题及所有标签在这 K 个主题上的概率分布（发生频次）。

步骤 5：将 K 个基于用户的标签潜在主题与 K 个基于资源的标签潜在主题合并成一个具有 $2K$ 个主题的主题集合；根据所有标签在每个主题上的概率分布（发生频次）建立“主题-标签语料库”。

步骤 6：在“主题-标签语料库”上建立 LDA 模型，依据式（4.24），采用吉布斯采样算法，从“主题-标签语料库”中学习得到 K 个混合主题及标签在这 K 个混合主题上的概率分布。

步骤 7：根据标签在这 K 个混合主题上的最大隶属概率判定标签的类别，形成 K 个聚类簇。

4.4　实验与分析

实验数据与第 3 章相同，分别在 CiteULike 数据集和 Bibsonomy 数据集上开展相关的实验工作。首先对 LDA 主题模型进行评价，然后对聚类结果进行评价。

4.4.1　LDA 主题模型的评价

张小平等人[126]提出利用主题间的平均相似度来评价 LDA 主题模型。LDA 模型中的主题服从 Dirichlet 分布，该分布假设主题之间是相互独立的，一个主题的出现与另外主题的出现没有关联，因此，在 LDA 主题模型中，主题间的平均相似性越小，说明由 LDA 模型生成的主题独立性越强，主题的表达性能和模型的推广能力越好。主题间的平均相似度公式如式（4.25）所示：

$$\text{Topic\_avg\_sim}=\frac{\sum_{i=1}^{K-1}\sum_{j=i+1}^{K}\text{sim}(\varphi_i,\varphi_j)}{K(K-1)/2} \tag{4.25}$$

式中，$\text{sim}(\varphi_i, \varphi_j)=\dfrac{\sum_{v=1}^{V}\varphi_{vi}\varphi_{vj}}{\sqrt{\sum_{v=1}^{V}(\varphi_{vi})^2\sum_{v=1}^{V}(\varphi_{vj})^2}}$ 为两个主题之间的相似度，这里使用余弦相

似度来测量两个主题之间的相似度；V 为 LDA 模型中的总词数。

在使用 LDA 进行主题学习时，需要为语料库的可变量 α 和 β 设定初始值，本章的实验全部设定 α 取经验值 $\alpha=50/K$，β 取经验值 $\beta=0.01$，迭代次数设定为迭代 1000 次。为了验证综合的标签 LDA 模型的效果，对综合的标签 LDA 模型（Comprehensive Tag LDA Model）与单一的基于用户的标签 LDA 模型（Tag LDA Model Based on User）和基于资源的标签 LDA 模型（Tag LDA Model Based on Resource）生成结果的主题平均相似度进行了比较。图 4.4 展示了 CiteULike 数据集上综合的标签 LDA 模型、基于用户的标签 LDA 模型和基于资源的标签 LDA 模型的主题平均相似度；图 4.5 展示了 Bibsonomy 数据集上综合的标签 LDA 模型、基于用户的标签 LDA 模型和基于资源的标签 LDA 模型的主题平均相似度。与第 3 章相同，这里设定 CiteULike 数据集上的主题个数为 $k=20$、$k=40$、$k=60$、$k=80$、$k=100$、$k=120$、$k=140$、$k=160$、$k=180$、$k=200$；Bibsonomy 数据集上的主题个数为 $k=30$、$k=60$、$k=90$、$k=120$、$k=150$、$k=180$、$k=210$、$k=240$、$k=270$、$k=300$。

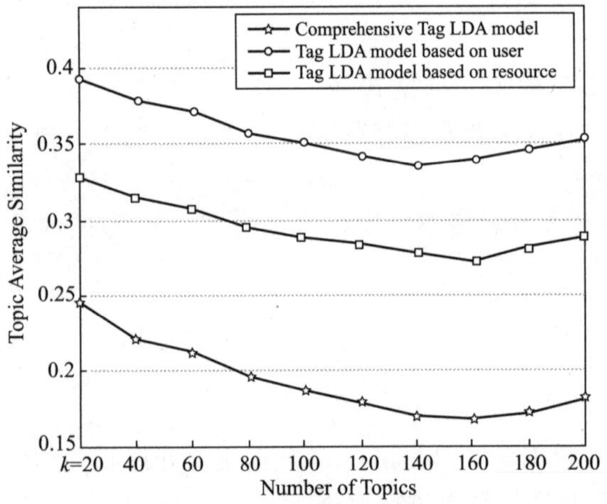

图 4.4 CiteULike 数据集上综合的标签 LDA、基于用户的标签 LDA 和基于资源的标签 LDA 的主题平均相似度比较

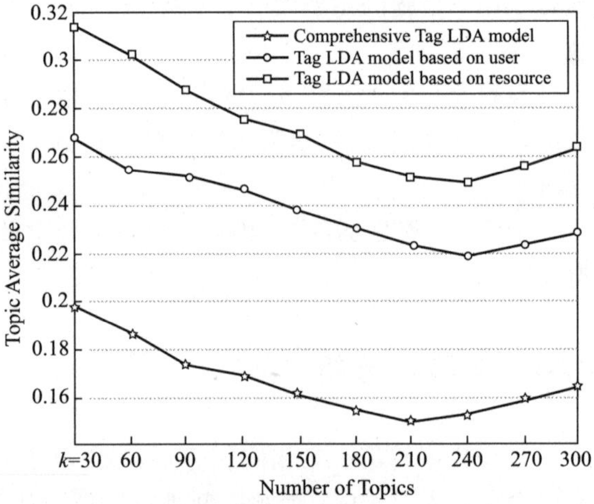

图 4.5 Bibsonomy 数据集上综合的标签 LDA、基于用户的标签 LDA 和基于资源的标签 LDA 的主题平均相似度比较

从图 4.4 和图 4.5 中可以看出，在 CiteULike 和 Bibsonomy 这两个数据集上，综合的标签 LDA 模型的主题平均相似度优于基于用户的标签 LDA 模型和基于资源的标签 LDA 模型的主题平均相似度，表明了综合的标签 LDA 模型获取的主题具有更好的语义表达能力。

4.4.2 基于 LDA 的标签综合聚类结果的评价

4.4.2.1 三种基于 LDA 的标签聚类方法的比较

为了进一步验证本章提出的聚类方法的有效性，现使用第 3 章给出的内部和外部评价指标对基于 LDA 的标签综合聚类方法的聚类结果进行评价。这里首先对基于 LDA 的标签综合聚类方法（Tag Comprehensive Clustering Method Based on LDA，简写为：**T-C-LDA**）所获取的聚类结果、基于用户的标签 LDA 聚类方法（Tag LDA Clustering Method Based on User，简写为：**T-LDA-U**）所获取的聚类结果、基于资源的标签 LDA 聚类方法（Tag LDA

Clustering Method Based on Resource，简写为：**T-LDA-R**）所获取的聚类结果进行比较。由于内部评价指标是基于相似度的，而 LDA 模型是以概率的形式来表达主题的，因此对本章的方法进行内部评价时需要确定标签之间的相似度。

T-LDA-U 方法使用用户的标注信息聚类标签，因此，对于 **T-LDA-U** 方法分别使用第 3 章给出的标签用户向量空间模型（T _ U _ VSM）相似度和标签用户共现（T _ U _ COO）相似度作为评价的依据；**T-LDA-R** 方法利用资源的被标注信息聚类标签，因此分别使用第 3 章给出的标签资源向量空间模型（T _ R _ VSM）相似度和标签资源共现（T _ R _ COO）相似度作为评价 **T-LDA-R** 方法的依据；**T-C-LDA** 方法有效地利用了用户的标注信息和资源的被标注信息，所以这里使用第 3 章提出的标签共同共现群体相似度（**TCCOGS**）作为评价 **T-C-LDA** 方法的依据。

图 4.6～图 4.8 展示了 CiteULike 数据集上 **T-C-LDA** 方法使用 **TCCOGS**、**T-LDA-U** 方法使用 T _ U _ VSM 相似度、**T-LDA-R** 方法使用 T _ R _ VSM 相似度进行评价时 SC、Dunn 和 DB 的比较。图 4.9～图 4.11 展示了 CiteULike 数据集上 **T-C-LDA** 方法使用 **TCCOGS**、**T-LDA-U**方法使用 T _ U _ COO 相似度、**T-LDA-R** 方法使用 T _ R _ COO 相似度进行评价时 SC、Dunn 和 DB 的比较。

从图 4.6～图 4.8 中可以看出，对于 CiteULike 数据集，使用 **TCCOGS** 评价 **T-C-LDA** 方法时，内部评价指标 SC、Dunn 和 DB 的值优于使用标签的向量空间模型（T _ U _ VSM 和 T _ R _ VSM）相似度分别对 **T-LDA-U** 方法和 **T-LDA-R** 方法的评价；同样地，对于 CiteULike数据集，从图 4.9～图 4.11 中可以看出，**T-C-LDA** 方法在三个内部评价指标 SC、Dunn 和 DB 的值优于使用标签的共现（T _ U _ COO 和 T _ R _ COO）相似度分别对 **T-LDA-U**方法和 **T-LDA-R** 方法的评价。

图 4.12～图 4.14 展示了 Bibsonomy 数据集上 **T-C-LDA** 方法使用 **TCCOGS**、**T-LDA-U** 方法使用 T _ U _ VSM 相似度、**T-LDA-R** 方法使用 T _ R _ VSM 相似度进行评价时 SC、Dunn 和 DB 的比较。

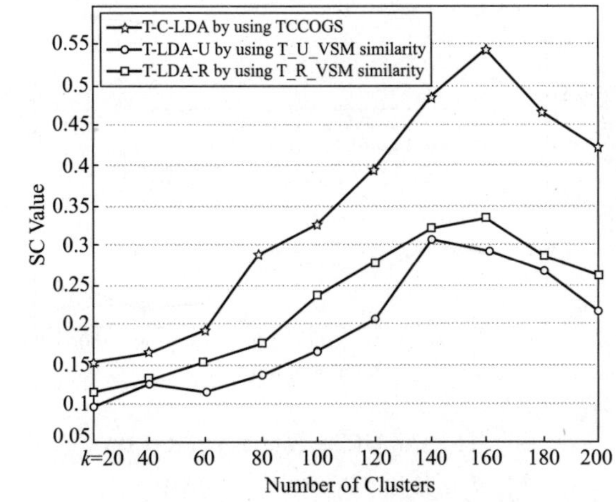

图 4.6 CiteULike 数据集上 **T-C-LDA** 方法使用 **TCCOGS**、**T-LDA-U** 方法使用 T _ U _ VSM 相似度、**T-LDA-R** 方法使用 T _ R _ VSM 相似度评价时 SC 值的比较

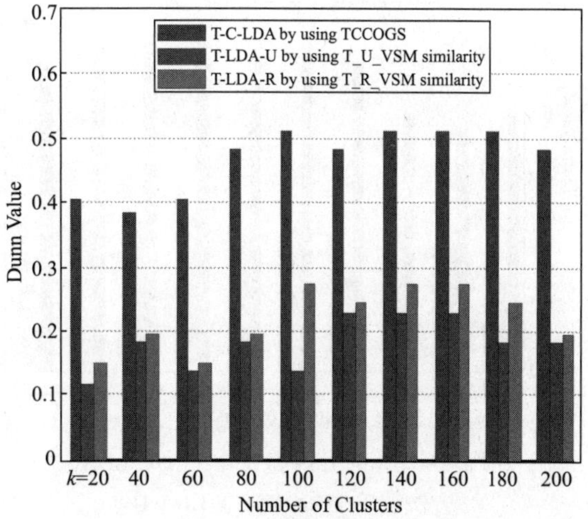

图 4.7 CiteULike 数据集上 **T-C-LDA** 方法使用 **TCCOGS**、**T-LDA-U** 方法使用 T _ U _ VSM 相似度、**T-LDA-R** 方法使用 T _ R _ VSM 相似度评价时 Dunn 值的比较

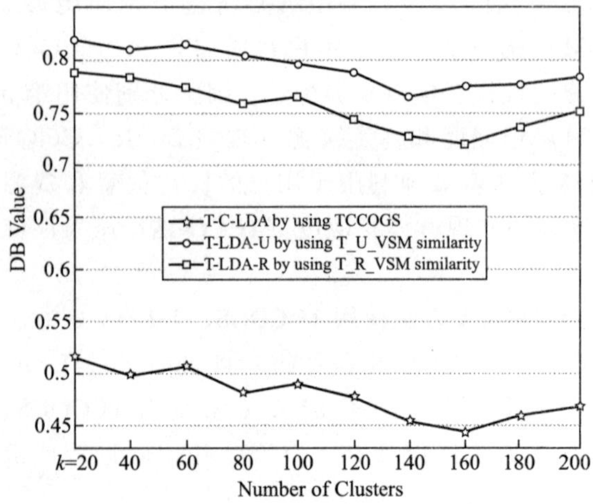

图 4.8　CiteULike 数据集上 **T-C-LDA** 方法使用 **TCCOGS**、**T-LDA-U** 方法使用 T_U_VSM 相似度、**T-LDA-R** 方法使用 T_R_VSM 相似度评价时 DB 值的比较

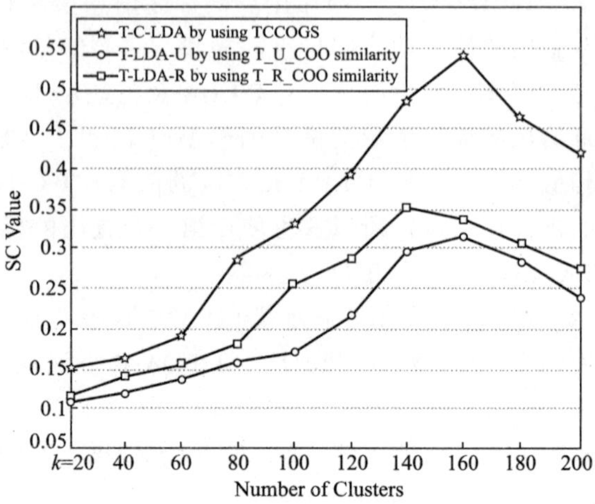

图 4.9　CiteULike 数据集上 **T-C-LDA** 方法使用 **TCCOGS**、**T-LDA-U** 方法使用 T_U_COO 相似度、**T-LDA-R** 方法使用 T_R_COO 相似度评价时 SC 值的比较

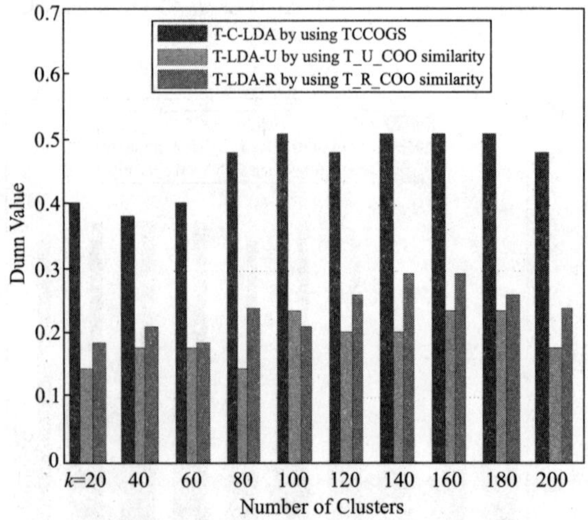

图 4.10　CiteULike 数据集上 **T-C-LDA** 方法使用 **TCCOGS**、**T-LDA-U** 方法使用 T_U_COO 相似度、**T-LDA-R** 方法使用 T_R_COO 相似度评价时 Dunn 值的比较

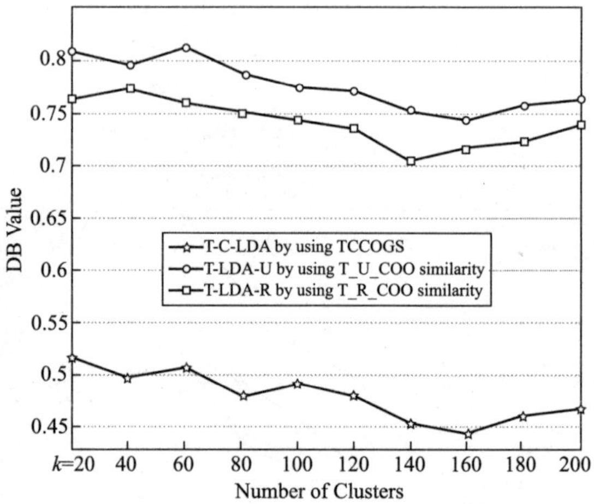

图 4.11　CiteULike 数据集上 **T-C-LDA** 方法使用 **TCCOGS**、**T-LDA-U** 方法使用 T_U_COO 相似度、**T-LDA-R** 方法使用 T_R_COO 相似度评价时 DB 值的比较

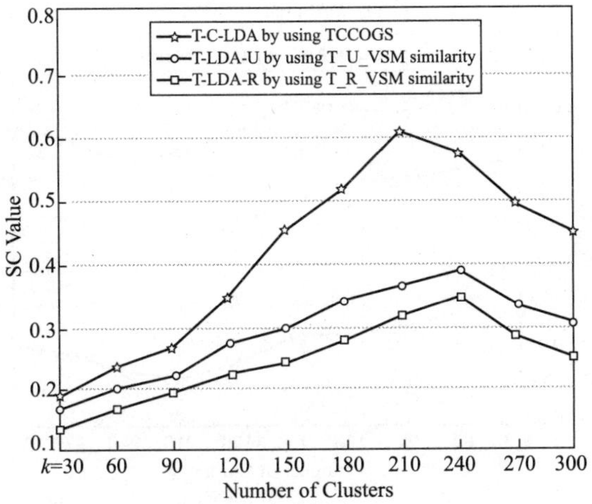

图 4.12 Bibsonomy 数据集上 **T-C-LDA** 方法使用 **TCCOGS**、**T-LDA-U** 方法使用 T _ U _ VSM 相似度、**T-LDA-R** 方法使用 T _ R _ VSM 相似度评价时 SC 值的比较

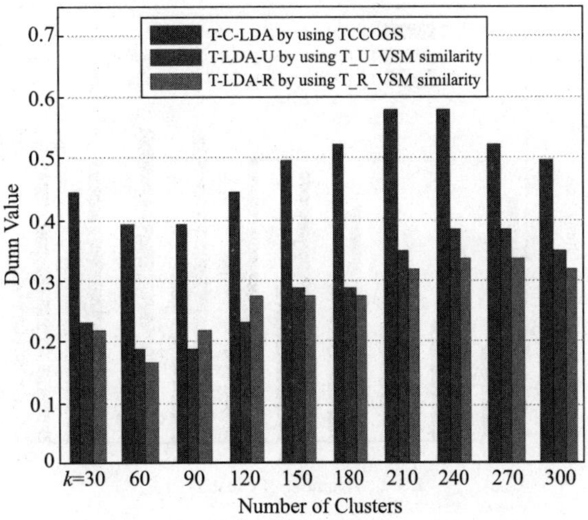

图 4.13 Bibsonomy 数据集上 **T-C-LDA** 方法使用 **TCCOGS**、**T-LDA-U** 方法使用 T _ U _ VSM 相似度、**T-LDA-R** 方法使用 T _ R _ VSM 相似度评价时 Dunn 值的比较

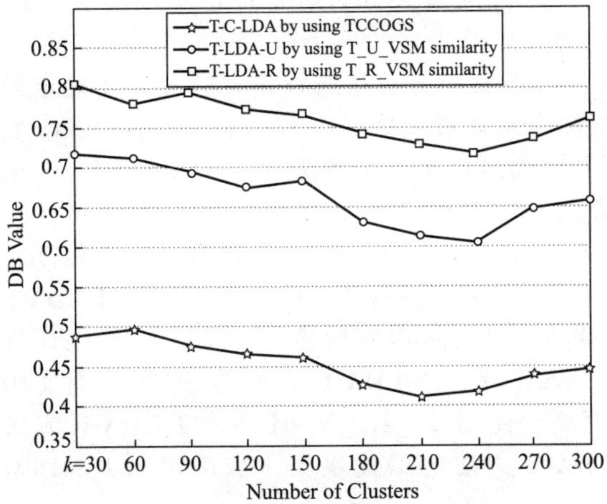

图 4.14 Bibsonomy 数据集上 **T-C-LDA** 方法使用 **TCCOGS**、**T-LDA-U** 方法使用 T _ U _ VSM 相似度、**T-LDA-R** 方法使用 T _ R _ VSM 相似度评价时 DB 值的比较

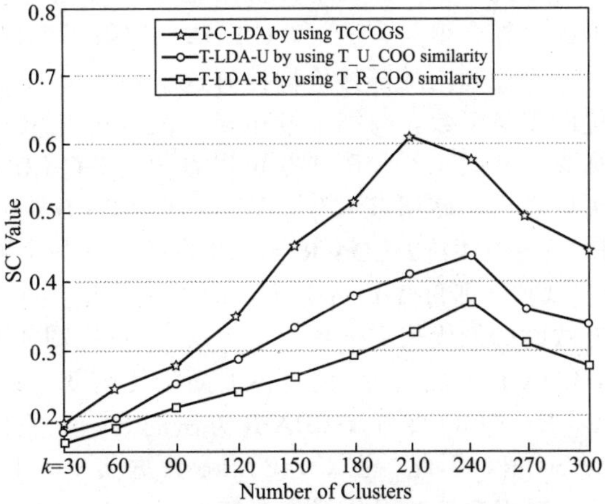

图 4.15 Bibsonomy 数据集上 **T-C-LDA** 方法使用 **TCCOGS**、**T-LDA-U** 方法使用 T _ U _ COO 相似度、**T-LDA-R** 方法使用 T _ R _ COO 相似度评价时 SC 值的比较

图 4.15～图 4.17 展示了 Bibsonomy 数据集上 **T-C-LDA** 方法使用 **TCCOGS**、**T-LDA-U** 方法使用 T _ U _ COO 相似度、**T-LDA-R** 方法使用 T _ R _ COO 相似度进行评价时 SC、Dunn 和 DB 的比较。

对于 Bibsonomy 数据集，从图 4.12～图 4.14 中可看出，使用 **TCCOGS** 评价 **T-C-LDA** 方法时，内部评价指标 SC、Dunn 和 DB 的值优于使用标签的向量空间模型（T _ U _ VSM 和 T _ R _ VSM）相似度分别对 **T-LDA-U** 方法和 **T-LDA-R** 方法的评价；同样地，从图 4.15～图 4.17 中可看出，在 Bibsonomy 数据集上，**T-C-LDA** 方法在三个内部评价指标 SC、Dunn 和 DB 的值优于使用标签的共现（T _ U _ COO 和 T _ R _ COO）相似度分别对 **T-LDA-U** 方

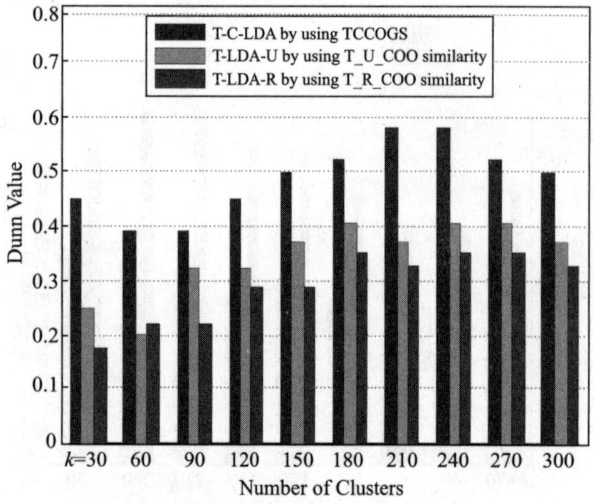

图 4.16　Bibsonomy 数据集上 **T-C-LDA** 方法使用 **TCCOGS**、**T-LDA-U** 方法使用 T _ U _ COO 相似度、T-LDA-R 方法使用 T _ R _ COO 相似度评价时 Dunn 值的比较

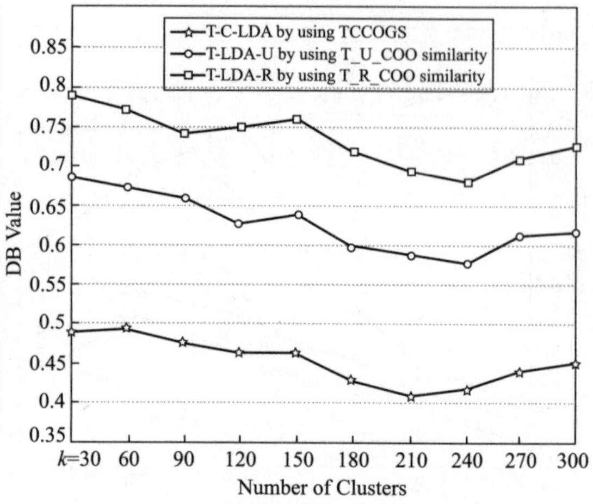

图 4.17　Bibsonomy 数据集上 **T-C-LDA** 方法使用 **TCCOGS**、**T-LDA-U** 方法使用 T _ U _ COO 相似度、**T-LDA-R** 方法使用 T _ R _ COO 相似度评价时 DB 值的比较

法和 **T-LDA-R** 方法的评价。

因此，在使用内部评价指标对三种基于 LDA 的标签聚类方法进行评价时，基于 LDA 的标签综合聚类方法（**T-C-LDA**）取得了最好的聚类效果。

下面利用外部评价指标对这三种基于 LDA 的标签聚类方法进行评价，首先需要确定最优的聚类个数，与第 3 章相同，仍然利用 SC 指标来确定最优聚类个数。对于 CiteULike 数据集，从图 4.6 和图 4.9 可以看出，**T-C-LDA** 方法的最优聚类个数为 $k=160$；从图 4.6 中可以看出，使用 T _ U _ VSM 评价**T-LDA-U**方法时的最优聚类个数为 $k=140$，使用 T _ R _ VSM 评价**T-LDA-R**方法时的最优聚类个数为 $k=160$；从图 4.9 中可以看出，使用 T _ U _ COO 评价 **T-LDA-U** 方法时的最优聚类个数为 $k=160$，使用 T _ R _ COO 评价 **T-LDA-R** 方法时的最优聚类个数为 $k=140$。对比图 4.6 和图 4.9，可以发现使用 T _ U _ COO 评价 **T-LDA-U** 方法的 SC 值总体上高于使用 T _ U _ VSM 评价 **T-LDA-U** 方法的 SC 值，而使用 T _ R _ COO 评价 **T-LDA-R** 方法的 SC 值总体上高于使用 T _ R _ VSM 评价 **T-LDA-R** 方法的 SC 值。因此，在 CiteULike 数据集上，**T-LDA-U** 方法的最优聚类个数确定为 $k=160$，**T-LDA-R**方法的最优聚类个数确定为 $k=140$。

同样地，对于 Bibsonomy 数据集，从图 4.12 和图 4.15 中可以看出，**T-C-LDA** 方法的最优聚类个数为 $k=210$；对比图 4.12 和图 4.15，在 Bibsonomy 数据集上，**T-LDA-U** 方法的最优聚类个数确定为 $k=240$，**T-LDA-R** 方法的最优聚类个数确定为 $k=240$。

表 4.1 给出了 CiteULike 数据集上 **T-C-LDA** 方法与 **T-LDA-U** 方法和 **T-LDA-R** 方法在搜索引擎上各相关性指标的比较，仍然采用内部抽取的形式抽取 500 对类内标签检索并计算基于搜索引擎的各相关性指标的平均值。

表 4.1　CiteULike 数据集上 T-C-LDA 方法、T-LDA-U 方法和 T-LDA-R 方法在搜索引擎上的各相关性指标

数据集	聚类方法	聚类个数	抽取方式	评价指标		
				Avg	Max	Min
CiteULike	**T-C-LDA**	**160**	**Intra Cluster**	**0.02476**	**0.01962**	**0.34865**
	T-LDA-U	160	Intra Cluster	0.01685	0.01457	0.16216
	T-LDA-R	140	Intra Cluster	0.01879	0.01568	0.18049

表 4.2 给出了 Bibsonomy 数据集上 **T-C-LDA** 方法与 **T-LDA-U** 方法和 **T-LDA-R** 方法在搜索引擎上各相关性指标的比较。

表 4.2 Bibsonomy 数据集上 T-C-LDA 方法、T-LDA-U 方法和 T-LDA-R 方法在搜索引擎上的各相关性指标

数据集	聚类方法	聚类个数	抽取方式	评价指标		
				Avg	Max	Min
Bibsonomy	**T-C-LDA**	**210**	**Intra Cluster**	**0.03216**	**0.02482**	**0.49135**
	T-LDA-U	240	Intra Cluster	0.01964	0.01688	0.30327
	T-LDA-R	240	Intra Cluster	0.02415	0.01953	0.35156

表 4.1 和表 4.2 显示，在 CiteULike 和 Bibsonomy 数据集上，利用基于搜索引擎的外部评价指标对三种基于 LDA 的标签聚类方法进行评价时，基于 LDA 的标签综合聚类方法（**T-C-LDA**）比基于用户的标签 LDA 聚类方法（**T-LDA-U**）和基于资源的标签 LDA 聚类方法（**T-LDA-R**）具有更好的聚类效果。

4.4.2.2 基于 LDA 的标签综合聚类方法（T-C-LDA）与其它传统聚类方法的比较

4.4.2.1 节使用 SC 等内部评价指标和基于搜索引擎的外部评价指标对基于 LDA 的标签综合聚类方法（**T-C-LDA**）、基于用户的标签 LDA 聚类方法（**T-LDA-U**）和基于资源的标签 LDA 聚类方法（**T-LDA-R**）进行了对比分析，表明 **T-C-LDA** 方法具有较好的聚类效果。

为了进一步验证 **T-C-LDA** 方法的有效性，下面将 **T-C-LDA** 方法与其它传统的聚类方法进行比较。这里的传统聚类方法与第 3 章的一致，包括：基于标签的用户向量空间模型（T _ U _ VSM)相似度的 K-means 聚类方法和 AHC 方法，基于标签的资源向量空间模型（T _ R _ VSM）相似度的 K-means 聚类方法和 AHC 方法；基于标签的用户共现（T _ U _ COO）相似度的 K-means 聚类方法和 AHC 方法，基于标签的资源共现（T _ R _ COO）相似度的 K-means 聚类方法和 AHC 方法。图 4.18～图 4.20 展示了 CiteULike 数据集上 **T-C-LDA** 方法与这 8 种传统标签聚类方法在 SC、Dunn 和 DB 上的对比。

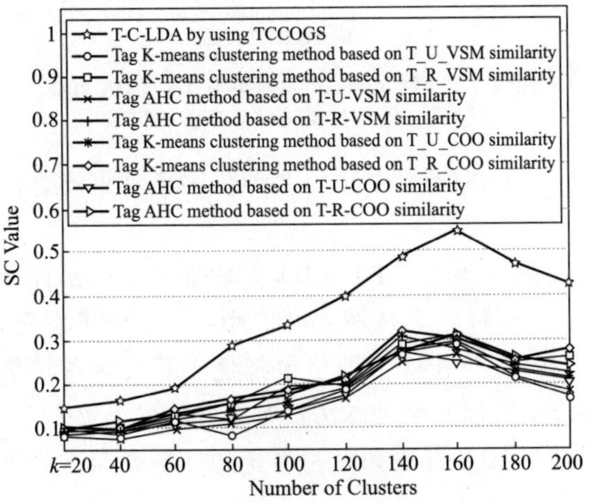

图 4.18 CiteULike 数据集上 **T-C-LDA** 方法与其它传统聚类方法 SC 值的比较

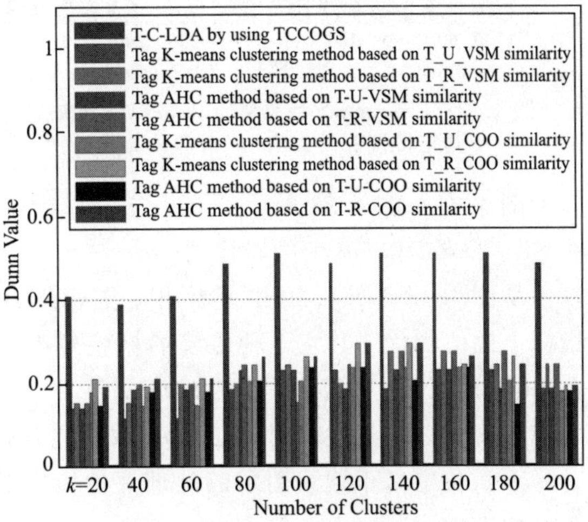

图 4.19 CiteULike 数据集上 **T-C-LDA** 方法与其它传统聚类方法 Dunn 值的比较

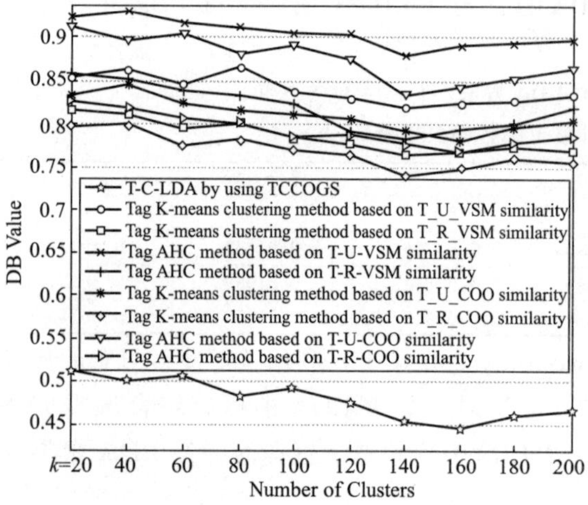

图 4.20　CiteULike 数据集上 **T-C-LDA** 方法与其它传统聚类方法 DB 值的比较

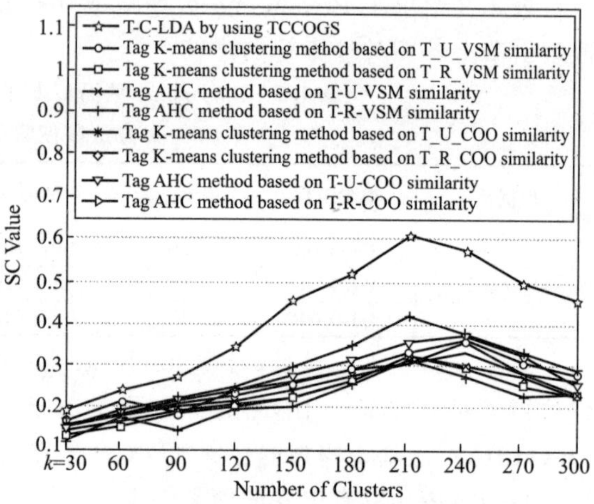

图 4.21　Bibsonomy 数据集上 **T-C-LDA** 方法与其它传统聚类方法 SC 值的比较

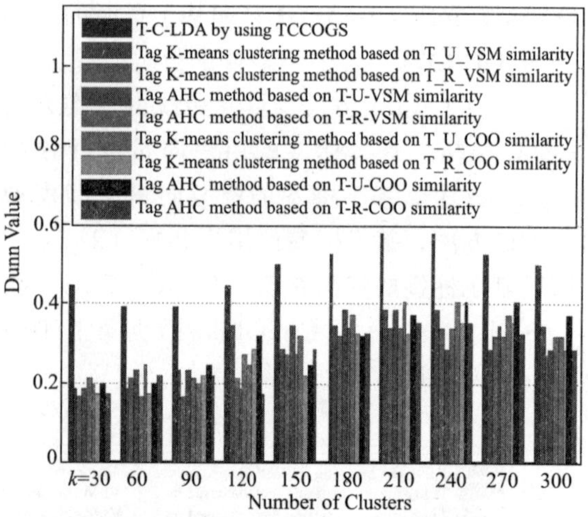

图 4.22　Bibsonomy 数据集上 **T-C-LDA** 方法与其它传统聚类方法 Dunn 值的比较

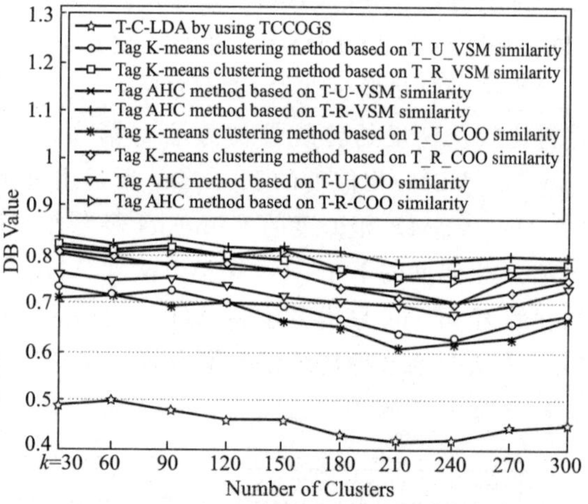

图 4.23　Bibsonomy 数据集上 **T-C-LDA** 方法与其它传统聚类方法 DB 值的比较

图 4.21～图 4.23 展示了 Bibsonomy 数据集上 **T-C-LDA** 方法与 8 种传统标签聚类方法在 SC、Dunn 和 DB 上的对比。

从图 4.18～图 4.20 中可看出，在 CiteULike 数据集上，**T-C-LDA** 方法在三个内部评价指标上的值都优于其它 8 种传统的标签聚类方法；同样地，从图 4.21～图 4.23 中可看出，在 Bibsonomy 数据集上，**T-C-LDA** 方法在三个内部评价指标上的值也都优于其它 8 种传统的标签聚类方法。这表明 **T-C-LDA** 方法比其它传统的标签聚类方法具有更好的聚类效果。

下面利用基于搜索引擎的外部评价指标对 **T-C-LDA** 方法和 8 种传统的标签聚类方法进行对比。

表 4.3 展示了 CiteULike 数据集上 **T-C-LDA** 方法与其它 8 种传统标签聚类方法在搜索引擎上各相关性指标的比较；表 4.4 展示了 Bibsonomy 数据集上 **T-C-LDA** 方法与其它 8 种传统标签聚类方法在搜索引擎上各相关性指标的比较。

从表4.3和表4.4中可以看出，在CiteULike和Bibsonomy数据集上，利用基于搜索引擎的外部评价指标对**T-C-LDA**方法和其它8种传统标签聚类方法进行比较时，**T-C-LDA**方法在标签的平均相关性、最大相关性和最小相关性上的值都优于其它传统的标签聚类方法，表明**T-C-LDA**方法比其它传统的标签聚类方法具有更好的聚类效果。

表4.3 CiteULike数据集上T-C-LDA方法与其它传统聚类方法在搜索引擎上的相关性指标

数据集	聚类方法	聚类个数	抽取方式	评价指标		
				Avg	Max	Min
CiteULike	**T-C-LDA**	**160**	**Intra Cluster**	**0.02476**	**0.01962**	**0.34865**
	K-means clustering method based on T_U_VSM similarity	160	Intra Cluster	0.01083	0.00917	0.08621
	K-means clustering method based on T_R_VSM similarity	160	Intra cluster	0.01246	0.01016	0.11174
	AHC method based on T_U_VSM similarity	160	Intra Cluster	0.01014	0.00885	0.08064
	AHC method based on T_R_VSM similarity	140	Intra Cluster	0.01172	0.00989	0.10318
	K-means clustering method based on T_U_COO similarity	160	Intra Cluster	0.01216	0.01024	0.10143
	K-means clustering method based on T_R_COO similarity	140	Intra Cluster	0.01531	0.01195	0.13106
	AHC method based on T_U_COO similarity	140	Intra Cluster	0.01148	0.00968	0.09827
	AHC method based on T_R_COO similarity	160	Intra Cluster	0.01449	0.01113	0.12174

表4.4 Bibsonomy数据集上T-C-LDA方法与其它传统聚类方法在搜索引擎上的相关性指标

数据集	聚类方法	聚类个数	抽取方式	评价指标		
				Avg	Max	Min
Bibsonomy	**T-C-LDA**	**210**	**Intra Cluster**	**0.03216**	**0.02482**	**0.49135**
	K-means clustering method based on T_U_VSM similarity	240	Intra Cluster	0.01782	0.01454	0.28724
	K-means clustering method based on T_R_VSM similarity	210	Intra Cluster	0.01887	0.01526	0.30428
	AHC method based on T_U_VSM similarity	240	Intra Cluster	0.01398	0.01289	0.22206
	AHC method based on T_R_VSM similarity	210	Intra Cluster	0.01416	0.01345	0.23148
	K-means clustering method based on T_U_COO similarity	210	Intra Cluster	0.01917	0.01549	0.29257
	K-means clustering method based on T_R_COO similarity	240	Intra Cluster	0.02043	0.01628	0.31265
	AHC method based on T_U_COO similarity	240	Intra Cluster	0.01586	0.01321	0.24038
	AHC method based on T_R_COO similarity	210	Intra Cluster	0.01693	0.01417	0.25424

4.4.2.3 基于LDA的标签综合聚类方法(T-C-LDA)与基于TCCOGS的标签谱聚类方法的比较

本章提出一种基于LDA的标签综合聚类方法，该方法将三元的标注关系分割成“用户-

标签”和“资源-标签”的两个二元关系，利用LDA模型分别从这两个二元关系中学习标签的隐含主题，即基于标签的用户主题和基于标签的资源主题所存在的相关性，继续利用LDA模型学习出标签在这两种主题上的混合主题，从而实现标签整体语义的重构与聚类识别。本章的方法和第3章提出的基于共同共现群体相似度的标签谱聚类方法都是利用三元标注关系来实现标签的聚类，下面给出这两种方法在内部评价指标和外部评价指标上的对比。

图4.24～图4.26展示了CiteULike数据集上**T-C-LDA**方法与基于**TCCOGS**的谱聚类方法在SC、Dunn和DB等内部评价指标上的比较。

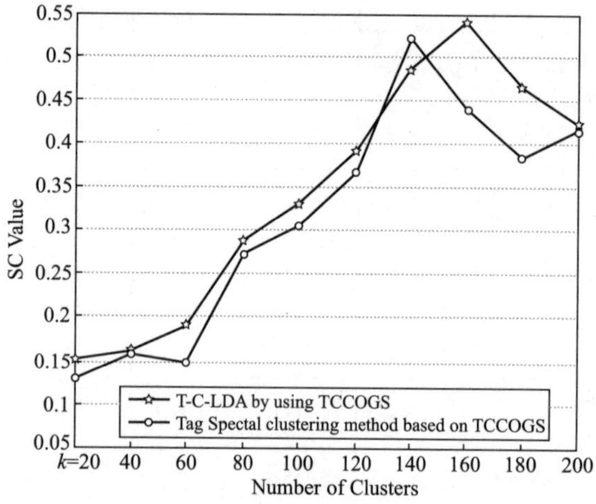

图4.24　CiteULike数据集上**T-C-LDA**方法和基于**TCCOGS**的谱聚类方法的SC值比较

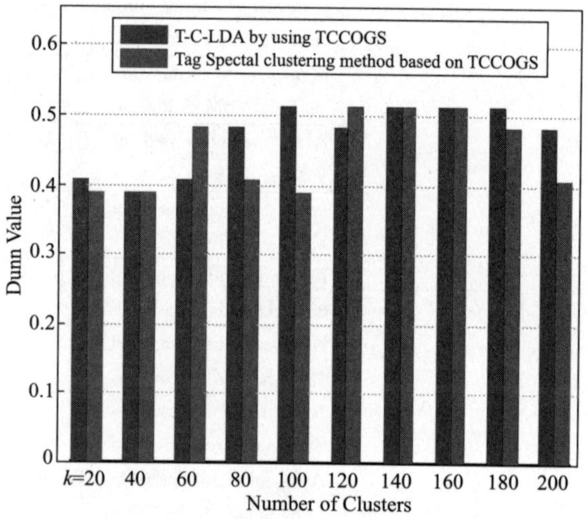

图4.25　CiteULike数据集上**T-C-LDA**方法和基于**TCCOGS**的谱聚类方法的Dunn值比较

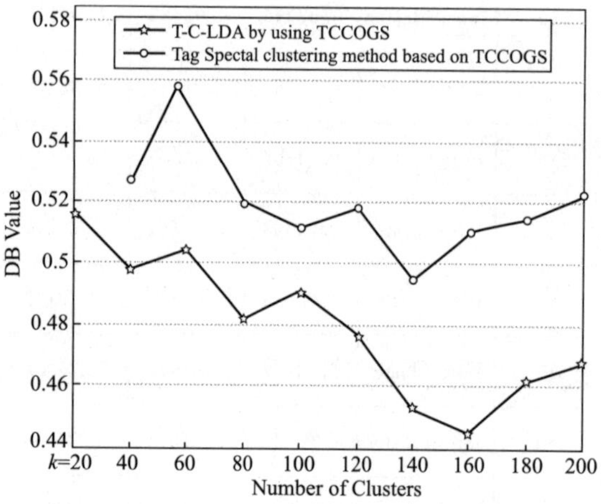

图4.26　CiteULike数据集上**T-C-LDA**方法和基于**TCCOGS**的谱聚类方法的DB值比较

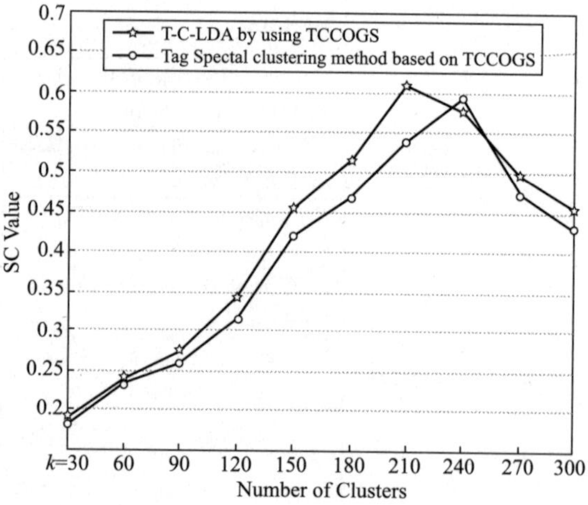

图4.27　Bibsonomy数据集上**T-C-LDA**方法和基于**TCCOGS**的谱聚类方法的SC值比较

图4.27～图4.29展示了Bibsonomy数据集上**T-C-LDA**方法与基于**TCCOGS**的谱聚类方法在SC、Dunn和DB等内部指标上的比较。

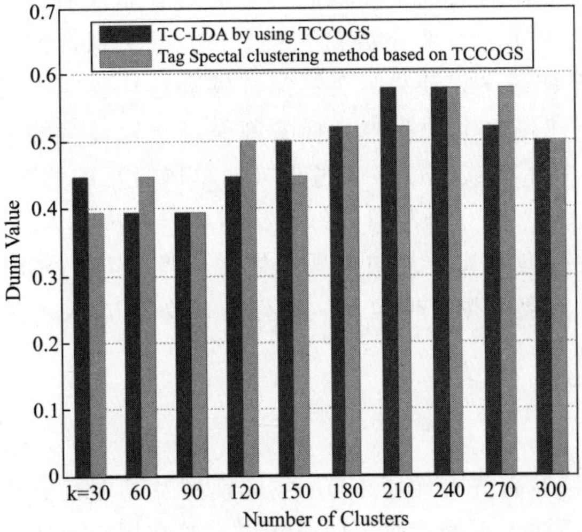

图 4.28 Bibsonomy 数据集上 **T-C-LDA** 方法和基于 **TCCOGS** 的谱聚类方法的 Dunn 值比较

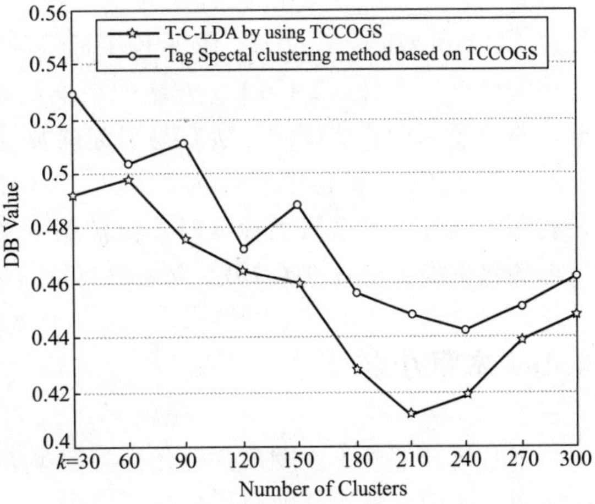

图 4.29 Bibsonomy 数据集上 **T-C-LDA** 方法和基于 **TCCOGS** 的谱聚类方法的 DB 值比较

表 4.5 展示了 CiteULike 数据集上 **T-C-LDA** 方法与基于 **TCCOGS** 的谱聚类方法在基于搜索引擎的外部评价指标上的比较。

表 4.5 CiteULike 数据集上 T-C-LDA 方法与基于 TCCOGS 的谱聚类方法在搜索引擎上的相关性指标

数据集	聚类方法	聚类个数	抽取方式	评价指标		
				Avg	Max	Min
CiteULike	**T-C-LDA**	**160**	**Intra Cluster**	**0.02476**	**0.01962**	**0.34865**
	Spectral clustering method based on **TCCOGS**	140	Intra Cluster	**0.02252**	**0.01837**	**0.31514**

从图 4.24～图 4.26 和表 4.5 中可看出，在 CiteULike 数据集上，利用内部评价指标和基于搜索引擎的外部评价指标对 **T-C-LDA** 方法和基于 **TCCOGS** 的标签谱聚类方法进行对比时，**T-C-LDA** 方法和基于 **TCCOGS** 的标签谱聚类方法在各个指标上的值具有较小的差别，但 **T-C-LDA** 方法在各个指标上的值在整体趋势上略优于基于 **TCCOGS** 的标签谱聚类方法。

表 4.6 展示了 Bibsonomy 数据集上 **T-C-LDA** 方法与基于 **TCCOGS** 的谱聚类方法在基于搜索引擎的外部评价指标上的比较。

表 4.6 Bibsonomy 数据集上 T-C-LDA 方法与基于 TCCOGS 的谱聚类方法在搜索引擎上的相关性指标

数据集	聚类方法	聚类个数	抽取方式	评价指标		
				Avg	Max	Min
Bibsonomy	**T-C-LDA**	**210**	**Intra Cluster**	**0.03216**	**0.02482**	**0.49135**
	Spectral clustering method based on **TCCOGS**	240	Intra Cluster	**0.02894**	**0.02243**	**0.45292**

同样地，从图 4.27～图 4.29 和表 4.6 中可看出，对于 Bibsonomy 数据集，**T-C-LDA** 方法在各个评价指标上的值在整体趋势上也略优于基于 **TCCOGS** 的标签谱聚类方法，表明 **T-C-LDA**方法比基于 **TCCOGS** 的标签谱聚类方法具有更好的聚类效果。

综合上一小节和本小节的比较结果，可以看出，基于 LDA 的标签综合聚类方法（**T-C-LDA**）比其它基于相似度的标签聚类方法具有更好的聚类效果。这与 **T-C-LDA** 方法的本质特性有关：首先，LDA 主题模型在识别特征的整体语义和主题概念等方面具有非常明显的优势；其次，虽然 **T-C-LDA** 方法开始时将三元的标注关系分割成了两个二元的关系，但是经过 LDA 模型的二次学习，又重构了标签的整体语义，使得聚类结果能够表达比较完整且一致的概念；另外，**T-C-LDA** 方法的聚类结果使得每个类簇内的标签都保持比较适当的数量，避免了基于相似度的方法容易引起的类簇内标签数量过多或过少（如单例簇）的情况。因此，基于 LDA 的标签综合聚类方法（**T-C-LDA**）是一种相对较好的标签聚类方法。当然，在利用三元标注关系聚类标签时，虽然第 3 章提出的基于共同共现群体相似度（**TCCOGS**）的标签谱聚类方法比 **T-C-LDA** 方法具有稍差的聚类效果，但也是一种行之有效的方法。

4.5 本章小结

本章研究了基于主题的社会化标签聚类方法。首先介绍了 LDA 主题模型及其在社会化标注中的应用；然后从社会化标注系统中三元标注关系的本质层面分析了标签在用户全体和资源全体上所表达的语义；在此基础上提出了一种基于 LDA 的标签综合聚类方法，该方法将三元的标注关系转换成“用户-标签”和“资源-标签”这两个二元的关系，分别利用 LDA 模型学习出基于用户的标签潜在主题和基于资源的标签潜在主题，综合标签在这两种主题上的概率分布结果，继续利用 LDA 模型学习出标签的混合主题，从而确定唯一的聚类结果；最后利用内部评价指标和外部评价指标对本章提出的方法进行了实验评价等工作，实验结果表明本章提出的基于 LDA 的标签综合聚类方法具有良好的聚类效果。

第5章
融合内容与链接分析的社会化标签聚类方法研究

5.1 引言

“用户-资源-标签”之间的三元标注关系是社会化标注系统中存在的基础信息，从三元标注关系中发现社会化标签中蕴含的聚类知识是实现标签聚类的基本思路。传统的标签聚类方法通常将三元关系转换成“用户-标签”或“资源-标签”的二元关系，在这些二元关系上获取标签之间的相似度，并选择某种聚类算法来聚类标签。传统的标签聚类方法容易引起标签之间的语义丢失、高维和稀疏等问题，在第 3 章和第 4 章中，提出了两种利用三元标注关系进行标签聚类的方法，从一种程度上缓解了上述问题。

虽然从三元标注关系中聚类标签是最基本的方法，但是除了三元标注信息之外，社会化标注系统中还存在着许多有用的信息。例如：①社会化标注系统中的资源内容就是一种非常有用的信息，无论是文本类型的资源（资源的词、句子等内容），还是图形图像类型的资源（资源的色彩、轮廓、纹理、前景、背景等内容）。用户在标注资源的过程中，通常是先阅读并理解资源的内容，然后根据自身的理解为资源添加标签。资源的内容体现着资源的本质属性（类别、概念、主题等），而用户添加的标签是对资源内容的抽象、概括、扩展和补充，因此，资源的内容与资源的标签之间具有十分密切的联系。②除了资源的内容之外，资源之间潜在的关系（如学术文献之间的引用关系）也是一种十分有用的信息。用户在标注某个资源时，常常会联想到某个和该资源十分相似的资源，将该相似资源的内容或标签映射到脑海中来进行标注。资源之间潜在的关系延伸了社会化标签的表达范围，与社会化标签之间也具有十分重要的联系。③此外，用户在使用社会化标注系统时，常常会对其它一些用户产生浓厚的兴趣，用户会时时关注某些用户的动态，参考或跟随这些用户所开展的标注活动完成自己的标注，使得用户和用户之间产生了丰富的社会关系，这种社会关系深深地影响着用户的个性化标注行为。因此，用户之间的社会关系也与社会化标签有着十分紧密的联系。

传统的基于三元标注信息的标签聚类方法仅从三元关系或三元关系之中的二元关系来聚类标签，没有考虑社会化标注系统中潜藏的这些有用的信息。既然资源的内容、资源之间的关系（本书只讨论学术文献之间的引用关系，实验的数据集来自学术论文标注系统 CiteULike 和 Bibsonomy）和用户之间的社会关系与社会化标签具有十分重要的联系，那么在三元标注关系的基础上有效利用这些信息来实现标签的聚类对于提升聚类结果的有效性具有十分重要的作用。

本章讨论了在三元标注关系的基础上有效利用用户的社会关系、资源的内容和资源的引用关系等信息来实现社会化标签聚类的方法。与第 4 章的方法类似，本章仍然利用 LDA 主题模型来实现标签的聚类，分别从用户加权、资源加权、用户加权结果和资源加权结果的综合等三个角度探讨基于 LDA 模型的标签聚类方法。

① 融合用户社会关系的标签 LDA 模型及其聚类：首先对用户社会关系进行建模，然后利用随机游走的方法对用户的社会关系网络进行链接分析，计算用户的权威度分数，利用用户的权重对“用户-标签”的二元关系进行加权改进，建立融合社会关系的用户加权标签主题模型，通过迭代学习出标签的用户主题并根据标签的主题最大隶属度实现聚类。

② 融合资源内容和资源引用关系的联合 LDA 模型及其标签聚类：首先对资源的引用关系进行建模，然后利用随机游走的方法对资源的引用关系网络进行链接分析，获取资源的权威度分数，利用资源的权重对“资源-标签”的二元标注关系和“资源-特征词（资源的内容）”的二元关系同时进行加权改进，基于资源的词和资源的标签具有相同的主题特征的假设，建立融合引用关系的资源内容与标签的联合主题模型，通过迭代学习出标签的资源主题并根据其主题最大隶属度实现聚类。

③ 融合内容和关系的标签综合 LDA 模型及其聚类：根据 4.3.1 节的分析，标签在用户全体上和资源全体上所表达的主题具有关联性、重叠性和差异性等特点，因此，将①和②获取的标签主题结果进行综合，建立标签的综合主题模型，通过迭代学习出标签的混合主题并根据其主题最大隶属度实现聚类。

本章的内容结构如下：5.2 节介绍了相关工作，包括对用户社会关系的利用、对资源内容及资源引用关系的利用等；5.3 节详述了融合用户社会关系的标签主题模型及其聚类方法，首先对用户社会关系进行建模，在对用户社会关系网络分析的基础上介绍了获取用户权威度分数的随机游走方法，然后描述了基于用户加权的标签 LDA 主题模型，最后介绍了该方法的实验；5.4 节详述了融合资源内容和资源引用关系的标签主题模型及其聚类方法，内容包括资源引用关系的建模、资源引用关系的链接分析与资源权威度的计算、资源内容的表示、基于资源加权的资源内容与资源标签的联合主题模型及相关实验；5.5 节介绍了融合内容和关系的标签综合主题模型及其聚类方法；5.6 节对本章内容做出了总结。

5.2 相关工作

5.2.1 对社会化标注系统中用户社会关系的利用

社会化标注系统是一个相互协作的环境，用户之间会具有一定的社会联系，用户愿意和具有相同爱好的用户建立链接关系。用户之间的这种社会关系会对用户的标注行为产生重要的影响。目前，在社会化标注系统的相关研究中引入用户社会关系的研究还比较少，Liu 等人[54]将用户的社会关系引入到社会化标注的建模中，他们将两个用户之间的边权重定义为一种信任级别的函数，并假设用户之间的信任关系是对称的，且信任级别是平均分布的，在此基础上，利用基于随机游走的相似度函数来计算两个用户之间的相似度，并将其应用到用户的个性化推荐算法中。在 Delicious 数据集上的实验结果表明基于用户社会关系的个性化标签推荐算法具有高效的推荐性能。Liu 等人的研究假设用户的信任关系是对称的，即如果用户 u_i 是用户 u_j 的好友，那么用户 u_i 和 u_j 的信任级别函数的值 $\text{trust}(u_i, u_j)=1$，用户全体之间的社会关系被建模成一个无向图，边之间的权重为用户的信任级别函数值。然而在实际应用中，用户是从网络上关注或添加好友的，这种好友关系有可能是单向的，也有可能是双向的，所以本书在建模用户社会关系时，将用户之间的社会关系建模成一种有向图，在将其应用到标签的主题模型并进行聚类时，借助 Google 的 PageRank 思想[70]，有理由认为，那些被大多数用户都视为好友的用户所标注的标签在用户标签主题的表达上具有更加普遍的意义。

5.2.2 对社会化标注系统中资源内容和资源引用关系的利用

对于资源内容的利用，社会化标注的相关研究大都集中在标签的推荐应用上。Chirita 等人[44]提出了一种标签推荐算法 P-TAG，该算法同时利用标签与用户的相关文档及目标资源的相关性来推荐合适的标签。Lu 等人[45]提出了一种改进的基于资源内容的标签推荐方法，该方法在用户、资源和标签的三元关系模型中传播标签标注资源的概率，通过计算标签与资源内容的相关性，从而推荐合适的标签。Song 等人[46]利用 2-way 泊松混合模型来建模资源并对目标资源进行分类，通过排序目标资源所在类别内的标签来推荐最优的 n 个标签。Guan 等人[47]在引入资源内容的基础上，对用户、资源和标签之间的三元关系进行了重建，提出标签的图排序算法，并将其用于标签的推荐。Krestel 等人[48]利用 LDA 主题模型来建模资源，通过该模型来计算标签与资源的相关性用以推荐标签。Ramage 等人[123]提出了 Multi-Multinomial LDA（MM-LDA）模型来对网页内容和标签进行联合建模从而改进网页的聚类效果。Liu 等人[127]利用资源的内容来建模资源的相似关系，将每个资源表示成 TF-IDF 的词向量，在向量空间上利用余弦函数计算资源的相似度，在此基础上，将资源的相似关系引入到基于资源的协同过滤算法中用于推荐标签。司宪策[128]从资源内容的特征粒度问题、标签的层次关系问题和新标签问题等方面系统地研究了基于内容的社会化标签推荐技术，提出了基于词汇的标签推荐、基于隐含主题模型的标签推荐、基于关键词提取的新标签推荐等方法。

对于资源引用关系在社会化标注系统中的利用，相关的研究亦未深入开展。但是关于学术文献引用网络（引文网络）的研究已经引起了广泛的关注。引文网络的本质是知识的流动，知识在文献的相互引用中不断地得到传播、共享与创新[129]。与基于引用次数的学术评价方法相比，引文分析考虑了文献的质量，能够对学术文献做出更加客观的评价。目前，引文网络分析方法大都基于 Google 的 PageRank 算法[70]来评价文献的质量。Chen 等人[130]利用实验证明了基于 PageRank 的引文分析方法在寻找权威文献方面具有很大的优势。Ma 等人[131]将 PageRank 算法引入到引文分析中，经过分析，他们认为基于 PageRank 的评价方法更多地考虑了引用文献的质量，突出了文献的研究价值和科学影响力，且能够很好地消除作者自引所带来误差。Krapivin 和 Marchese[132]借鉴 PageRank 的思想，基于高被引文献在学术研究中更容易被发现和引用的假设，提出了一种加权的 PageRank 算法 FPR（Focused Page Rank），并将其应用到对学术论文的评价中。在提供学术文献共享和标注服务的社会化系统，如 CiteULike 和 Bibsonomy 等中，资源与资源之间存在引用关系，同样有理由相信，那些具有高被引关系的资源在主题的表达上具有更加普遍的意义。因此，本书将资源之间的引用关系建模成有向图，将其应用到资源内容和标签的联合主题建模上去并实现标签的聚类。

5.3 融合用户社会关系的标签LDA模型及其标签聚类方法

传统的从用户角度聚类社会化标签的方法主要利用三元标注关系中“用户-标签”之间的二元关系，基于向量空间模型或共现等方式来获取标签的相似度并选择某种聚类算法实现标签的聚类。该类方法大都假设用户之间相互独立且服从同一分布，这种独立性的假设忽略了用户之间的相互关系，而在实际的社会化标注系统中，用户之间的相互联系（即用户的社会关系）已经十分普遍。用户的社会关系影响着用户的标注行为，从“用户-标签”之间的二元关系上来看，权威用户所标注的标签容易被其他用户所借鉴和使用，在主题表达上具有更加普遍的意义。本节对用户的社会关系进行建模和链接分析，并将其应用到标签的用户主题模型中，提出了融合用户社会关系的标签主题模型并利用该模型实现标签的聚类。

5.3.1 用户社会关系建模及其链接分析

5.3.1.1 用户社会关系建模

目前，很多社会化标注系统已经开始鼓励用户之间建立一定的社会关系，并且提供社会关系接口来方便用户管理和访问这些关系。例如，Delicious系统为注册用户提供“Follow”的功能，一个用户可以Follow自己感兴趣的用户，将其加入到自己的“网络（Network）”中，使得自己成为其他用户的一名“粉丝（Fans）”，时时了解自己感兴趣用户的标注动态，跟随这些用户的脚步来完成自己的标注；CiteULike系统为注册用户提供“Connect”的功能，如果用户在浏览其他用户的标注时对某个用户产生了浓厚的兴趣，可以在该用户的主页选择“Connect”，从而成为该用户的一个链接好友，CiteULike的“Connections”接口完整展现了用户和其他用户之间的链接关系，包括自己的链接（链出）和被链接（链入）关系；Bibsonomy系统为用户提供“Add as friend”功能，如果某个用户对其他用户感兴趣，可以在自己感兴趣用户的主页上将其添加为好友，从而获取该用户的共享资源。在社会化标注系统中，一个用户通过与其他人建立一定的社会关系（“@”“Follow”“Make friend”），可以形成自己的“社会网络”并表达自己的“社会影响力”，从而满足一定的“社会需要”。所有用户形成一个共享的网络，使得知识和集体智慧能够得到迅速地传播、共享和创新。

在建模社会化标注系统中的用户社会关系时，将其建模成一个有向图，对于某个用户 u_i，如果有其他用户 u_j 和其建立了链接关系（“u_j @ u_i”或者“u_j followed u_i”或者“u_j made friend with u_i”），则为用户 u_i 和 u_j 之间添加一条指向 u_i 的有向边；如果 u_i 和其他用户 u_k 建立了链接关系（“u_i @ u_k”或者“u_i followed u_k”或者“u_i made friend with u_k”），则为用户 u_i 和 u_k 之间添加一条指向 u_k 的有向边。那么社会标注系统中“用户-标签”之间的二元标注图模型可以由图5.1（a）改进为图5.1（b）的形式。

5.3.1.2 基于随机游走的用户社会关系链接分析

通过建模用户之间的社会关系，可以构建以用户为顶点，以用户之间的链接关系为边的用户社会关系图。如何将用户的社会关系应用到标签的聚类中呢？这里考虑对用户的社会关系图进行链接分析，从用户的社会关系图中获取用户的权威度分数及其排序，并将其加权到“用户-标签”的二元标注关系中来实现标签的聚类。用户权威度排序的基本思想是：如果一

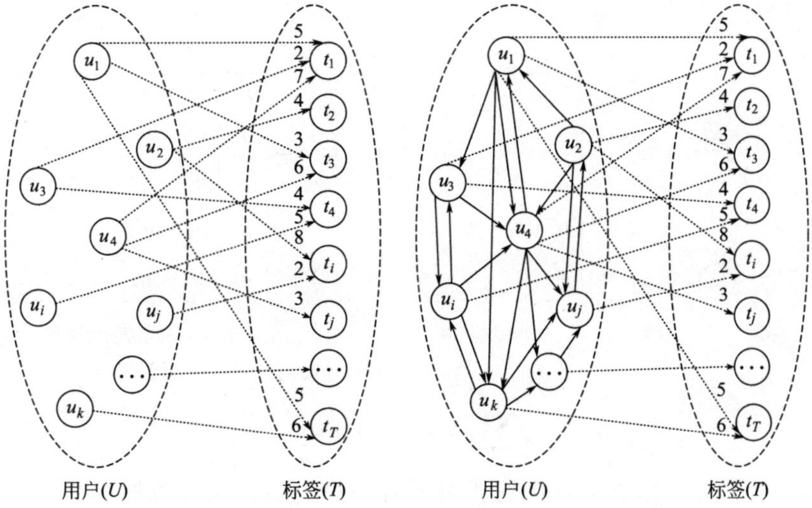

(a) "用户-标签" 二元标注图模型　　(b) 融合用户关系的 "用户-标签" 二元标注图模型

图 5.1　"用户-标签" 二元标注图模型的不同表示形式

个用户被其他具有较高权威度的用户所链接，那么该用户本身也应该具有较高的权威度。即利用用户之间的权威度互增强关系来计算用户的权威度分数，每一个链接关系都被视作一个互增强的关系，所有的链接关系都被用来传播用户的权威度。基于这一思想，采用在信息检索领域被广泛使用的随机游走方法[70,133~135]来计算用户的权威度，下面给出基于随机游走的用户权威度排序的求解过程。

设用户的社会关系图为 $G=(U, E, \boldsymbol{W})$，其中 $U=\{u_1, u_2, \cdots, u_{|U|}\}$ 为用户集合，$E\subseteq U\times U$ 为边的集合，即用户之间的链接关系集合，$\boldsymbol{W}$ 为 U 的邻接矩阵。对于图中的两个顶点 $u_i\in U$ 和 $u_j\in U$，若存在一条从 u_i 指向 u_j 的边，则 $\boldsymbol{W}$ 中的元素 $w_{i,j}=1$，否则，$w_{i,j}=0$，如式（5.1）所示：

$$w_{i,j}=\begin{cases}1,\text{如果 } u_i\rightarrow u_j\\0,\text{其它}\end{cases}\tag{5.1}$$

对于给定的用户社会关系图 G，使用其邻接矩阵 $\boldsymbol{W}$ 的行随机矩阵 $\boldsymbol{P}$ 作为随机游走过程的转移概率矩阵。其中，$\boldsymbol{P}$ 的元素 $p_{i,j}$ 代表从节点 u_i 跳转到 u_j 的转移概率，其定义如式（5.2）所示：

$$p_{i,j}=\frac{w_{i,j}}{\sum_k w_{i,k}}\tag{5.2}$$

图 5.2 给出了用户社会关系链接分析的一个图例。

定义在用户社会关系图上的随机游走过程如下：

① 以概率 $\zeta\in[0, 1]$，从当前节点出发，按照该节点链接的边的概率分布，游走到一个邻居节点；

② 预设一个在所有节点上的概率分布 $\boldsymbol{\pi}$，以概率 $(1-\zeta)$ 游走到任意的一个节点。

按照以上的随机游走过程在用户社会关系图上获取该随机游走的稳态概率分布，并将其作为用户的权威度分数。随机游走的稳态概率分布（即用户权威度分数）可以采用迭代的方式来计算，令 $\tau_i^{(n)}$ 为第 n 次迭代时节点 u_i 的权威度分数，则 $\tau_i^{(n)}$ 可由式（5.3）来计算：

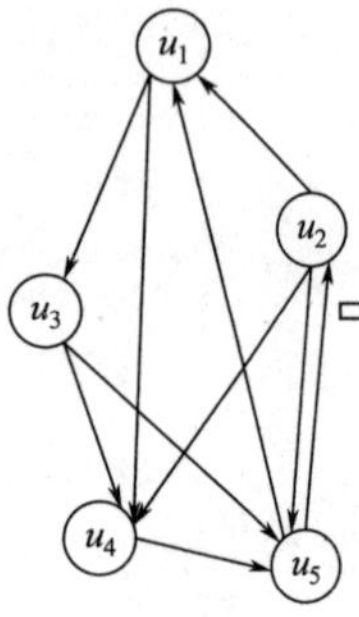

图G

W	u_1	u_2	u_3	u_4	u_5
u_1	0	0	1	1	0
u_2	1	0	0	1	1
u_3	0	0	0	1	1
u_4	0	0	0	0	1
u_5	1	1	0	0	0

邻接矩阵$\boldsymbol{W}$

P	u_1	u_2	u_3	u_4	u_5
u_1	0	0	1/2	1/2	0
u_2	1/3	0	0	1/3	1/3
u_3	0	0	0	1/2	1/2
u_4	0	0	0	0	1
u_5	1/2	1/2	0	0	0

转移概率矩阵$\boldsymbol{P}$

图 5.2　用户社会关系图例

$$\tau_i^{(n)}=\zeta\sum_j p_{j,i}\tau_j^{(n-1)}+(1-\zeta)\pi_i \tag{5.3}$$

令 $\boldsymbol{\tau}^{(n)}\equiv[\tau_i^{(n)}]_{|U|\times 1}$ 为在第 n 次迭代时所有用户的权威度分数形成的向量，式（5.3）可以用矩阵的形式来表示，如式（5.4）所示：

$$\boldsymbol{\tau}^{(n)}=\zeta\boldsymbol{P}\boldsymbol{\tau}^{(n-1)}+(1-\zeta)\boldsymbol{\pi} \tag{5.4}$$

下面证明式（5.4）的迭代过程收敛并给出其收敛解。

定理 5.1：式（5.4）的迭代过程收敛。

证明：对式（5.4）进行迭代，可得式（5.5）：

$$\boldsymbol{\tau}^{(\infty)}=\lim_{n\to\infty}(\zeta\boldsymbol{P})\boldsymbol{\tau}^{(0)}+\lim_{n\to\infty}(1-\zeta)[\sum_{i=1}^{n}(\zeta\boldsymbol{P})^{i-1}]\boldsymbol{\pi} \tag{5.5}$$

式（5.5）中，$\boldsymbol{\tau}^{(\infty)}$有两个分量，对于 $\boldsymbol{\tau}^{(\infty)}$的第一个分量，可以考虑式（5.6）：

$$\begin{aligned}\sum_j(\zeta\boldsymbol{P})_{i,j}^{n}&=\sum_j\sum_k(\zeta\boldsymbol{P})_{i,k}^{n-1}(\zeta\boldsymbol{P})_{k,j}\\&=\sum_k(\zeta\boldsymbol{P})_{i,k}^{n-1}(\zeta\sum_j\boldsymbol{P}_{k,j})\end{aligned} \tag{5.6}$$

由于 $\sum_j\boldsymbol{P}_{k,j}=1$，则可得式（5.7）：

$$\sum_j(\zeta\boldsymbol{P})_{i,j}^{n}=\zeta\sum_k(\zeta\boldsymbol{P})_{i,j}^{n-1}\equiv\zeta\sum_j(\zeta\boldsymbol{P})_{i,j}^{n-1} \tag{5.7}$$

对于 $\zeta\in(0,1)$，存在 $\rho\in(0,1)$ 且满足 $\zeta\leqslant\rho$，故可得式（5.8）：

$$\sum_j(\zeta\boldsymbol{P})_{i,j}^{n}\leqslant\rho\sum_j(\zeta\boldsymbol{P})_{i,j}^{n-1} \tag{5.8}$$

对式（5.8）进行迭代，可得式（5.9）：

$$\sum_j(\zeta\boldsymbol{P})_{i,j}^{n}\leqslant\rho^n \tag{5.9}$$

由式（5.9）可得：

$$\lim_{n\to\infty}\sum_j(\zeta\boldsymbol{P})_{i,j}^{n}=0 \tag{5.10}$$

以上的推导过程表明，$(\zeta\boldsymbol{P})^n$的每行元素之和收敛于 0，那么 $\boldsymbol{\tau}^{(\infty)}$的第一个分量会收敛到一个零向量。由于 $\boldsymbol{P}$ 是 $\boldsymbol{W}$ 的行随机矩阵，根据式（5.5），可得式（5.11）：

$$\boldsymbol{\tau}^{(\infty)}=(1-\zeta)(\boldsymbol{I}-\zeta\boldsymbol{P})^{-1}\boldsymbol{\pi} \tag{5.11}$$

式（5.11）即为式（5.4）的收敛解，其中 $\boldsymbol{I}$ 为单位矩阵。

为了获取有效的用户权威度分数，需要在算法实现时设定相关的参数及迭代的终止条件。本书设定参数 ζ 为经验值 $\zeta=0.85$，$\boldsymbol{\pi}$ 服从均匀分布，即 $\pi_i=1/|U|$；迭代的终止条

件为：用户权威度向量 $\boldsymbol{\tau}^{(n+1)}$ 和 $\boldsymbol{\tau}^{(n)}$ 满足 $\|\boldsymbol{\tau}^{(n+1)}-\boldsymbol{\tau}^{(n)}\|_2/\|\boldsymbol{\tau}^{(n)}\|\leqslant\psi$，$\psi$ 为预先设定的阈值，实验中设定 ψ 为经验值 $\psi=0.001$。

5.3.2 融合社会关系的用户加权标签 LDA 模型

从用户的社会关系中获取用户的权威度分数对于改进基于用户的标签聚类具有十分重要的作用。从相似度方面看，传统基于用户的标签相似度测量（如基于用户的向量空间模型）方法大都假设用户之间是相互独立的，在测量标签相似度时没有考虑用户之间的关系，这种独立性假设使得获取的相似度不能准确地表达标签的语义相关性；从主题模型上看，基于用户的标签主题模型中同样假设用户之间是相互独立的，仅从用户使用标签的频次上发现标签的潜在主题，而用户之间的社会关系对于主题的识别具有重要的作用，可以假设的是，如果某一用户被大多数用户建立了社会关系，那么该用户所标注的标签在主题表达上更具有普遍性。因此，权威度分数越高的用户，其标注行为及其中蕴含的知识（标签的语义相关性、标签的主题）越容易得到传播和扩散。如何将用户社会关系应用到标签的聚类中呢？本书考虑将获取的用户权威度分数直接加权到“用户-标签”的二元标注关系中，并使用 LDA 模型来建模基于用户加权的标签主题。

设社会化标注系统中有 U 个 Web 用户和 T 个标签，每一个用户的标注行为视为一个文本文档，将其表示为频次向量的形式：$\boldsymbol{V}_T(u)=[t_1,v(t_1,u);t_2,v(t_2,u);\cdots;t_i,v(t_i,u);\cdots;t_T,v(t_T,u)]$，其中 $v(t_i,u)$表示用户 u 使用标签 t_i 进行标注的频次。设由用户社会关系获取的用户 u 的权威度分数为 τ_u，则用户标注行为的加权表示形式为：$g\_V_T(u)=[t_1,gv(t_1,u);t_2,gv(t_2,u);\cdots;t_i,gv(t_i,u);\cdots;t_T,gv(t_T,u)]$，其中 $gv(t_i,u)$代表标签 t_i 在用户 u 中的加权标注频次，其计算公式如式（5.12）所示。

$$gv(t_i,u)=\mathrm{Round}\left(\frac{\tau_u}{\min(\boldsymbol{\tau})}\times \mathrm{v}(\mathrm{t_i},\mathrm{u})\right) \tag{5.12}$$

主题模型使用特征的出现频次为每个主题分配概率，5.3.2 节使用的基于随机游走的用户权威度排序方法是以均匀分布作为初始分数，经过迭代学习后各节点的权威度分数都小于零且分值较小，直接将该分数加权到用户的标注行为上，不能保证加权后的频次为整数且加权后的总出现频次降低了。因此，为了满足加权的需要，在不改变权威度分数之权重比例的情况下，利用权威度分数的最小值对每个用户的权威度分数进行定制；将定制的用户权威度分数与标签的被标注次数加权取整，其加权结果最大可能地保留了用户社会关系的影响，提高了权威用户低频标签在主题分配上的能力，降低了普通用户高频标签在主题表达上的权重。

基于用户加权的标签 LDA 模型（Tag LDA Model Based on User Weighted）及其聚类方法如图 5.3 所示。在基于用户加权的标签 LDA 模型中，用户生成顺序的假设与 4.3.2.2 节的方法一致，只是其可观测的变量为加权后的标签，即使用多项式分布来采样标签时采样加权后的标签 t_{un}^{w}；其采样公式与 4.3.2.2 节中的式（4.21）相同。

对于给定的“用户-标签”二元标注关系数据集合 $UT=\{\langle u,t\rangle \mid u\in U,t\in T\}$及用户的社会关系图 $G=(U,E,\boldsymbol{W})$，融合用户社会关系的标签 LDA 模型及其聚类方法的主要步骤如下：

步骤 1：利用基于随机游走的方法从用户的社会关系图 G 中计算每个用户 u 的权威度分

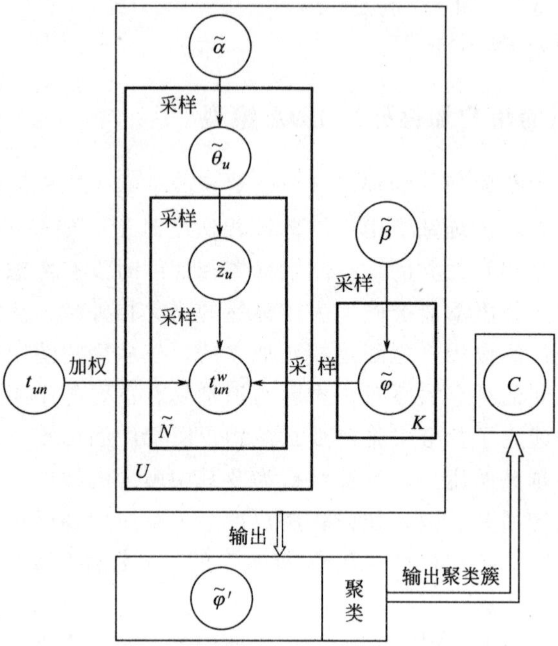

图 5.3 基于用户加权的标签 LDA 模型及其聚类方法

数 τ_u；

步骤 2：从 UT 数据集合中为每个用户 u 统计其使用的标签及标签的使用次数 $\mathbf{V}_T(u)=[t_1,g(t_1,u);t_2,g(t_2,u);\cdots;t_i,g(t_i,u);\cdots;t_T,g(t_T,u)]$；

步骤 3：使用式（5.12）为每个用户的标注频次进行加权，建立“加权的用户-标签语料库（**WUTC：Weighted User-Tag Corpus**）”；

步骤 4：在“加权的用户-标签语料库”上建立基于用户加权的标签 LDA 模型；

步骤 5：依据 4.3.2.2 节中的式（4.21），采用吉布斯采样算法，从“加权的用户-标签语料库”中学习得到 K 个基于用户加权的标签隐含主题及所有标签在这 K 个主题上的概率分布；

步骤 6：根据标签在这 K 个主题上的最大隶属概率判定标签的类别，形成 K 个聚类簇。

5.3.3 实验与分析

5.3.3.1 用户社会关系的采集

本节仍然使用 CiteULike 和 Bibsonomy 这两个数据集进行实验。3.6.1 节介绍了两个数据集的基本统计特征，这里简单介绍一下这两个数据集中用户社会关系的采集过程。对于 CiteULike 数据集，从 CiteULike 系统的“Connections”接口获取数据集中每个用户的链接关系，移除那些孤立的用户，确保 CiteULike 数据集中的 4824 个用户都存在着一定的链接关系。经过整理，该数据集中共包含 78637 个链接关系，平均每个用户有 16.3 个链接关系。Bibsonomy 系统不提供可以访问用户社会关系的接口，但是 Bibsonomy 系统在每一个用户的主页上给出与该用户相似的用户（Similar Users），这些相似用户是系统根据用户的标注，计算用户之间的“Cosine”“Jaccard”“TF-IDF”和“Folkrank”等相似度所获取的具有较高相似度的用户。可以假设，用户会对系统给出的相似用户产生浓厚的兴趣，对这些相似用户的主页进行关注、访问或将其添加为好友。基于上述的假设，对于 Bibsonomy 数据集，从用户的主页中获取该用户的“Similar Users”列表，在该用户与他的相似用户之间建立指向相似用户的社会关系，同样移除那些没有任何社会关系的用户，确保 Bibsonomy 数据集中的 1983 个用户都存在着一定的社会关系。经过整理，该数据集中共包含 36835 个社会关系，每个用户平均具有 18.6 个社会关系。用户社会关系的统计信息如表 5.1 所示。

表 5.1 用户社会关系的统计信息

集合名称	用户数	社会关系数	用户平均社会关系数
CiteULike	4824	78637	16.3
Bibsonomy	1983	36835	18.6

5.3.3.2 基于用户加权的标签 LDA 模型的评价

基于用户加权的标签 LDA 模型在学习标签的主题时需要为各参数设定初始值，这里的参数设置与 4.4.1 节一致，即设定 $\tilde{\alpha}$ 取经验值 $\tilde{\alpha}=50/K$，$\tilde{\beta}$ 取经验值 $\tilde{\beta}=0.01$，迭代次数设定为迭代 1000 次。为了验证基于用户加权的标签 LDA 模型的主题表达性能，使用第 4 章给出的主题平均相似度对基于用户加权的标签 LDA 模型和第 4 章给出的基于用户的标签 LDA 模型进行比较。图 5.4 展示了 CiteULike 数据集上基于用户加权的标签 LDA 模型和基于用户的标签 LDA 模型的主题平均相似度；图 5.5 展示了 Bibsonomy 数据集上基于用户加权的标签 LDA 模型和基于用户的标签 LDA 模型的主题平均相似度。与第 3 章和第 4 章的设定相同，这里设定 CiteULike 数据集上的主题个数为 $k=20$、$k=40$、$k=60$、$k=80$、$k=100$、$k=120$、$k=140$、$k=160$、$k=180$、$k=200$；Bibsonomy 数据集上的主题个数设定为 $k=30$、$k=60$、$k=90$、$k=120$、$k=150$、$k=180$、$k=210$、$k=240$、$k=270$、$k=300$。

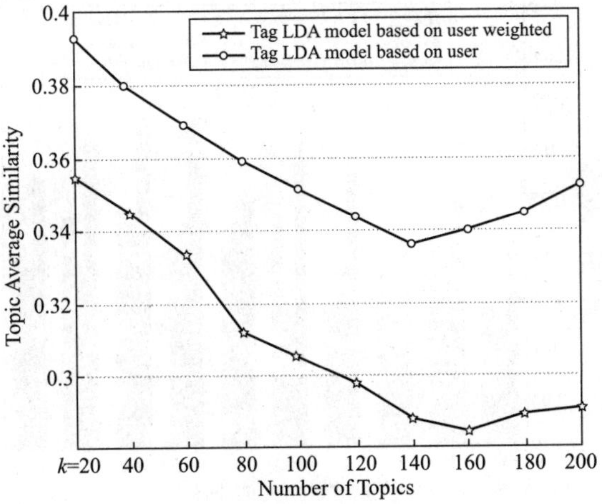

图 5.4 CiteULike 数据集上基于用户加权的标签 LDA 和基于用户的标签 LDA 的主题平均相似度比较

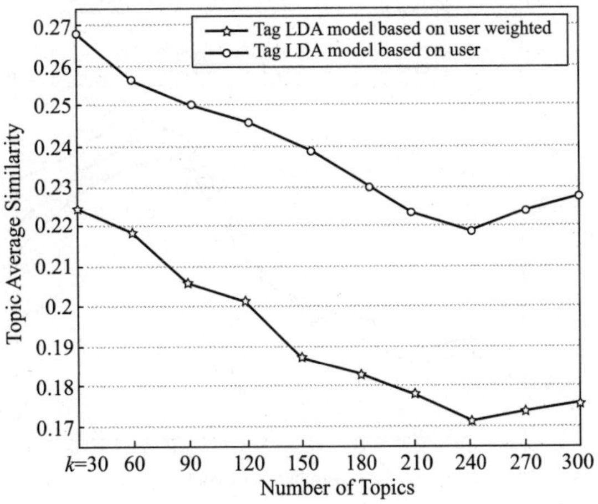

图 5.5 Bibsonomy 数据集上基于用户加权的标签 LDA 和基于用户的标签 LDA 的主题平均相似度比较

从图 5.4 和图 5.5 中可以看出，在 CiteULike 和 Bibsonomy 这两个数据集上，基于用户加权的标签 LDA 模型的主题平均相似度优于基于用户的标签 LDA 模型的主题平均相似度，表明了基于用户加权的标签 LDA 模型获取的主题比未加权的标签 LDA 模型具有更好的主题表达能力。其原因在于利用用户的社会关系对“用户-标签”的二元标注关系进行的加权改进了 LDA 模型的独立性假设，有效地区分了高频标签和低频标签之间的差异。

5.3.3.3 融合社会关系的用户加权标签 LDA 聚类结果的评价

5.3 节提出融合用户社会关系的标签 LDA 模型并利用该模型实现标签的聚类，主要使用用户的社会关系来获取用户的权威度分数，并将该分数加权到“用户-标签”的二元标注关系中建立 LDA 主题模型，通过学习得到标签的隐含主题并根据标签在主题上的最大隶属概率来聚类标签。这里称这种聚类方法为基于用户加权的标签 LDA 聚类方法（Tag LDA Clustering Method Based on User Weighted，简写为：**T-LDA-U-W**）。为了验证该聚类方法的有效性，同样使用第 3 章给出的内部评价指标（SC、Dunn 和 DB）和外部评价指标（基于搜索引擎的评价）对基于用户加权的标签 LDA 聚类方法的聚类结果进行评价。

这里，将基于用户加权的标签 LDA 聚类方法获取的聚类结果与第 4 章描述的基于用户的标签 LDA 聚类方法（**T-LDA-U**）获取的聚类结果进行比较。首先需要确定内部评价时所需的标签之间的相似度，和 4.4.2.1 节一致，**T-LDA-U** 方法使用标签的用户向量空间模型（T_U_VSM）相似度和标签的用户共现（T_U_COO）相似度作为评价的依据，而 **T-LDA-U-W**方法使用用户的社会关系对“用户-标签”的二元标注关系进行加权并聚类标签。因此，从加权后的二元标注关系中建立向量空间模型并利用式（3.5）和式（3.6）计算标签的两两相似度，称为标签的用户加权向量空间模型（T_U_W_VSM：Tag's User Weighted VSM）相似度，并将该相似度作为评价 **T-LDA-U-W** 方法的依据。

图 5.6～图 5.8 展示了 CiteULike 数据集上 **T-LDA-U-W** 方法与 **T-LDA-U** 方法在内部评价指标（SC、Dunn 和 DB）上的比较。

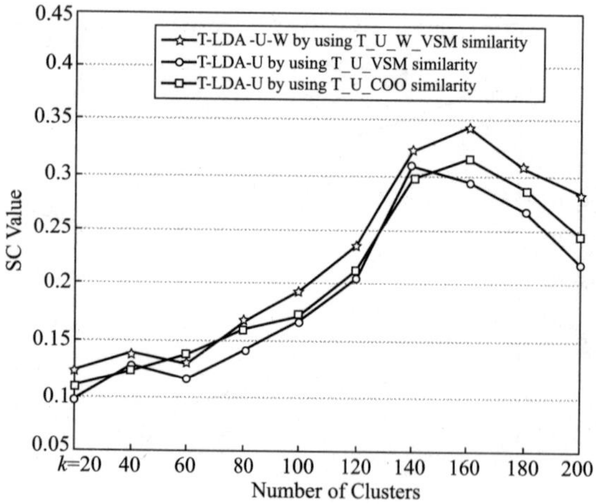

图 5.6 CiteULike 数据集上 T-**LDA-U-W** 方法使用 T_U_W_VSM 相似度、**T-LDA-U** 方法使用 T_U_VSM 和 T_U_COO 相似度评价时 SC 值的比较

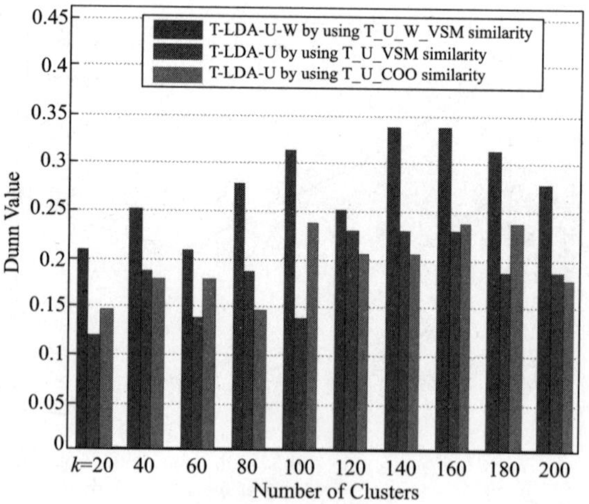

图 5.7 CiteULike 数据集上 **T-LDA-U-W** 方法使用 T_U_W_VSM 相似度、**T-LDA-U** 方法使用 T_U_VSM 和 T_U_COO 相似度评价时 Dunn 值的比较

从图 5.6～图 5.8 中可以看出，对于 CiteULike 数据集，使用 T_U_W_VSM 相似度评价 **T-LDA-U-W** 方法时，内部评价指标 SC、Dunn 和 DB 的值优于使用标签的用户向量空

间模型（T _ U _ VSM）相似度和标签的用户共现（T _ U _ COO）相似度分别对 **T-LDA-U** 方法的评价。

图 5.9～图 5.11 展示了 Bibsonomy 数据集上 **T-LDA-U-W** 方法与 **T-LDA-U** 方法在内部评价指标（SC、Dunn 和 DB）上的比较。

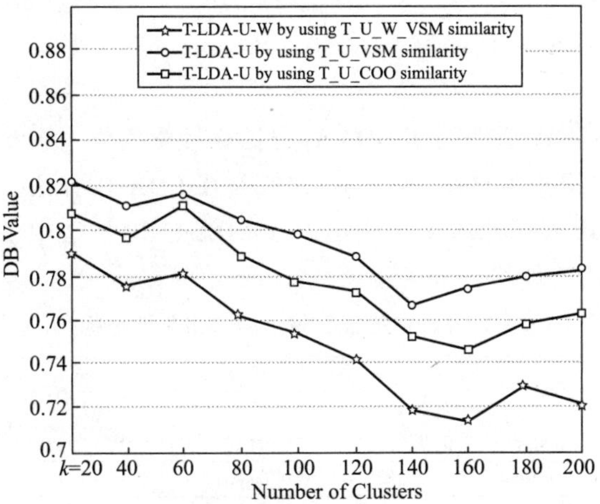

图 5.8 CiteULike 数据集上 **T-LDA-U-W** 方法使用 T _ U _ W _ VSM 相似度、**T-LDA-U** 方法使用 T _ U _ VSM 和 T _ U _ COO 相似度评价时 DB 值比较

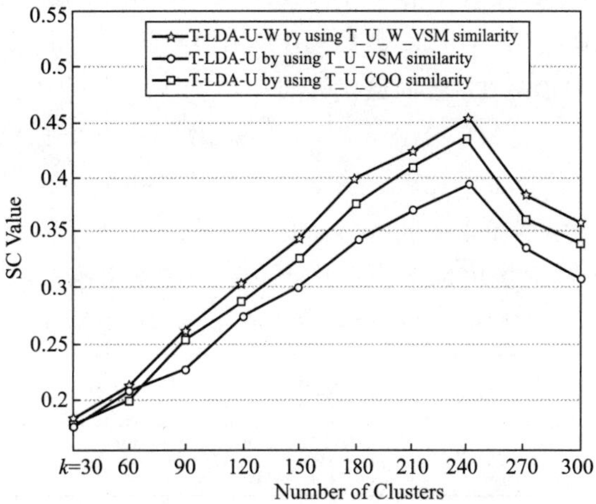

图 5.9 Bibsonomy 数据集上 **T-LDA-U-W** 方法使用 T _ U _ W _ VSM 相似度、**T-LDA-U** 方法使用 T _ U _ VSM 和 T _ U _ COO 相似度评价时 SC 值比较

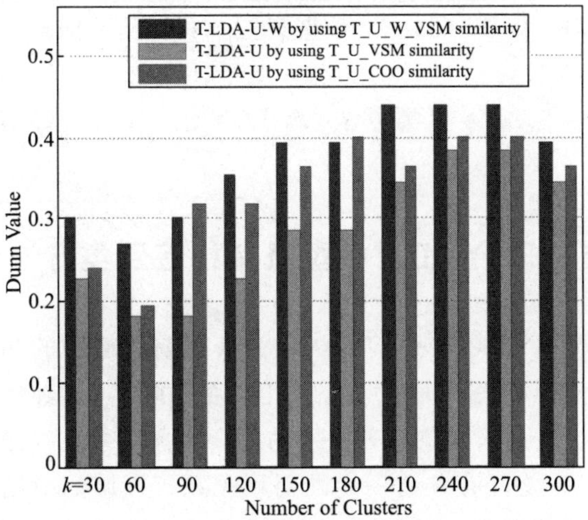

图 5.10 Bibsonomy 数据集上 **T-LDA-U-W** 方法使用 T _ U _ W _ VSM 相似度、**T-LDA-U** 方法使用 T _ U _ VSM 和 T _ U _ COO 相似度评价时 Dunn 值的比较

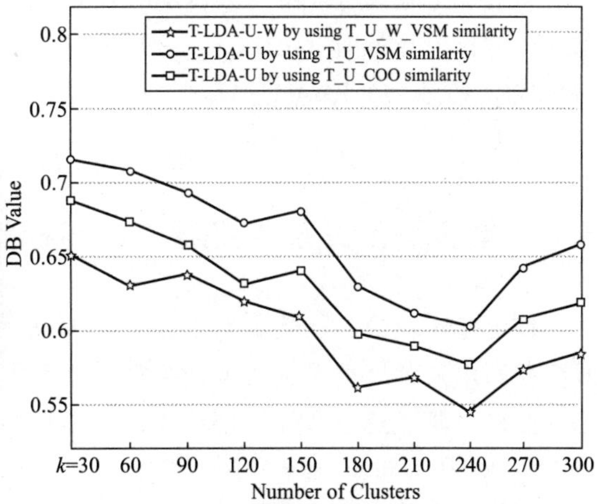

图 5.11 Bibsonomy 数据集上 **T-LDA-U-W** 方法使用 T _ U _ W _ VSM 相似度、**T-LDA-U** 方法使用 T _ U _ VSM 和 T _ U _ COO 相似度评价时 DB 值比较

同样地，对于 Bibsonomy 数据集，从图 5.9～图 5.11 中可看出，**T-LDA-U-W** 方法在三个内部评价指标 SC、Dunn 和 DB 的值优于使用标签的用户向量空间模型（T _ U _ VSM）和标签的用户共现（T _ U _ COO）相似度分别对 **T-LDA-U** 方法的评价。

图 5.6～图 5.11 表明，在使用内部评价指标对 **T-LDA-U-W** 和 **T-LDA-U** 方法进行对比评价时，**T-LDA-U-W** 方法具有较好的聚类效果；图 5.6～图 5.11 也表明，在标签相似性的

测度上，利用用户的社会关系对“用户-标签”的二元标注关系进行加权之后，基于用户的标签相似度的精准性能够得到较好的提升。

下面利用基于搜索引擎的外部评价指标对 **T-LDA-U-W** 方法和 **T-LDA-U** 方法进行对比评价。使用 SC 指标确定 CiteULike 数据集上 **T-LDA-U-W** 方法的最优聚类个数为 $k=160$，Bibsonomy 数据集上 **T-LDA-U-W** 方法的最优聚类个数为 $k=240$；根据 4.4.2.1 节的分析，确定 CiteULike 数据集上 **T-LDA-U** 方法的最优聚类个数为 $k=160$，Bibsonomy 数据集上 **T-LDA-U**方法的最优聚类个数为 $k=240$。

表 5.2 给出了 CiteULike 数据集上 **T-LDA-U-W** 方法与 **T-LDA-U** 方法在搜索引擎上各相关性指标的比较；表 5.3 给出了 Bibsonomy 数据集上 **T-LDA-U-W** 方法与 **T-LDA-U** 方法在搜索引擎上各相关性指标的比较。这里仍然采用内部抽取的形式抽取 **T-LDA-U-W** 方法中的 500 对类内标签检索并计算基于搜索引擎的各相关性指标的平均值。

表 5.2　CiteULike 数据集上 T-LDA-U-W 方法和 T-LDA-U 方法在搜索引擎上的各相关性指标

数据集	聚类方法	聚类个数	抽取方式	评价指标		
				Avg	Max	Min
CiteULike	**T-LDA-U-W**	**160**	**Intra Cluster**	**0.01863**	**0.01588**	**0.17953**
	T-LDA-U	160	Intra Cluster	0.01685	0.01457	0.16216

表 5.3　Bibsonomy 数据集上 T-LDA-U-W 方法和 T-LDA-U 方法在搜索引擎上的各相关性指标

数据集	聚类方法	聚类个数	抽取方式	评价指标		
				Avg	Max	Min
Bibsonomy	**T-LDA-U-W**	**240**	**Intra Cluster**	**0.02324**	**0.01967**	**0.33472**
	T-LDA-U	240	Intra Cluster	0.01964	0.01688	0.30327

从表 5.2 和表 5.3 中可以看出，在 CiteULike 和 Bibsonomy 数据集上，利用基于搜索引擎的外部评价指标对 **T-LDA-U-W** 方法与 **T-LDA-U** 方法进行对比时，基于用户加权的标签 LDA 聚类方法（**T-LDA-U-W**）比基于用户的标签 LDA 聚类方法（**T-LDA-U**）具有更好的聚类效果。

5.4　融合引用关系的资源内容与标签的联合 LDA 模型及其标签聚类方法

传统基于资源的标签聚类方法，主要从“资源-标签”之间的二元关系中获取标签的相似度并利用某种聚类算法实现其聚类。该类方法同样假设资源之间是相互独立的，这种独立性的假设忽略了资源之间的相互关系。而在以提供学术共享服务为主的社会化标注系统（如 CiteULike 和 Bibsonomy）中，资源（学术文献）之间存在着一定的引用关系，资源的引用关系能够扩大社会化标签的影响范围。从“资源-标签”之间的二元关系来看，那些具有高被引用次数的资源被标注的标签在标签的语义或主题表达上应该具有更加普遍的意义。此外，传统的基于资源的标签聚类方法没有考虑使用资源的内容，而资源的内容与资源的标签之间具有重要的联系：标签可能与资源的某些特征词一致，或是资源内容的抽象，或是资源的某些特征词的组合、缩写，资源的内容与资源的标签在概念和主题上的表达具有同一性的特点。因此，本节考虑融合资源的内容和资源的引用关系来实现标签的聚类，即通过建模资源的引用关系并对其进行链接分析来获取资源的权威度分数，将其加权到“资源-标签”的二元标注关系及资源的内容（资源的特征词）上，基于资源的词和资源的标签具有相同的主题这一假设，建立资源的词与标签的联合主题模型，并利用该模型实现标签的聚类。

5.4.1 资源引用关系建模及其链接分析

5.4.1.1 资源引用关系建模

资源（学术文献）之间存在着引用关系，与 5.3.1 节一样，在建模社会化标注系统中的资源引用关系时，将其建模成一个有向图：对于某个资源 r_i，如果有其它资源 r_j 引用了资源 r_i，则为资源 r_i 和 r_j 之间添加一条指向 r_i 的有向边；如果资源 r_i 引用了资源 r_k，则为资源 r_i 和 r_k 之间添加一条指向 r_k 的有向边。需要说明的是，由于学术文献的发表具有先后顺序，因此如果资源 r_i 和 r_j 之间存在着引用关系，则该引用关系是一个单向关系。对资源引用关系进行建模之后，社会标注系统中"资源-标签"之间的二元标注图模型可以由图 5.12（a）改进为图 5.12（b）的形式。

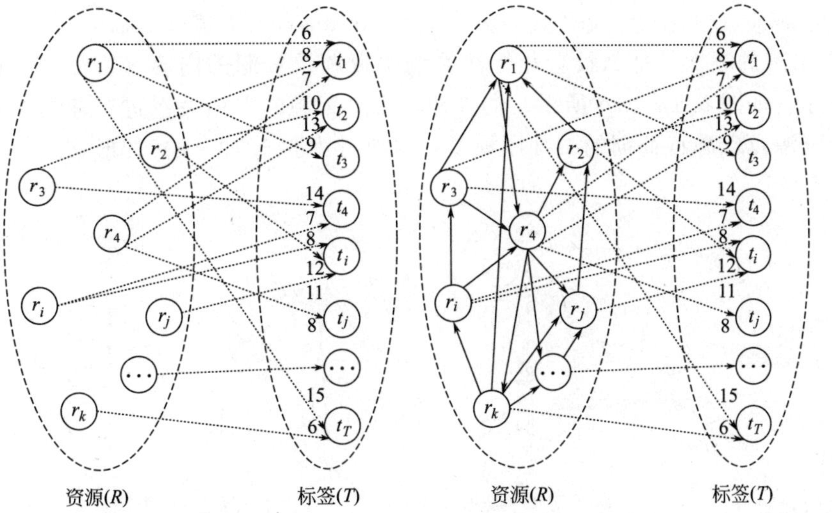

(a) "资源-标签" 二元标注图模型　　(b) 融合引用关系的 "资源-标签" 二元标注图模型

图 5.12　"资源-标签" 二元标注图模型的不同表示形式

5.4.1.2 基于随机游走的资源引用关系链接分析

通过建模资源之间的引用关系，可以构建以资源为顶点，以资源之间的引用关系为边的资源引用关系图。仍然对资源的引用关系图进行链接分析，从资源的引用关系图中获取资源的权威度分数及其排序。如果一个资源被其它具有较高权威度的资源所链接，那么该资源本身也应该具有较高的权威度。利用资源之间的权威度互增强关系来计算资源的权威度分数，每一个链接关系都被视作一个互增强的关系，所有的链接关系都被用来传播资源的权威度。设资源的引用关系图为 $G=(R, E, \boldsymbol{W})$，其中 $R=\{r_1, r_2, \cdots, r_R\}$ 为资源的集合，$E \subseteq R \times R$ 为资源之间的链接关系集合，$\boldsymbol{W}$ 为 R 的邻接矩阵，转移概率矩阵 $\boldsymbol{P}$ 是邻接矩阵 $\boldsymbol{W}$ 的行随机矩阵；与 5.3.1.2 节获取用户权威度分数的方法一样，采用基于随机游走的方法从资源的引用关系中获取资源的权威度分数。这里仅给出获取资源权威度分数的相关表示公式，如式（5.13）和式（5.14）所示，公式的具体推导与证明过程与 5.3.1.2 节相同。

$$\tilde{\boldsymbol{\omega}}^{(n)}=\zeta \boldsymbol{P} \tilde{\boldsymbol{\omega}}^{(n-1)}+(1-\zeta) \boldsymbol{\sigma} \tag{5.13}$$

$$\tilde{\boldsymbol{\omega}}^{(\infty)}=(1-\zeta)(\boldsymbol{I}-\zeta\boldsymbol{P})^{-1}\boldsymbol{\sigma} \tag{5.14}$$

式（5.13）表示利用随机游走方法第 n 次迭代时所有资源的权威度分数，$\tilde{\boldsymbol{\omega}}^{(n)}\equiv[\tilde{\boldsymbol{\omega}}_i^{(n)}]_{|R|\times 1}$是权威度分数向量，$\zeta$ 是设定的初始游走概率，$\boldsymbol{\sigma}$ 是预设的所有资源上的概率分布；式（5.14）是式（5.13）的收敛解，$\boldsymbol{I}$ 为单位矩阵。实验时设定 $\zeta=0.85$，$\boldsymbol{\sigma}$ 服从均匀分布，即 $\boldsymbol{\sigma}_i=1/|R|$，迭代的终止条件为：资源权威度向量 $\tilde{\boldsymbol{\omega}}^{(n+1)}$ 和 $\tilde{\boldsymbol{\omega}}^{(n)}$ 满足 $\|\tilde{\boldsymbol{\omega}}^{(n+1)}-\tilde{\boldsymbol{\omega}}^{(n)}\|_2/\|\tilde{\boldsymbol{\omega}}^{(n)}\|\leqslant 0.001$。

5.4.2 资源内容的表示

假设社会化标注系统的标注数据集合中有 R 个 Web 资源，这 R 个 Web 资源共包含有 W 个特征词（Feature Word），这里使用 w（Word）来表征每一个特征词。将每一个资源视为一个文本文档，用频次向量的形式表示资源及其特征词出现的次数，$\boldsymbol{V}_W(r)=[w_1,v(w_1,r);w_2,v(w_2,r);\cdots;w_i,v(w_i,r);\cdots;w_W,v(w_W,r)]$，其中 $v(w_i,r)$ 表示资源 r 中特征词 w_i 出现的频次。那么社会化标注系统中资源及资源的内容（特征词）可以用一个二部图来描述，如图 5.13（a）所示。同样地，在对资源的引用关系进行建模之后，社会化标注系统中资源及资源特征词的二部图模型可以改进为图 5.13（b）的形式。

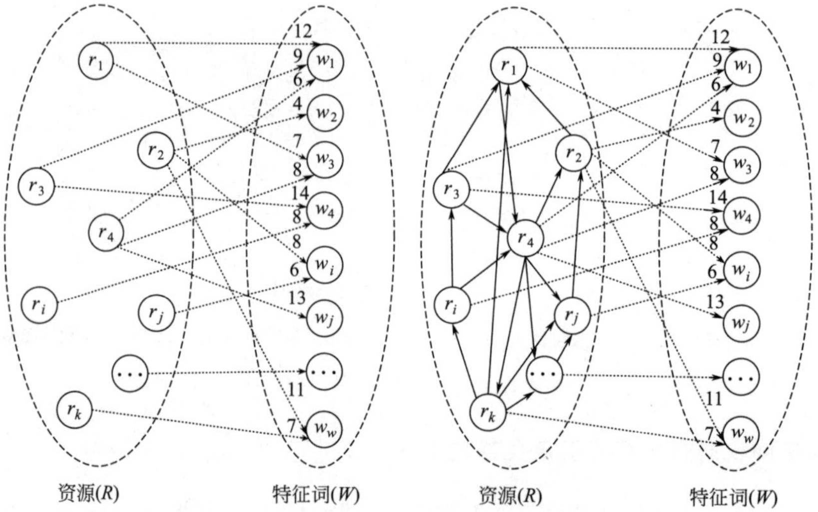

(a)“资源-特征词”二部图模型　　(b)融合引用关系的“资源-特征词”二部图模型

图 5.13　“资源-特征词”二部图模型的不同表示形式

5.4.3 基于资源加权的词与标签的联合 LDA 模型

同样地，从资源的引用关系中获取资源的权威度分数对于改进基于资源的标签聚类具有十分重要的作用。传统基于资源的标签聚类方法也都假设资源之间是相互独立的，这种独立性的假设没有考虑资源自身的重要程度，对基于资源的标签相似度测量或基于资源的标签主题发现具有不利的影响。可以想象的是，那些具有高被引关系的资源能够表达更加普遍的思想和概念，因此，权威度分数越高的资源中所蕴含的知识（主题、语义结构）越容易被人们发现、利用并得到传播和创新。资源中蕴含的知识体现在资源的内容（特征词）和资源被标注的标签中，为了有效地利用资源的引用关系来发现标签中的聚类知识，本节考虑将获取的资源权威度分数直接加权到“资源-标签”和“资源-特征词”这两个二元关系中。由于资源的特征词和资源的标签都隶属于资源，资源的标签和资源的特征词具有诸如相同、相似、组合、缩写等重要联系，因此可以假设资源的标签和资源的特征词具有相同的隐含主题，即资源的标签和资源的特征词在主题层级具有同一性，资源的隐含主题成为连接资源的标签和资源的特征词的纽带。基于这种假设，利用 LDA 模型建立基于资源加权的词与标签的联合主题模型，并根据该模型实现标签的聚类。

设社会化标注系统中有 R 个 Web 资源和 T 个标签，每一个资源及其被标注的标签视为一个文本文档，将其表示为标签的频次向量形式：$\mathbf{V}_T(r)=[t_1,v(t_1,r);t_2,v(t_2,r);\cdots;t_i,v(t_i,r);\cdots;t_T,v(t_T,r)]$。其中 $v(t_i,r)$表示资源 r 被标签 t_i 所标注的频次。设由资源引用关系获取的资源 r 的权威度分数为 $\tilde{\omega}_r$，则资源的被标注结果的加权表示形式为：$g\_V_T(r)=[t_1,gv(t_1,r);t_2,gv(t_2,r);\cdots;t_i,gv(t_i,r);\cdots;t_T,gv(t_T,r)]$。其中 $gv(t_i,r)$代表资源 r 中标签 t_i 的加权标注频次，其计算公式与用户标注行为的加权计算公式（5.12）类似，如式（5.15）所示：

$$gv(t_i,r)=\text{Round}\left(\frac{\tilde{\omega}_r}{\min(\tilde{\boldsymbol{\omega}})}\times v(t_i,r)\right) \tag{5.15}$$

同样地，根据资源内容的表示形式，R 个资源共包含 W 个特征词，其频次向量为 $\mathbf{V}_W(r)=[w_1,v(w_1,r);w_2,v(w_2,r);\cdots;w_i,v(w_i,r);\cdots;w_W,v(w_W,r)]$，$v(w_i,r)$表示资源 r 中特征词 w_i 出现的频次；资源 r 的权威度分数为 $\tilde{\omega}_r$，资源及其特征词的加权表示形式为：$g\_V_W(r)=[w_1,gv(w_1,r);\cdots;w_i,gv(w_i,r);\cdots;w_W,gv(w_W,r)]$。$gv(w_i,r)$代表资源 r 中特征词 w_i 的加权出现频次，其计算公式如式（5.16）所示：

$$gv(w_i,r)=\text{Round}\left(\frac{\tilde{\omega}_r}{\min(\tilde{\boldsymbol{\omega}})}\times v(w_i,r)\right) \tag{5.16}$$

上述式（5.15）和式（5.16）同样是在不改变权威度分数权重比例的情况下，利用权威度分数的最小值对每个资源的权威度分数进行定制，将定制的资源权威度分数与资源的词和标签的出现频次加权并取整。其加权结果最大可能地保留了资源引用关系的影响力，提高了权威资源低频标签和低频词在主题表达上的能力，降低了非权威资源的高频词和高频标签在主题分配上的权重。

基于资源加权的词与标签的联合 LDA 模型（Joint LDA Model of Word and Tag Based on Resource Weighted）及其标签聚类方法如图 5.14 所示。基于资源加权的词与标签的联合 LDA 模型首先根据资源引用关系获取的资源权威度对“资源-标签”的二元标注关系和“资源-特征词”的二元关系进行加权，然后在 LDA 模型中同时引入加权后的词特征和标签，即一个资源既含有词特征又含有标签特征。假设资源的词和资源的标签具有相同的隐含主题，每个词和每个标签都对应着一个隐含主题，而这些隐含的主题都是从资源对应的隐含主题分布中采样所获取的。这里把加权后既含有词又含有标签的资源集合称为“加权的资源-词-标签语料库（**WRWTC：Weighted Resource-Word-Tag Corpus**）”。已知社会化标注系统中有 R 个资源，T 个标签和 W 个特征词，假设存在着 K 个隐含的主题，则基于资源加权的词与标签的联合 LDA 模型，假设一个既含有词又含有标签的资源是按照下面的顺序生成的：

（1）对于整个“加权的资源-词-标签语料库（**WRWTC**）”。

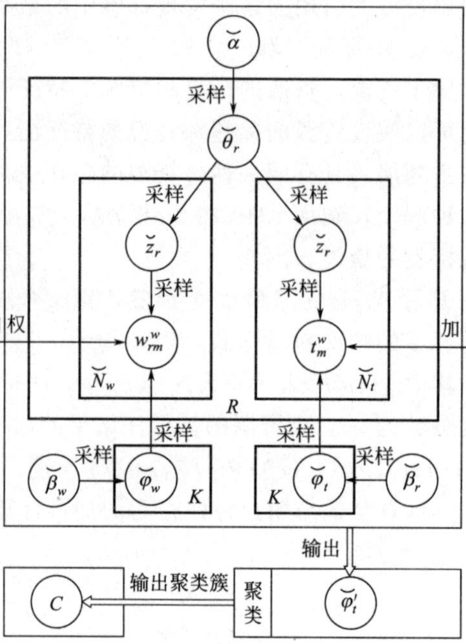

图 5.14　基于资源加权的词与标签的联合 LDA 模型及其标签聚类方法

(2) 从参数为$\breve{\beta}_w$的 Dirichlet 分布 Dir($\breve{\beta}_w$) 中采样隐含主题生成词的分布参数$\breve{\varphi}_w$。

(3) 从参数为$\breve{\beta}_t$的 Dirichlet 分布 Dir($\breve{\beta}_t$) 中采样隐含主题生成标签的分布参数$\breve{\varphi}_t$。

1) 对于某一资源 r。

2) 从参数为$\breve{\alpha}$的 Dirichlet 分布 Dir($\breve{\alpha}$) 中采样资源 r 的隐含主题分布参数$\breve{\theta}_r$。

3) 从参数为$\breve{\lambda}_w$的泊松分布 Pois($\breve{\lambda}_w$) 中采样资源 r 的词特征长度（词数）$\breve{N}_w$。

4) 从参数为$\breve{\lambda}_t$的泊松分布 Pois($\breve{\lambda}_t$) 中采样资源 r 的标签长度（标签数）$\breve{N}_t$。

5) 对于$\breve{N}_w$个词中的第 m 个词，$m\in[0, \breve{N}_w)$。

① 从参数为$\breve{\theta}_r$的多项式分布 Mult($\breve{\theta}_r$) 中采样一个隐含主题$\breve{z}_{rm}$。

② 从当前主题$\breve{z}_{rm}$所决定的多项式分布 Mult($\breve{\varphi}_{\omega}{}^{\breve{z}_{rm}}$) 中采样一个加权后的词 w_{rm}^{w}。

6) 对于$\breve{N}_t$个词中的第 n 个标签，$n\in$ [0, $\breve{N}_t$)。

① 从参数为$\breve{\theta}_r$的多项式分布 Mult($\breve{\theta}_r$) 中采样一个隐含的主题$\breve{z}_{rn}$。

② 从当前主题$\breve{z}_{rn}$所决定的多项式分布 Mult($\breve{\varphi}_i{}^{\breve{z}_{rn}}$) 中采样一个加权后的标签 t_{rn}^{w}。

基于资源加权的词与标签的联合 LDA 模型中的隐含变量为每个标签和词所对应的隐含主题。在每次的迭代学习中，更新一个标签或一个词的隐含主题，保持其它主题的分配不变，对于一个给定的标签或词，其采样过程仍然是利用其它标签和词及其在当前隐含主题下的分布来决定给定的标签或词的隐含主题分布。式（5.17）和式（5.18）给出了基于资源加权的词与标签的联合 LDA 模型的吉布斯采样公式。

$$p(\breve{z}_{t_i}=k\,|\,\breve{\boldsymbol{Z}}_{RT}^{\neg i},\boldsymbol{T},\breve{\boldsymbol{W}},\boldsymbol{\Theta})\propto\frac{N_{kt_i}^{\neg i}+\breve{\beta}_t}{N_k^{\neg i}+(T+W)\breve{\beta}_t}\times\frac{N_{kr}^{\neg i}+\breve{\alpha}}{N_r^{\neg i}+K\,\breve{\alpha}} \tag{5.17}$$

$$p(\breve{z}_{w_i}=k\,|\,\breve{\boldsymbol{Z}}_{RW}^{\neg i},\breve{\boldsymbol{T}},\breve{\boldsymbol{W}},\boldsymbol{\Theta})\propto\frac{N_{kw_i}^{\neg i}+\breve{\beta}_w}{N_k^{\neg i}+(T+W)\breve{\beta}_w}\times\frac{N_{kr}^{\neg i}+\breve{\alpha}}{N_r^{\neg i}+K\,\breve{\alpha}} \tag{5.18}$$

式（5.17）和式（5.18）中各符号的说明如下：$\breve{z}_{t_i}=k$ 表示标签 t_i 的主题为 k，$\breve{\boldsymbol{T}}=\{\boldsymbol{t}_r\}_{r=1}^{R}$ 表示资源的全部标签，$\breve{\boldsymbol{Z}}_{RT}=\{\breve{\boldsymbol{z}}_r^t\}_{r=1}^{R}$ 表示所有标签的主题，其中 $\boldsymbol{z}_r^t=\{\breve{z}_{rn}\}_{n=1}^{T}$；$\breve{z}_{w_i}=k$ 表示词 w_i 的主题为 k，$\breve{\boldsymbol{W}}=\{\boldsymbol{w}_r\}_{r=1}^{R}$ 表示资源的全部特征词，$\breve{\boldsymbol{Z}}_{RW}=\{\breve{\boldsymbol{z}}_r^w\}_{r=1}^{R}$ 表示所有特征词的主题，其中 $\breve{\boldsymbol{z}}_r^w=\{\breve{z}_{rm}\}_{m=1}^{W}$；$\boldsymbol{\Theta}$ 泛指所有模型的参数，$\neg i$ 表示不考虑当前标签 t_i 或当前词 w_i 的频次计数；$N_{kt_i}^{\neg i}$ 和 $N_{kw_i}^{\neg i}$ 表示在整个“加权的资源-词-标签语料库”中标签 t_i 或词 w_i 和主题 k 的共现次数，$N_k^{\neg i}$ 表示在整个“加权的资源-词-标签语料库”中主题 k 的出现次数，$N_{kr}^{\neg i}$ 表示当前资源 r（包含资源的标签和词）中含有主题 k 的频次，$N_r^{\neg i}$ 表示资源 r 中的所有标签和词的个数；K 表示主题的个数，T 和 W 分别表示“加权的资源-词-标签语料库”中标签的总个数和词的总个数，$\breve{\alpha}$ 是主题的 Dirichlet 先验分布超参数，$\breve{\beta}_t$ 和 $\breve{\beta}_w$ 分别是标签和词的 Dirichlet 先验分布超参数。根据式（5.17）和式（5.18），可以对整个“加权的资源-词-标签语料库”中“主题-标签”“主题-词”和“资源-主题”的概率进行估计。

基于资源加权的词与标签的联合 LDA 模型在对“资源-标签”和“资源-词”这两个二元关系加权的基础上使用隐含主题将资源的标签和资源的内容连接起来。隐含主题从抽象的层面概括了资源的标签和词特征，更好地抓住了标签和词之间的关系。标签在隐含主题上的采样分布和词在隐含主题上的采样分布相互依赖，经过采样迭代学习，最终的采样分布结果会逐渐收敛。基于资源加权的词与标签的联合 LDA 模型综合利用了资源的引用关系、资源的标注和资源的内容等信息，使得学习到的标签主题能够更好地表达标签之间的语义。

对于给定的“资源-标签”二元标注数据集合 $V_T(r_i)_{i=1}^{R}$，资源及其内容（“资源-特征词”）的数据集合 $V_W(r_i)_{i=1}^{R}$，及资源的引用关系图 $G=(R, E, \boldsymbol{W})$，基于资源加权的词与标签的联合 LDA 模型及其标签聚类方法的聚类步骤如下［为了便于描述，这里称这种标签聚类方法为基于资源加权的标签联合 LDA 聚类方法（Tag Joint LDA Clustering Method Based on Resource Weighted，简写为：**T-J-LDA-R-W**）］：

步骤 1：利用基于随机游走的方法从资源的引用关系图 G 中计算每个资源 r 的权威度分数 $\bar{\omega}_r$；

步骤 2：使用式（5.15）为 $V_T(r_i)_{i=1}^{R}$ 集合中每个资源 r_i 的标签标注频次进行加权，使用式（5.16）为 $V_W(r_i)_{i=1}^{R}$ 集合中每个资源 r_i 的特征词出现频次进行加权，综合这两个加权结果，建立“加权的资源-词-标签语料库（**WRWTC：Weighted Resource-Word-Tag Corpus**）”；

步骤 3：在“加权的资源-词-标签语料库”上建立资源的词与标签的联合 LDA 模型；

步骤 4：依据式（5.17）和式（5.18），采用吉布斯采样算法，从“加权的资源-词-标签语料库”中学习得到资源的 K 个隐含主题及所有标签和所有特征词分别在这 K 个隐含主题上的概率分布；

步骤 5：根据标签在这 K 个主题上的概率分布，按最大隶属原则判定每个标签的类别，形成 K 个聚类簇。

5.4.4 实验与分析

5.4.4.1 资源内容及资源引用关系的采集

本节的实验需要获取资源的内容及资源的引用关系，CiteULike 和 Bibsonomy 系统中都提供资源（学术文献）的标题和摘要等信息，所以本节的实验就从 CiteULike 和 Bibsonomy

中采集文章的标题和摘要等信息来表示资源的内容：分别从 CiteULike 和 Bibsonomy 中检索每一个资源，获取每一个资源的摘要，对其进行预处理，去掉数字、符号、停用词等内容，统计每个特征词的词频，生成每个资源的词频特征。对于资源引用关系的采集，主要利用 Google 学术搜索检索资源之间的引用关系，去除数据集中那些没有任何引用关系的资源，确保数据集中每一个资源上都具有一定的引用关系。经过上述的处理，CiteULike 数据集中的 2998 个资源共包含 8026 个特征词，总词频数为 75514，平均每个资源具有 25.2 个词频，包含 20432 个引用关系，平均每个资源具有 6.8 个引用关系；Bibsonomy 数据集中的 5012 个资源共含有 10824 个特征词，总词频数为 137633，平均每个资源包含 27.5 个词频，具有 44622 个引用关系，平均每个资源包含 8.9 个引用关系。资源内容与引用关系的统计信息如表 5.4 所示。

表 5.4　资源内容及引用关系的统计信息

集合名称	资源数	词数	总词频数	资源平均词频数	资源引用关系数	资源平均关系数
CiteULike	2998	8026	75514	25.2	20432	6.8
Bibsonomy	5012	10824	137633	27.5	44622	8.9

5.4.4.2　基于资源加权的词与标签联合 LDA 模型的评价

仍然使用第 4 章给出的主题平均相似度来验证基于资源加权的词与标签联合 LDA 模型的主题表达性能，实验时各参数的设定与 5.3.3.2 节一致，即设定 $\tilde{\alpha}$ 取经验值 $\tilde{\alpha}=50/K$，$\tilde{\beta}$ 取经验值 $\tilde{\beta}=0.01$，迭代次数设定为迭代 1000 次。基于资源加权的词与标签联合 LDA 模型生成了两类主题，包括标签的主题和词的主题，这里分别计算这两类主题的主题平均相似度并和第 4 章给出的基于资源的标签 LDA 模型获取的标签主题平均相似度进行对比。实验中设定 CiteULike 数据集上的主题个数为 $k=20$、$k=40$、$k=60$、$k=80$、$k=100$、$k=120$、$k=140$、$k=160$、$k=180$、$k=200$；Bibsonomy 数据集上的主题个数设定为 $k=30$、$k=60$、$k=90$、$k=120$、$k=150$、$k=180$、$k=210$、$k=240$、$k=270$、$k=300$。图 5.15 展示了 CiteULike 数据集上基于资源加权的词与标签联合 LDA 模型和基于资源的标签 LDA 模型的主题平均相似度；图 5.16 展示了 Bibsonomy 数据集上基于资源加权的词与标签联合 LDA 模型和基于资源的标签 LDA 模型的主题平均相似度。

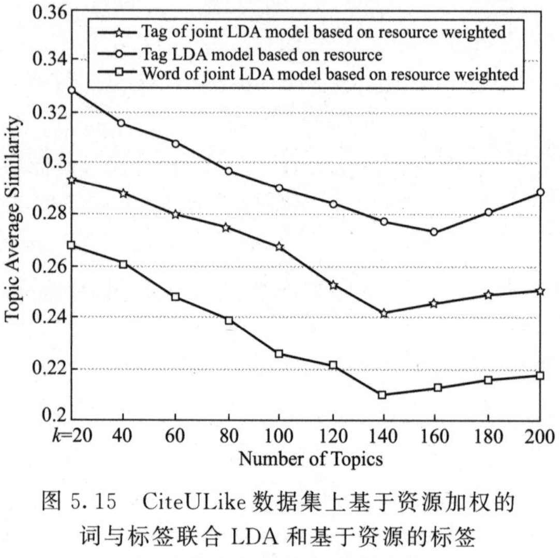

图 5.15　CiteULike 数据集上基于资源加权的词与标签联合 LDA 和基于资源的标签 LDA 的主题平均相似度比较

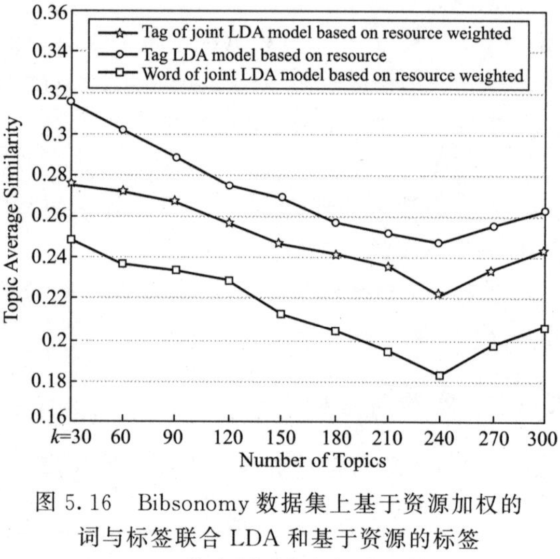

图 5.16　Bibsonomy 数据集上基于资源加权的词与标签联合 LDA 和基于资源的标签 LDA 的主题平均相似度比较

从图 5.15 和图 5.16 中可以看出，在 CiteULike 和 Bibsonomy 这两个数据集上，基于资源加权的词与标签联合 LDA 模型中标签的主题平均相似度优于基于资源的标签 LDA 模型的标签主题平均相似度，表明基于资源加权的词与标签联合 LDA 模型获取的标签主题比未加权的标签 LDA 模型获取的标签主题具有更好的主题表达能力，其原因在于加权后的模型更容易区分高低频词或标签在不同主题上的影响力。从图 5.15 和图 5.16 中还可以看出，基于资源加权的词与标签联合 LDA 模型中词的主题平均相似度优于标签的主题平均相似度，其原因可能与数据集中词和标签的分布有关。根据表 3.1 和表 5.4 可以发现，CiteULike 和 Bibsonomy 数据集中特征词在资源上的平均频次密度大于标签在资源上的平均标注密度。

5.4.4.3 基于资源加权的标签联合 LDA 聚类结果的评价

本节提出融合引用关系的资源内容与标签的联合 LDA 模型并利用该模型实现标签的聚类，称之为基于资源加权的标签联合 LDA 聚类方法（**T-J-LDA-R-W**）。为了验证该方法的有效性，使用内部评价指标（SC、Dunn 和 DB）和外部评价指标（基于搜索引擎的评价）对 **T-J-LDA-R-W** 方法的聚类结果进行评价。这里将 **T-J-LDA-R-W** 方法获取的聚类结果与第 4 章给出的基于资源的标签 LDA 聚类方法（**T-LDA-R**）获取的聚类结果进行比较。**T-J-LDA-R-W** 方法对“资源-标签”的二元标注关系进行了加权，因此，从加权后的二元标注关系中建立向量空间模型并利用式（3.3）和式（3.4）计算标签的两两相似度，称之为标签的资源加权向量空间模型（T_R_W_VSM：Tag's Resource Weighted VSM）相似度，将该相似度作为评价 **T-J-LDA-R-W** 方法的依据；而 **T-LDA-R** 方法使用标签的资源向量空间模型（T_U_VSM）相似度和标签的资源共现（T_U_COO）相似度作为评价的依据。

图 5.17～图 5.19 展示了 CiteULike 数据集上 **T-J-LDA-R-W** 方法与 **T-LDA-R** 方法在内部评价指标（SC、Dunn 和 DB）上的比较。图 5.20～图 5.22 展示了 Bibsonomy 数据集上 **T-J-LDA-R-W** 方法与 **T-LDA-R** 方法的比较。

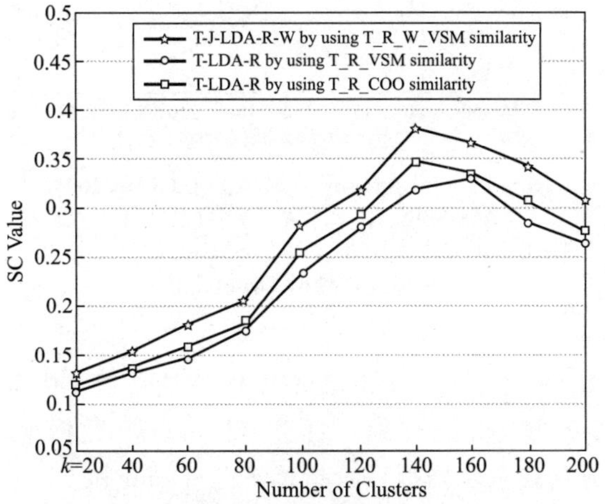

图 5.17 CiteULike 数据集上 **T-J-LDA-R-W** 方法使用 T_R_W_VSM 相似度、**T-LDA-R** 方法使用 T_R_VSM 和 T_R_COO 相似度评价时 SC 值的比较

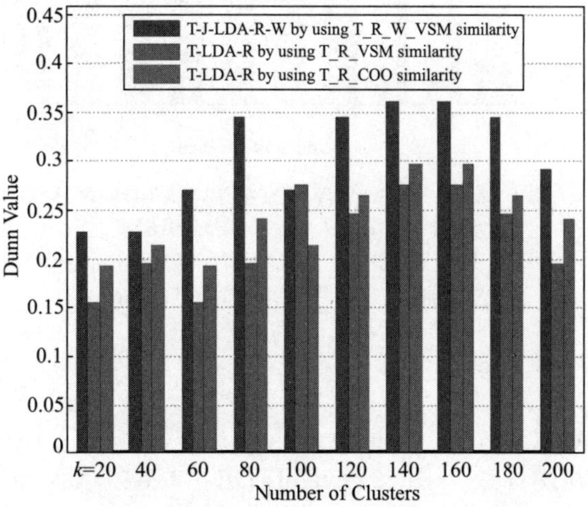

图 5.18 CiteULike 数据集上 **T-J-LDA-R-W** 方法使用 T_R_W_VSM 相似度、**T-LDA-R** 方法使用 T_R_VSM 和 T_R_COO 相似度评价时 Dunn 值的比较

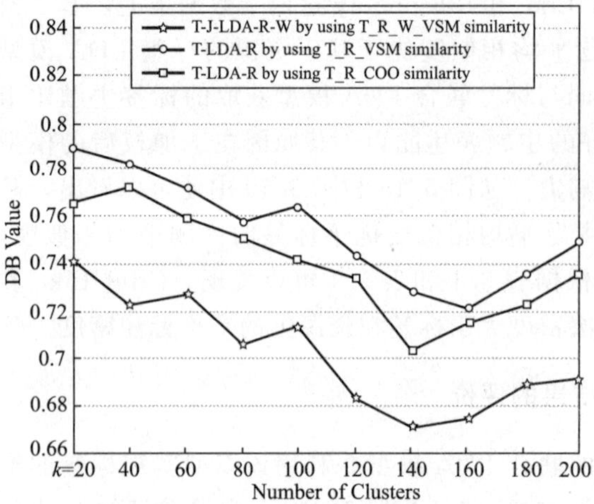

图 5.19 CiteULike 数据集上 **T-J-LDA-R-W** 方法使用 T _ R _ W _ VSM 相似度、**T-LDA-R** 方法使用 T _ R _ VSM 和 T _ R _ COO 相似度评价时 DB 值比较

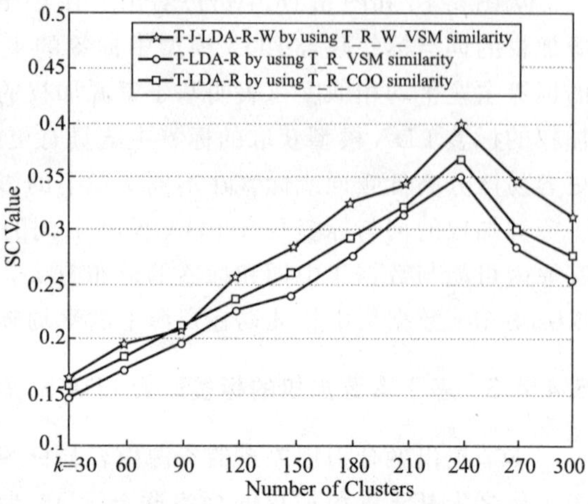

图 5.20 Bibsonomy 数据集上 **T-J-LDA-R-W** 方法使用 T _ R _ W _ VSM 相似度、**T-LDA-R** 方法使用 T _ R _ VSM 和 T _ R _ COO 相似度评价时 SC 值的比较

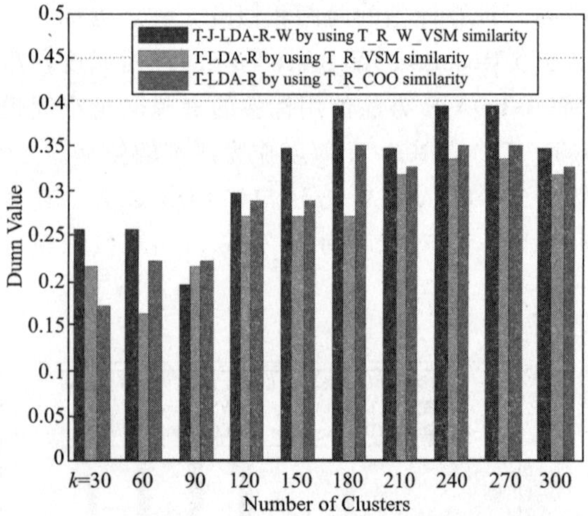

图 5.21 Bibsonomy 数据集上 **T-J-LDA-R-W** 方法使用 T _ R _ W _ VSM 相似度、**T-LDA-R** 方法使用 T _ R _ VSM 和 T _ R _ COO 相似度评价时 Dunn 值的比较

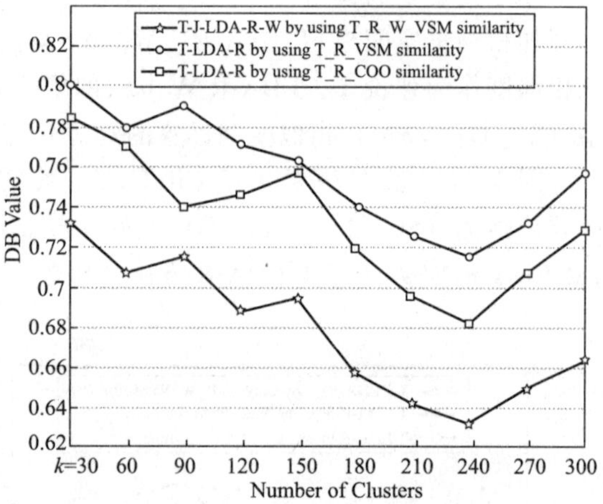

图 5.22 Bibsonomy 数据集上 **T-J-LDA-R-W** 方法使用 T _ R _ W _ VSM 相似度、**T-LDA-R** 方法使用 T _ R _ VSM 和 T _ R _ COO 相似度评价时 DB 值比较

从图 5.17～图 5.19 中可看出，对于 CiteULike 数据集，**T-J-LDA-R-W** 方法在三个内部评价指标 SC、Dunn 和 DB 上的值优于 **T-LDA-R** 方法；同样地，对于 Bibsonomy 数据集，从图 5.20～图 5.22 中可看出，**T-J-LDA-R-W** 方法在三个内部评价指标 SC、Dunn 和 DB 上的值也优于 **T-LDA-R** 方法。图 5.17～图 5.22 表明，在使用内部评价指标对 **T-J-LDA-R-W** 和 **T-LDA-R** 方法进行对比评价时，**T-J-LDA-R-W** 方法具有较好的聚类效果。图 5.17～图 5.22 也表明，利用资源引用关系获取的权威度分数对“资源-标签”的二元标注关系进行的加权改进，能够较好地提升基于资源的标签相似度测量的精准性。

下面使用外部评价指标对 **T-J-LDA-R-W** 方法与 **T-LDA-R** 方法进行对比评价。首先使用

SC 指标确定 **T-J-LDA-R-W** 方法的最优聚类个数：从图 5.17 可以看出，CiteULike 数据集上 **T-J-LDA-R-W** 方法的最优聚类个数为 $k=140$，Bibsonomy 数据集上 **T-J-LDA-R-W** 方法的最优聚类个数为 $k=240$。根据 4.4.2.1 节的分析，确定 CiteULike 数据集上 **T-LDA-R** 方法的最优聚类个数为 $k=140$，Bibsonomy 数据集上 **T-LDA-R** 方法的最优聚类个数为 $k=240$。采用内部抽取的形式抽取 **T-J-LDA-R-W** 方法中的 500 对类内标签检索并计算基于搜索引擎的各相关性指标的平均值。

表 5.5 给出了 CiteULike 数据集上 **T-J-LDA-R-W** 方法和 **T-LDA-R** 方法在搜索引擎上各相关性指标的比较；表 5.6 给出了 Bibsonomy 数据集上 **T-J-LDA-R-W** 方法与 **T-LDA-R** 方法在搜索引擎上各相关性指标的比较。

表 5.5 CiteULike 数据集上 T-J-LDA-R-W 方法和 T-LDA-R 方法在搜索引擎上的各相关性指标

数据集	聚类方法	聚类个数	抽取方式	评价指标		
				Avg	Max	Min
CiteULike	**T-J-LDA-R-W**	**140**	**Intra Cluster**	**0.02025**	**0.01798**	**0.22803**
	T-LDA-R	140	Intra Cluster	0.01879	0.01568	0.18049

表 5.6 Bibsonomy 数据集上 T-J-LDA-R-W 方法和 T-LDA-R 方法在搜索引擎上的各相关性指标

数据集	聚类方法	聚类个数	抽取方式	评价指标		
				Avg	Max	Min
Bibsonomy	**T-J-LDA-R-W**	**240**	**Intra Cluster**	**0.02606**	**0.02018**	**0.38235**
	T-LDA-R	240	Intra Cluster	0.02415	0.01953	0.35156

从表 5.5 和表 5.6 中可以看出，在 CiteULike 和 Bibsonomy 数据集上，利用基于搜索引擎的外部评价指标对 **T-J-LDA-R-W** 方法和 **T-LDA-R** 方法进行对比时，基于资源加权的标签联合 LDA 聚类方法（**T-J-LDA-R-W**）比基于资源的标签 LDA 聚类方法（**T-LDA-R**）具有更好的聚类效果。

5.5 融合内容与关系的标签综合 LDA 模型及其聚类方法

5.5.1 融合内容与关系的标签综合 LDA 聚类方法

5.3 节提出了融合社会关系的用户加权标签 LDA 模型并利用该模型实现标签的聚类。该模型首先对用户的社会关系进行建模，使用随机游走的方法获取用户社会关系网络中的用户权威度分数，将其加权到“用户-标签”的二元标注关系中，建立“加权的用户-标签语料库”，在该语料库上构建 LDA 模型，迭代学习出标签的主题。该 LDA 模型利用用户的社会关系来改进主题模型的独立性假设，能够较好地识别基于用户的标签主题。5.4 节提出了融合引用关系的资源内容与标签的联合 LDA 模型并利用该模型实现标签的聚类。该模型在建模资源引用关系的基础上使用随机游走方法获取资源引用关系网络中的资源权威度分数，将该分数加权到“资源-标签”和“资源-特征词”这两个二元关系上，建立“加权的资源-词-标签语料库（**WRWTC**）”，基于资源的词和标签具有相同的隐含主题这一假设，在 **WRWTC** 上构建词与标签的联合 LDA 模型，迭代学习出标签的主题和词的主题。该 LDA 模型不仅在独立性假设上对主题模型进行了改进，而且从隐含主题层面将资源的内容和标签集成在一起，能够更加有效地识别基于资源的标签主题，同时也能有效地表达特征词的主题。在第 4 章中提出了一种基于 LDA 的标签综合聚类方法，该方法利用 LDA 模型从三元标注关系中的“用户-标签”和“资源-标签”这两个二元关系上分别学习出基于用户的标签隐含主题和基于资源的标签隐含主题。通过 4.3.1 节的分析，认为标签在用户全体和资源全体上存在着一种混合的主题，因此，该方法综合标签在基于用户的主题和标签在基于资源的主题上的概率分布结果，利用 LDA 模型建立标签主题的二次学习模型，从而识别标签的混合主题。

根据第 4 章的分析和结论，可以认为，对于 5.3 节学习出的基于用户加权的标签主题和 5.4 节学习出的基于资源加权的标签主题，在这两种主题之上同样存在着标签的一种混合主题。因此，为了识别出标签的这一混合主题，本节提出了融合内容与关系的标签综合 LDA 模型（Tag Comprehensive LDA Model Integrating Content and Relation）及其聚类方法。该方法首先建立基于用户加权的标签 LDA 模型和基于资源加权的词和标签的联合 LDA 模型，通过迭代学习出标签在这两类主题上的主题分配结果，在此基础上建立基于 LDA 的标签主题的二次学习模型，学习出标签的混合主题，并根据标签在混合主题上的最大隶属概率确定聚类结果。该方法在三元标注关系的基础上有效地利用了用户的社会关系、资源的内容和资源的引用关系等信息，使得聚类结果能够更好地表达标签的语义。融合内容与关系的标签综合 LDA 聚类方法（Tag Comprehensive LDA Clustering Method integrating Content and Relation，简写为：**T-C-LDA-C-R**）如图 5.23 所示。

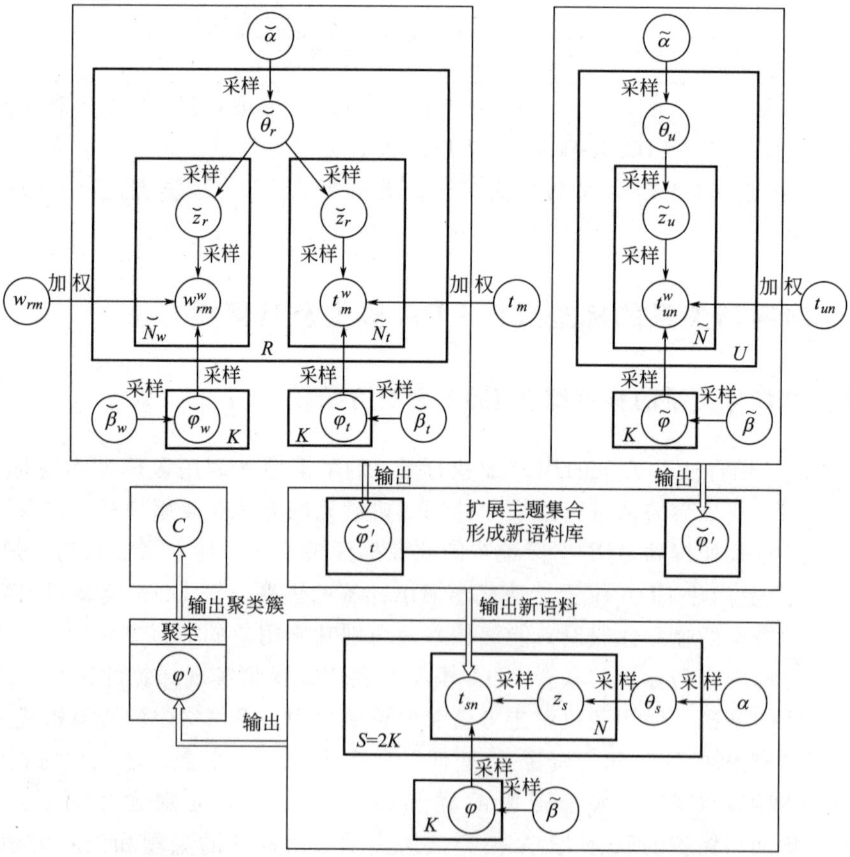

图 5.23　融合内容与关系的标签综合 LDA 聚类方法

融合内容与关系的标签综合 LDA 聚类方法同样是一个两级的 LDA 模型聚类方法：第一级的 LDA 模型与 5.3 节和 5.4 节的模型一致，即分别建立基于用户加权的标签 LDA 模型和基于资源加权的标签联合 LDA 模型，学习出基于用户的标签主题和基于资源的标签主题；第二级的 LDA 模型是综合标签在两类主题上的主题分配结果继续学习出标签的混合主题，具体的聚类步骤亦是 5.3.2 节和 5.4.3 节和 4.3.3 节给出的方法的集成，简述如下。

步骤 1：建立“加权的用户-标签语料库”，在该语料库上建立 LDA 模型学习出 K 个基于用户的标签主题及标签在每个主题上的概率分布（标签在主题上的分配频次）；

步骤 2：建立“加权的资源-词-标签语料库”，在该语料库上建立联合的 LDA 模型，学习出 K 个基于资源的标签主题及标签在每个主题上的概率分布（标签在主题上的分配频次）；

步骤 3：将 K 个基于用户的标签主题与 K 个基于资源的标签主题合并成一个具有 $2K$ 个主题的主题集合；根据所有标签在每个主题上的概率分布（标签在主题上的分配频次）建立“主题-标签语料库”；

步骤 4：在“主题-标签语料库”上建立 LDA 模型，学习得到标签的 K 个混合主题及其在这 K 个混合主题上的概率分布；

步骤 5：根据标签在这 K 个混合主题上的概率分布，按最大隶属原则判定每个标签的类别，形成 K 个聚类簇。

5.5.2 实验与分析

5.5.2.1 融合内容与关系的标签综合 LDA 模型的评价

使用主题平均相似度来验证融合内容与关系的标签综合 LDA 模型的主题表达性能，实验中相关参数的设置与 5.3.3 节和 5.4.4 节的实验设置相同，并和 5.3 节和 5.4 节获取的标签主题平均相似度作对比。图 5.24 展示了 CiteULike 数据集上融合内容与关系的标签综合 LDA 模型和基于用户加权的标签 LDA 模型及基于资源加权的词与标签联合 LDA 模型中标签的平均主题相似度；图 5.25 展示了 Bibsonomy 数据集上融合内容与关系的标签综合 LDA 模型和基于用户加权的标签 LDA 模型及基于资源加权的词与标签联合 LDA 模型中标签的主题平均相似度。

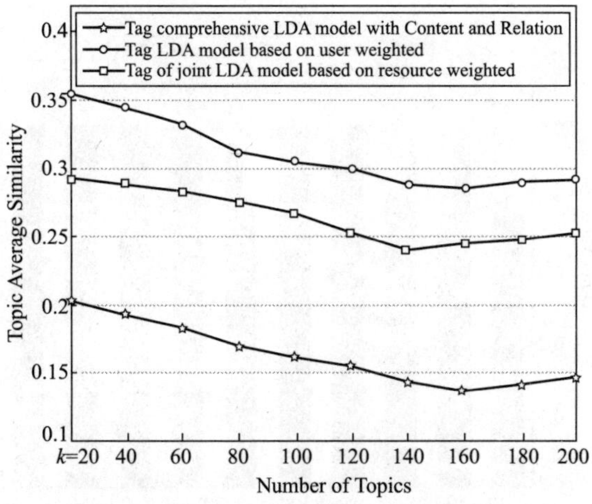

图 5.24 CiteULike 数据集上融合内容与关系的标签综合 LDA 和基于用户加权的标签 LDA 及基于资源加权的词与标签联合 LDA 的标签主题平均相似度比较

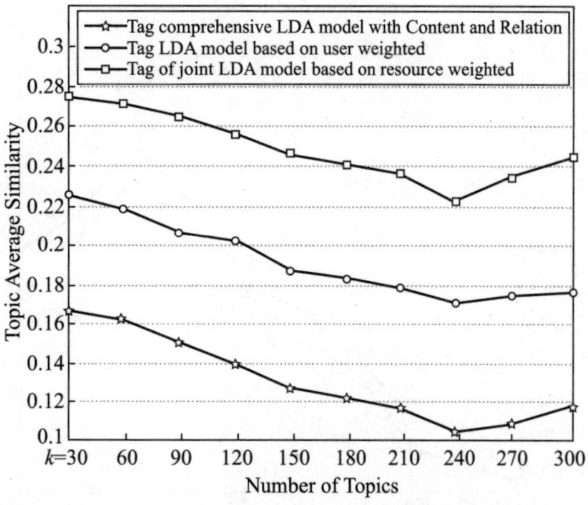

图 5.25 Bibsonomy 数据集上融合内容与关系的标签综合 LDA 和基于用户加权的标签 LDA 及基于资源加权的词与标签联合 LDA 的标签主题平均相似度比较

从图 5.24 和图 5.25 中可以看出，在 CiteULike 和 Bibsonomy 这两个数据集上，融合内容与关系的标签综合 LDA 模型中标签的主题平均相似度优于基于用户加权的标签 LDA 模型和基于资源加权的词与标签联合 LDA 模型中标签的主题平均相似度，表明融合内容与关系的标签综合 LDA 模型获取的标签主题比单一基于用户加权的标签 LDA 模型或基于资源加权的词与标签联合 LDA 模型中获取的标签主题具有更好的主题表达性能。

5.5.2.2 融合内容与关系的标签综合 LDA 聚类结果的评价

在第 4 章中提出了一种基于 LDA 的标签综合聚类方法（**T-C-LDA**），该方法将“用户-资源-标签”的三元标注关系分割成“用户-标签”和“资源-标签”的两个二元标注关系，通过建立两级的 LDA 模型来识别标签的混合主题并实现聚类。本节提出的融合内容与关系的标签综合 LDA 聚类方法（**T-C-LDA-C-R**）同样是在“用户-标签”和“资源-标签”这两个二元关系上建立两级的 LDA 模型从而实现标签的聚类，但是本节提出的方法在第 4 章方法的基础上融入了用户的社会关系、资源的内容和资源的引用关系等信息。为了验证本节提出的融合内容与关系的标签综合 LDA 聚类方法（**T-C-LDA-C-R**）的有效性，同样使用内部评价指标（SC、Dunn 和 DB）和外部评价指标（基于搜索引擎的评价）对融合内容与关系的标签综合 LDA 聚类方法的聚类结果进行评价。这里将 **T-C-LDA-C-R** 方法获取的聚类结果和第 4 章提出的 **T-C-LDA** 方法获取的聚类结果进行比较，首先确定内部评价时所需的相似度，和 4.4.2.1 节一致，使用第 3 章提出的标签共同共现群体相似度（**TCCOGS**）作为评价 **T-C-LDA-C-R** 方法和 **T-C-LDA** 方法的依据。图 5.26～图 5.28 和图 5.29～图 5.31 分别展示了 CiteULike 数据集和 Bibsonomy 数据集上 **T-C-LDA-C-R** 方法和 **T-C-LDA** 方法使用 **TCCOGS** 相似度进行评价时 SC、Dunn 和 DB 的比较。

从图 5.26～图 5.28 中可以看出，在 CiteULike 数据集上，使用第 3 章提出的 **TCCOGS** 相似度对 **T-C-LDA-C-R** 方法和 **T-C-LDA** 方法的内部评价指标（SC、Dunn 和 DB）进行比较时，**T-C-LDA-C-R** 方法在各个评价指标上的值总体上优于 **T-C-LDA** 方法；同样地，从图 5.29～图 5.31 中可以看出，在 Bibsonomy 数据集上，**T-C-LDA-C-R** 方法在各个评价指标上的值总体上也优于 **T-C-LDA** 方法。结果表明融合了用户的社会关系、资源的内容和资源的引

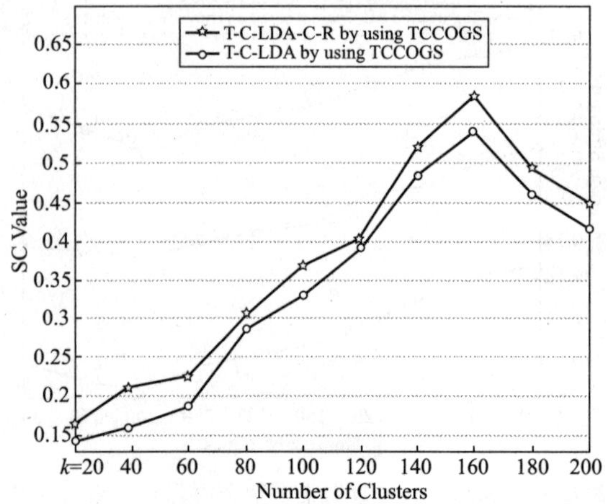

图 5.26 CiteULike 数据集上 **T-C-LDA-C-R** 方法与 **T-C-LDA** 方法 SC 值的比较

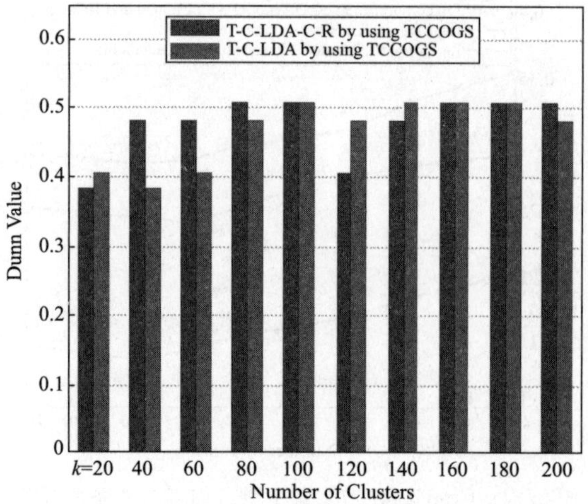

图 5.27 CiteULike 数据集上 **T-C-LDA-C-R** 方法与 **T-C-LDA** 方法 Dunn 值的比较

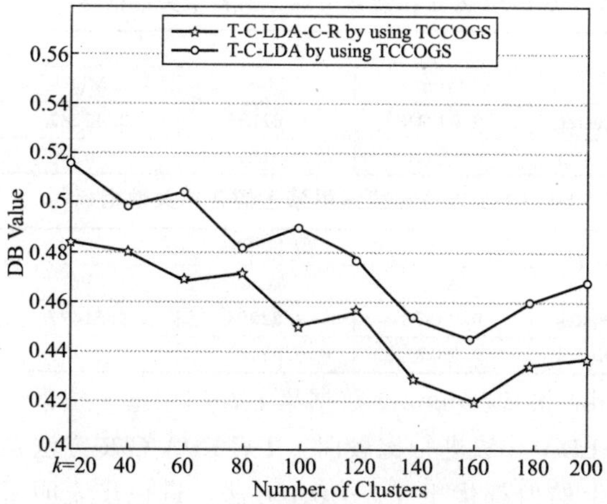

图 5.28 CiteULike 数据集上 **T-C-LDA-C-R** 方法与 **T-C-LDA** 方法 DB 值的比较

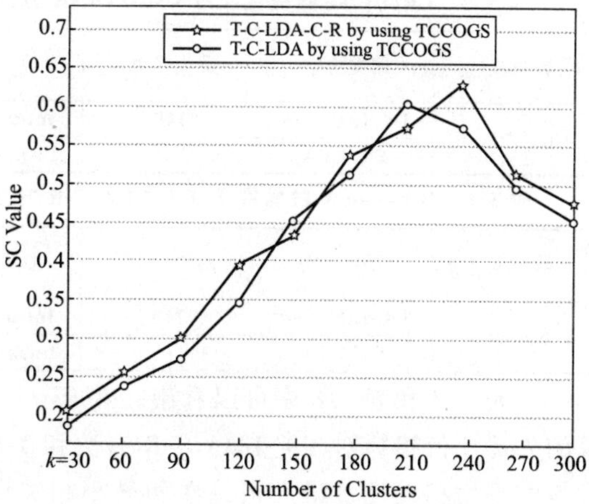

图 5.29 Bibsonomy 数据集上 **T-C-LDA-C-R** 方法与 **T-C-LDA** 方法 SC 值的比较

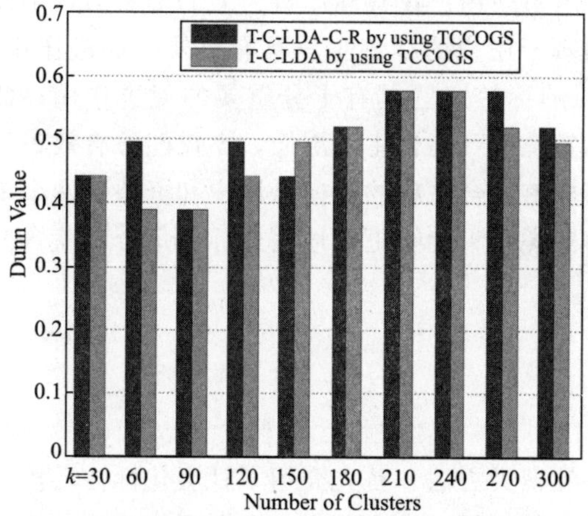

图 5.30 Bibsonomy 数据集上 **T-C-LDA-C-R** 方法与 **T-C-LDA** 方法 Dunn 值的比较

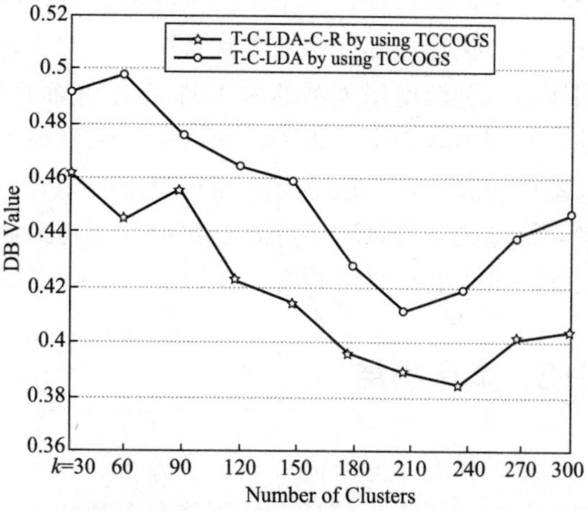

图 5.31 Bibsonomy 数据集上 **T-C-LDA-C-R** 方法与 **T-C-LDA** 方法 DB 值的比较

用关系等信息的 **T-C-LDA-C-R** 方法比 **T-C-LDA** 方法能够获得更好的聚类效果。

下面使用基于搜索引擎的外部评价指标对 **T-C-LDA-C-R** 方法和 **T-C-LDA** 方法进行对比。首先需要确定各聚类方法的最优聚类个数，这里仍然使用 SC 指标来确定 **T-C-LDA-C-R** 方法和 **T-C-LDA** 方法的最优聚类个数。从图 5.26 中可以看出，CiteULike 数据集上 **T-C-LDA-C-R** 方法和 **T-C-LDA** 方法的最优聚类个数均为 $k=160$；从图 5.29 中可以看出，Bibsonomy 数据集上 **T-C-LDA-C-R** 方法的最优聚类个数为 $k=240$，而 **T-C-LDA** 方法的最优聚类个数为 $k=210$。在此基础上采用类内（Intra Cluster）抽取的方式抽取 500 对标签检索并计算各相关性指标的平均值。

表 5.7 给出了 CiteULike 数据集上 **T-C-LDA-C-R** 方法和 **T-C-LDA** 方法在搜索引擎上各相关性指标的比较；表 5.8 给出了 Bibsonomy 数据集上 **T-C-LDA-C-R** 方法和 **T-C-LDA** 方法在搜索引擎上各相关性指标的比较。

表 5.7 CiteULike 数据集上 T-C-LDA-C-R 方法和 T-C-LDA 方法在搜索引擎上的各相关性指标

数据集	聚类方法	聚类个数	抽取方式	评价指标		
				Avg	Max	Min
CiteULike	**T-C-LDA-C-R**	**160**	**Intra Cluster**	**0.02718**	**0.02135**	**0.37282**
	T-C-LDA	160	Intra Cluster	0.02476	0.01962	0.34865

表 5.8 Bibsonomy 数据集上 T-C-LDA-C-R 方法和 T-C-LDA 方法在搜索引擎上的各相关性指标

数据集	聚类方法	聚类个数	抽取方式	评价指标		
				Avg	Max	Min
Bibsonomy	**T-C-LDA-C-R**	**240**	**Intra Cluster**	**0.03578**	**0.02891**	**0.51497**
	T-C-LDA	210	Intra Cluster	0.03216	0.02482	0.49135

从表 5.7 和表 5.8 中可以看出，在 CiteULike 和 Bibsonomy 数据集上，利用基于搜索引擎的外部评价指标对 **T-C-LDA-C-R** 方法和 **T-C-LDA** 方法进行比较时，**T-C-LDA-C-R** 方法在标签的平均相关性、最大相关性和最小相关性上的值都优于 **T-C-LDA** 方法，进一步表明了 **T-C-LDA-C-R** 方法的有效性。

本节提出的融合内容与关系的标签综合 LDA 聚类方法（**T-C-LDA-C-R**）在三元标注关系的基础上引入了社会化标注环境中隐藏的用户社会关系、资源引用关系及资源的内容等信息。其中，用户社会关系的引入能够有效地区分出不同用户在其标注行为上的影响力，不仅符合社会化标注环境中的客观实际，且对于识别基于用户的标签主题具有重要的促进作用；同样地，资源引用关系的引入对于识别基于资源的标签主题具有十分重要的促进作用；此外，资源内容的引入将资源的特征词和资源的标签统一到隐含主题层面，不仅能够有效识别标签的主题，而且能够有效建模资源的内容。而标签混合主题的建模从用户和资源这两个维度对标签的语义进行了综合与集成，使得最终的聚类结果能够更好地表达标签集合中蕴含的主题、概念和语义结构等知识。

5.6 本章小结

本章研究了融合内容与链接分析的社会化标签聚类方法。首先介绍了社会化标注环境中存在的除三元标注信息之外的其它多种相关信息，包括用户社会关系、资源引用关系与资源内容等信息，并探讨了这些信息对于标签主题识别及聚类的意义；然后从三个方面讨论了标签的主题模型聚类方法，包括融合社会关系的用户加权标签 LDA 模型及其标签聚类方法，融合引用关系的资源内容与标签的联合 LDA 模型及其标签聚类方法，融合内容与关系的标签综合 LDA 模型及其聚类方法，并利用内部评价指标和外部评价指标对本章提出的这三种方法进行了实验比较与评价等工作；结果表明本章提出的三种标签聚类方法在其各自的领域范围内比其它的标签聚类方法能够获得更好的聚类结果，其中融合内容与关系的标签综合 LDA 聚类方法能够获取最好的聚类结果。

附　录

主要符号说明

VSM	向量空间模型（Vector Space Model）
AHC	凝聚式层次聚类（Agglomerative Hierarchical Clustering）
TICOS	标签个体共现相似度（**Tag Individual Co-occurrence Similarity**）
CCOG	共同共现群体（**Common Co-occurrence Group**）
TCCOGS	标签共同共现群体相似度（**Tag Common Co-occurrence Group Similarity**）
TCBCOS	标签综合共现相似度（**Tag Combination Co-occurrence Similarity**）
T_R_VSM	标签的资源向量空间模型（Tag's Resource VSM）
T_U_VSM	标签的用户向量空间模型（Tag's User VSM）
T_R_COO	标签的资源共现（Tag's Resource Co-occurrence）
T_U_COO	标签的用户共现（Tag's User Co-occurrence）
LDA	潜在狄利克雷分配（Latent Dirichlet Allocation）
UTC	用户-标签语料库（**User-Tag Corpus**）
RTC	资源-标签语料库（**Resource-Tag Corpus**）
STC	主题-标签语料库（**Subject-Tag Corpus**）
T-C-LDA	基于 LDA 的标签综合聚类方法（**Tag Comprehensive Clustering Method Based on LDA**）
T-LDA-U	基于用户的标签 LDA 聚类方法（**Tag LDA Clustering Method Based on User**）
T-LDA-R	基于资源的标签 LDA 聚类方法（**Tag LDA Clustering Method Based on Resource**）
WUTC	加权的用户-标签语料库（**Weighted User-Tag Corpus**）
T-LDA-U-W	基于用户加权的标签 LDA 聚类方法（**Tag LDA Clustering Method Based on User Weighted**）
T_U_W_VSM	标签的用户加权向量空间模型（Tag's User Weighted VSM）
WRWTC	加权的资源-词-标签语料库（**Weighted Resource-Word-Tag Corpus**）
T-J-LDA-R-W	基于资源加权的标签联合 LDA 聚类方法（**Tag Joint LDA Clustering Method Based on Resource Weighted**）
T_R_W_VSM	标签的资源加权向量空间模型（Tag's Resource Weighted VSM）
T-C-LDA-C-R	融合内容与关系的标签综合 LDA 聚类方法（**Tag Comprehensive LDA Clustering Method integrating Content and Relation**）

参考文献

[1] ISABELLA P. Folksonomies: Indexing and retrieval in Web 2.0 [M]. Berlin: De Gruyter Saur, 2009: 369-374.

[2] 中国互联网络信息中心．第 45 次中国互联网络发展状况统计报告 [EB/OL]．[2020-04-28]．http://www.cac.gov.cn/2020-04/27/c_1589535470378587.htm.

[3] 张昌利，侯蓉晖．社会化标签系统语义相关度的拓扑图法计算 [J]．西安电子科技大学学报(自然科学版)，2012，39(3)：196-201.

[4] NORMORE L, BLAYLOCK B. Opinions on the use and value of social tagging [C]. Proceedings of the American Society for Information Science and Technology, 2009, 46(1): 1-8.

[5] MICAN D, TOMAI N. Web 2.0 and collaborative tagging [C]. 2010 Fifth International Conference on Internet and Web Applications and Services, 2010: 519-524.

[6] BROOKS C H, MONTANEZ N. An analysis of the effectiveness of tagging in blogs [C]. AAAI Spring Symposium: Computational Approaches to Analyzing Weblogs, 2006, 6: 9-14.

[7] LI R, BAO S, YU Y, et al. Towards effective browsing of large scale social annotations [C]. Proceedings of the 16th International Conference on World Wide Web, ACM, 2007: 943-952.

[8] ZHOU D, BIAN J, ZHENG S, et al. Exploring social annotations for information Retrieval [C]. Proceedings of the 17th International World Wide Web Conference, ACM, 2008: 715-724.

[9] PAPAKONSTANTINOU C, PANAGIOTOU I, VERBEEK F. The TicTag application: towards tag-based metasearch for browsing the web [C]. Proceedings of the 23rd British HCI Group Annual Conference on People and Computers: Celebrating People and Technology, British Computer Society, 2009: 354-361.

[10] HUANG S L, LIN S C, CHAN Y C. Investigating effectiveness and user acceptance of semantic social tagging for knowledge sharing [J]. Information Processing & Management, 2012, 48(4): 599-617.

[11] SHARMA R, BEDI P. Personalized tag recommendations to enhance user's perception [C]. 2009 International Conference on Advances in Recent Technologies in Communication and Computing, IEEE, 2009: 944-947.

[12] ZHANG Z K, ZHOU T. Effective personalized recommendation in collaborative tagging systems [J]. Arxiv preprint arXiv, 2009: 0907.3315.

[13] VALLET D, CANTADOR I, JOSE J. Personalizing web search with folksonomy-based user and document Profiles [M]. Advances in Information Retrieval, Springer Berlin Heidelberg, 2010: 420-431.

[14] 易明，操玉杰，沈劲枝，等．社会化标签系统中基于密度聚类的 Web 用户兴趣建模方法 [J]．情报学报，2011，30(1)：37-43.

[15] SHEPITSEN A, GEMMELL J, MOBASHER B, et al. Personalized recommendation in social tagging systems using hierarchical clustering [C]. Proceedings of the 2008 ACM Conference on Recommender Systems, ACM, 2008: 259-266.

[16] GEMMELL J, SHEPITSEN A, MOBASHER B, et al. Personalized navigation in social tagging systems using hierarchical tag clustering [C]. Proceedings of the 10th International Conference on Data Warehousing and Knowledge Discovery, Springer-Verlag, 2008: 196-205.

[17] XU G, ZONG Y, JIN P, et al. KIPTC: a kernel information propagation tag clustering algorithm [J]. Journal of Intelligent Information Systems, 2013: 1-18.

[18] KNAUTZ K, SOUBUSTA S, STOCK W G. Tag clusters as information retrieval interfaces [C]. Proceedings of the 43rd Hawaii International Conference on System Sciences, IEEE, 2010: 1-10.

[19] BEGELMAN G, KELLER P, SMADJA F. Automated tag clustering: Improving search and exploration in the

tag space [C]. Collaborative Web Tagging Workshop at WWW2006, Edinburgh, 2006: 15-33.

[20] 王萍，张际平. 一种社会性标签聚类算法 [J]. 计算机应用与软件，2010，27(2): 126-129.

[21] CUI J, LIU H, HE J, et al. Tagclus: a random walk-based method for tag clustering [J]. Knowledge and Information Systems, 2011, 27(2): 193-225.

[22] VAN DAMME C, HEPP M, SIORPAES K. Folksontology: an integrated approach for turning folksonomies into ontologies [J]. Bridging the Gap between Semantic Web and Web, 2007, 2(2): 57-70.

[23] MARKINES B, CATTUTO C, MENCZER F, et al. Evaluating similarity measures for emergent semantics of social tagging [J]. Proceedings of the 18th International Conference on World Wide Web, ACM, 2009: 641-650.

[24] JIANG J J, CONRATH D W. Semantic similarity based on corpus statistics and lexical taxonomy [J]. arXiv preprint cmp-lg, 1997: 9709. 008.

[25] VANDER WAL T. Folksonomy [EB/OL]. [2016-03-01]. http: //vanderwal. net/essays/051130/folk- sonomy. pdf.

[26] MATHES A. Folksonomies-cooperative classification and communication through shared metadata [J]. Computer Mediated Communication, 2004, 47(10): 1-13.

[27] SHIRKY C. Folksonomy [EB/OL]. [2016-03-01]. http: //www. corante. com/many/archives/- 2004/08/25/folksonomy. php.

[28] SEN S, LAM S K, RASHID A M, et al. Tagging, communities, vocabulary, evolution [C]. Proceedings of the 20th Anniversary Conference on Computer Supported Cooperative Work, ACM, 2006: 181-190.

[29] GOLDER S A, HUBERMAN B A. Usage patterns of collaborative tagging systems [J]. Journal of Information Science, 2006, 32(2): 198-208.

[30] GUPTA M, LI R, YIN Z, et al. An overview of social tagging and applications [M]. Social Network Data Analytics. Springer US, 2011: 447-497.

[31] HALPIN H, ROBU V, SHEPHERD H. The complex dynamics of collaborative tagging [C]. Proceedings of the 16th International Conference on World Wide Web, ACM, 2007: 211-220.

[32] CATTUTO C, LORETO V, PIETRONERO L. Semiotic dynamics and collaborative tagging [J]. Proceedings of the National Academy of Sciences, 2007, 104(5): 1461-1464.

[33] LIN N, LI D, DING Y, et al. The dynamic features of Delicious, Flickr, and YouTube [J]. Journal of the American Society for Information Science and Technology, 2012, 63(1): 139-162.

[34] YEUNG C A, GIBBINS N, SHADBOLT N. Tag meaning disambiguation through analysis of tripartite structure of folksonomies [C]. Proceedings of the 2007 IEEE/WIC/ACM International Conferences on Web Intelligence and Intelligent Agent Technology-Workshops, IEEE Computer Society, 2007: 3-6.

[35] NEWMAN M E J, GIRVAN M. Finding and evaluating community structure in networks [J]. Physical Review E, 2004, 69(2): 026113.

[36] WU X, ZHANG L, YU Y. Exploring social annotations for the semantic web [C]. Proceedings of the 15th International Conference on World Wide Web, ACM, 2006: 417-426.

[37] CARMAGNOLA F, CENA F, GENA C. User modeling in the social web [C]. Knowledge-based Intelligent Information and Engineering Systems, Springer Berlin Heidelberg, 2007: 745-752.

[38] LEE K, KIM H, SHIN H, et al. Tag sense disambiguation for clarifying the vocabulary of social tags [C]. Proceedings of the 2009 International Conference on Computational Science and Engineering, IEEE, 2009, 4: 729-734.

[39] GARCIA A, SZOMSZOR M, ALANI H, et al. Preliminary results in tag disambiguation using dbpedia [J]. Proceedings of the first International Workshop on Collective Knowledge Capturing and Representation, ACM, 2009.

[40] GRUBER T. Ontology of folksonomy: A mash-up of apples and oranges [J]. International Journal on Semantic Web and Information Systems, 2007, 3(1): 1-11.

[41] SCHMITZ P. Inducing ontology from flickr tags [C]. Proceedings of the Collaborative Web Tagging Workshop at WWW’ 06, Edinburgh, Scotland, ACM, 2006: 50.

[42] BROOKS C H, MONTANEZ N. Improved annotation of the blogosphere via autotagging and hierarchical clus-

tering [C]. Proceedings of the 15th International Conference on World Wide Web, ACM, 2006: 625-632.

[43] 刘凯鹏，方滨兴. 基于社会性标注的本体学习方法 [J]. 计算机学报，2010，33(10): 1809-1822.

[44] CHIRITA P A, COSTACHE S, NEJDL W, et al. P-tag: large scale automatic generation of personalized annotation tags for the web [C]. Proceedings of the 16th International Conference on World Wide Web, ACM, 2007: 845-854.

[45] LU Y T, YU S I, CHANG T C, et al. A Content-Based Method to Enhance Tag Recommendation [C]. Proceedings of the 21st International Joint Conference on Artificial Intelligence, San Francisco, USA, Morgan Kaufmann, 2009: 2064-2069.

[46] SONG Y, ZHUANG Z, LI H, et al. Real-time automatic tag recommendation [C]. Proceedings of the 31st Annual International ACM SIGIR Conference on Research and Development in Information Retrieval, ACM, 2008: 515-522.

[47] GUAN Z, BU J, MEI Q, et al. Personalized tag recommendation using graph-based ranking on multi-type interrelated objects [C]. Proceedings of the 32nd International ACM SIGIR Conference on Research and Development in Information Retrieval, ACM, 2009: 540-547.

[48] KRESTEL R, FANKHAUSER P, NEJDL W. Latent dirichlet allocation for tag recommendation [C]. Proceedings of the third ACM conference on Recommender systems, ACM, 2009: 61-68.

[49] BLEI D M, NG A Y, JORDAN M I. Latent dirichlet allocation [J]. Journal of Machine Learning Research, 2003, 3: 993-1022.

[50] SI X C, SUN M S. Tag-LDA for scalable real-time tag recommendation [J]. Journal of Computational Information Systems, 2008, 6(1): 23-31.

[51] JÄSCHKE R, MARINHO L, HOTHO A, et al. Tag recommendations in folksonomies [M]. Knowledge Discovery in Databases: PKDD 2007, Springer Berlin Heidelberg, 2007: 506-514.

[52] MARINHO L B, SCHMIDT T L. Collaborative tag recommendations [M]. Data Analysis, Machine Learning and Applications, Springer Berlin Heidelberg, 2008: 533-540.

[53] MISHNE G. Autotag: a collaborative approach to automated tag assignment for weblog posts [C]. Proceedings of the 15th International Conference on World Wide Web, ACM, 2006: 953-954.

[54] LIU K P, FANG B X, Zhang W Z. Exploring social relations for personalized tag recommendation in social tagging systems [J]. IEICE Transactions on Information and Systems, 2011, 94(3): 542-551.

[55] SIGURBJÖRNSSON B, VAN Z R. Flickr tag recommendation based on collective knowledge [C]. Proceedings of the 17th International Conference on World Wide Web, ACM, 2008: 327-336.

[56] XU Z, FU Y, MAO J, et al. Towards the semantic web: collaborative tag suggestions [C]. Collaborative Web Tagging Workshop at WWW2006, Edinburgh, Scotland, 2006.

[57] HOTHO A, JÄSCHKE R, SCHMITZ C, et al. Information retrieval in folksonomies: search and ranking [C]. Proceedings of the 3rd European Semantic Web Conference, IEEE Computer Society, 2006: 411-426.

[58] SYMEONIDIS P, NANOPOULOS A, MANOLOPOULOS Y. Tag recommendations based on tensor dimensionality reduction [C]. Proceedings of the 2008 ACM Conference on Recommender Systems, ACM, 2008: 43-50.

[59] RENDLE S, BALBY M L, NANOPOULOS A, et al. Learning optimal ranking with tensor factorization for tag recommendation [C]. Proceedings of the 15th ACM SIGKDD International Conference on Knowledge Discovery and Data Mining, ACM, 2009: 727-736.

[60] HARVEY M, BAILLIE M, RUTHVER I, et al. Tripartite hidden topic models for personalized tag suggestion [M]. Advances in Information Retrieval, Springer Berlin Heidelberg, 2010: 432-443.

[61] 刘凯鹏. 社会性标注关键技术及其在信息检索中的应用研究 [D]. 哈尔滨：哈尔滨工业大学，2012.

[62] KASER O, LEMIRE D. Tag-cloud drawing: Algorithms for cloud visualization [J]. arXiv preprint cs, 2007: 0703. 109.

[63] FUJIMURA K, FUJIMURA S, MATSUBAYASHI T, et al. Topigraphy: visualization for large-scale tag clouds [C]. Proceedings of the 17th International Conference on World Wide Web, ACM, 2008:

1087-1088.

[64] HASSAN-MONTERO Y, HERRERO-SOLANA V. Improving tag-clouds as visual information retrieval interfaces [C]. International Conference on Multidisciplinary Information Sciences and Technologies, 2006: 25-28.

[65] DUBINKO M, KUMAR R, MAGNANI J, et al. Visualizing tags over time [J]. ACM Transactions on the Web(TWEB), 2007, 1(2): 7.

[66] KUO B Y L, HENTRICH T, GOOD B M, et al. Tag clouds for summarizing web search results [C]. Proceedings of the 16th International Conference on World Wide Web, ACM, 2007: 1203-1204.

[67] AOUICHE K, LEMIRE D, GODIN R. Web 2.0 OLAP: From data cubes to tag clouds [M]. Web Information Systems and Technologies, Springer Berlin Heidelberg, 2008: 51-64.

[68] RIVADENEIRA A W, GRUEN D M, MULLER M J, et al. Getting our head in the clouds: toward evaluation studies of tagclouds [C]. Proceedings of the SIGCHI Conference on Human Factors in Computing Systems, ACM, 2007: 995-998.

[69] HALVEY M J, KEANE M T. An assessment of tag presentation techniques [C]. Proceedings of the 16th International Conference on World Wide Web, ACM, 2007: 1313-1314.

[70] PAGE L, BRIN S, MOTWANI R, et al. The PageRank citation ranking: bringing order to the web [R]. Tech. Rep, 1999-66, Stanford University, 1999.

[71] YANBE Y, JATOWT A, NAKAMURA S, et al. Can social bookmarking enhance search in the web? [C]. Proceedings of the 7th ACM/IEEE-CS Joint Conference on Digital libraries, ACM, 2007: 107-116.

[72] HEYMANN P, KOUTRIKA G, GARCIA-MOLINA H. Can social bookmarking improve web search? [C]. Proceedings of the 2008 International Conference on Web Search and Data Mining, ACM, 2008: 195-206.

[73] BRAUN M, DELLSCHAFT K, FRANZ T, et al. Personalized search and exploration with mytag [C]. Proceedings of the 17th International Conference on World Wide Web, ACM, 2008: 1031-1032.

[74] LI X, SHOU L, CHEN G, et al. Pivotbrowser: A Tag-space Image Searching Prototype [C]. Proceeding of the 17th International Conference on World Wide Web, ACM, 2008: 1111-1112.

[75] HEYMANN P, GARCIA-MOLINA H. Collaborative creation of communal hierarchical taxonomies in social tagging systems [R]. Tech. Rep, 2006-10, Stanford University, 2006.

[76] 曹高辉，焦玉英，成全．基于凝聚式层次聚类法的标签聚类研究 [J]．现代图书情报技术，2008，4: 22-28.

[77] LEHWARK P, RISI S, ULTSCH A. Visualization and clustering of tagged music data [M]. Data Analysis, Machine Learning and Applications, Springer Berlin Heidelberg, 2008: 673-680.

[78] 李艳，贾君枝．基于向量空间模型的标签树构建方法研究 [J]．情报学报，2014，33(3): 277-283.

[79] 韩敏，唐常杰，段磊，等．基于 TF-IDF 相似度的标签聚类方法 [J]．计算机科学与探索，2010，4(3): 240-246.

[80] 熊回香．面向 Web3.0 的大众分类研究 [D]．武汉：华中师范大学，2011.

[81] DATTOLO A, EYNARD D, MAZZOLA L. An integrated approach to discover tag semantics [C]. Proceedings of the 2011 ACM Symposium on Applied Computing, ACM, 2011: 814-820.

[82] MIKA P. Ontologies are us: A unified model of social networks and semantics [J]. Web Semantics: Science, Services and Agents on the World Wide Web, 2007, 5(1): 5-15.

[83] SIMPSON E. Clustering tags in enterprise and web folksonomies [R]. In ICWSM, Tech. Rep, HP Labs, 2008.

[84] LIU R, NIU Z. A collaborative filtering recommendation algorithm based on tag clustering [M]. Future Information Technology, Springer Berlin Heidelberg, 2014: 177-183.

[85] VAN DAMME C, HEPP M, SIORPAES K. Folksontology: An integrated approach for turning folksonomies into ontologies [J]. Bridging the Gap between Semantic Web and Web, 2007, 2(2): 57-70.

[86] VANDIC D, VAN DAM J W, HOGENBOOM F, et al. A semantic clustering-based approach for searching and browsing tag spaces [C]. Proceedings of the 2011 ACM Symposium on Applied Computing, ACM, 2011:

1693-1699.

[87] GIANNAKIDOU E, KOUTSONIKOLA V, VAKALI A, et al. Co-clustering tags and social data sources [C]. Proceedings of the Ninth International Conference on Web-Age Information Management, IEEE, 2008: 317-324.

[88] KOUTSONIKOLA V, VAKALI A, GIANNAKIDOU E, et al. Clustering of social tagging system users: A topic and time based approach [M]. Springer Berlin Heidelberg, 2009.

[89] 王翠英. 标签的聚类分析研究 [J]. 现代图书情报技术, 2008, 5: 67-71.

[90] SALTON G, WONG A, YANG C S. A vector space model for automatic indexing [J]. Communications of the ACM, 1975, 18(11): 613-620.

[91] SI, X C, LIU, Z Y, LI, P, et al. Content-based and graph-based tag suggestion [C]. Proceedings of the ECML PKDD Discovery Challenge, 2009, 243-260.

[92] KOSTOFF R N, EBERHART H J, TOOTHMAN D R, et al. Database tomography for technical intelligence: comparative roadmaps of the research impact assessment literature and the journal of the american chemical society [J]. Scientometrics, 1997, 40(1): 103-138.

[93] WETTLER M. Computation of word associations based on the co-occurrences of words in large corpora [C]. Proceedings of the St Workshop on Very Large Corpora Academic & Industrial Perspectives, 1996: 84-93.

[94] RAPP R. The Computation of Word Associations: comparing syntagmatic and paradigmatic approaches [C]. Proceedings of the 19th International Conference on Computational Linguistics, 2002.

[95] 卢小宾, 孟玺, 张进. 基于词共现的社会化标签研究热点可视化分析 [J]. 情报学报, 2012, 31(2): 204-212.

[96] 李亚婷, 马费成. 基于标签共现的社会网络分析研究 [J]. 情报杂志, 2012, 31(7): 103-109.

[97] 吴超, 周波. 基于复杂网络的社会化标签分析 [J]. 浙江大学学报(工学版), 2010, 44(11): 2194-2197.

[98] MICHLMAYR E, CAYZER S. Learning user profiles from tagging data and leveraging them for personalized information access [C]. Proceedings of the Workshop on Tagging and Metadata for Social Information Organization, Banff, 2007.

[99] SZOMSZOR M, CATTUTO C, ALANI H, et al. Folksonomies, the semantic web, and movie recommendation [C]. Proceedings of the Workshop on Bridging the Gap between Semantic Web and Web 2.0, 2007: 71-84.

[100] 林耀进, 胡学钢, 李慧宗. 基于用户群体影响的协同过滤推荐算法 [J]. 情报学报, 2013, 32(3): 299-305.

[101] 吴信东, 李毅, 李磊. 在线社交网络影响力分析 [J]. 计算机学报, 2014, 37(4): 735-752.

[102] LUXBURG U V. A tutorial on spectral clustering [J]. Statistics & Computing, 2007, 17(17): 395-416.

[103] SHI J, MALIK J. Normalized cuts and image segmentation [J]. IEEE Transactions on Pattern Analysis & Machine Intelligence, 2000, 22(8): 888-905.

[104] SARKAR S, SOUNDARARAJAN P. Supervised learning of large perceptual organization: graph spectral partitioning and learning automata [J]. IEEE Transactions on Pattern Analysis & Machine Intelligence, 2000, 22(5): 504-525.

[105] HAGEN L, KAHNG A B. New spectral methods for ratio cut partitioning and clustering [J]. IEEE Transactions on Computer-Aided Design of Integrated Circuits and Systems, 2006, 11(9): 1074-1085.

[106] DING C, HE X, ZHA H, et al. A min-max cut algorithm for graph partitioning and data clustering [C]. Proceedings of the 1st IEEE Intelligence Conference on Data Mining, 2001, 107-114.

[107] MEILA M, SHORTREED S, XU L. Regularized spectral learning [J]. Journal of Machine Learning Research, 2005.

[108] XING E, XING EP, JORDAN M, et al. On semidefinite relaxations for normalized k-Cut and connections to spectral clustering [R]. Tech. Rep, UCB/CSD-03-1265, University of California, 2003.

[109] 高琰, 谷士文, 蔡自兴, 等. 机器学习中谱聚类方法的研究 [J]. 计算机科学, 2007, 34(2): 201-203.

[110] 王正华, 董蕴源, 王勇献. 蛋白质相互作用网络的几种聚类方法综述 [J]. 国防科技大学学报, 2009, 31(4): 81-86.

[111] NG A Y, JORDAN M I, WEISS Y. On spectral clustering: analysis and an algorithm [M]. Cambridge:

MIT Press, 2001: 849-856.

[112] KAUFMAN L, ROUSSEEUW P J. Finding groups in data: an introduction to cluster analysis [M]. London: Wiley Press, 1990.

[113] DUNN J C. Well-Separated clusters and optimal fuzzy partitions [J]. Journal of Cybernetics, 2008, 4(1): 95-104.

[114] DAVIES D L, BOULDIN D W. A cluster separation measure [J]. IEEE Transactions on Pattern Analysis & Machine Intelligence, 1979, 1(2): 224-227.

[115] HOFMANN B T. Probabilistic latent semantic indexing [J]. Proceedings of Annual ACM Conference on Research & Development in Information Retrieval, Berkeley California, 2015, 42(1): 56-73.

[116] STEYVERS M, GRIFFITHS T. Probabilistic topic models [M]. Latent Semantic Analysis: A Road to Meaning, Laurence Erlbaum, Hillsdale, NJ: Laurence Erlbaum, 2006.

[117] PALMER J A, WIPF D P, KREUTZ-DELGADO K, et al. Variational EM algorithms for Non-Gaussian latent variable models [J]. Advances in Neural Information Processing Systems, 2005: 1059-1066.

[118] GRIFFITHS T, STEYVERS M. Finding scientific topics [C]. Proceedings of the National Academy of Sciences of the United States of America, 2004, 101(suppl_1): 5228-5235.

[119] BLEI D M, MCAULIFFE J D. Supervised topic models [J]. Advances in Neural Information Processing Systems, 2010, 3: 327-332.

[120] BLEI D M, JORDAN M I. Modeling annotated data [C]. Proceedings of the 26th Annual International ACM SIGIR Conference on Research & Development in Information Retrieval, ACM, 2003: 127-134.

[121] QIAN Z, ZHONG P, WANG R. Class-specific gaussian-multinomial latent dirichlet allocation for image annotation [J]. Journal on Advances in Signal Processing, 2015(1): 1-13.

[122] NEWMAN D, CHEMUDUGUNTA C, SMYTH P. Statistical entity-topic models [C]. Proceedings of the twelfth ACM Sigkdd International Conference on Knowledge Discovery & Data Mining, ACM, 2006: 680-686.

[123] RAMAGE D, HALL D, NALLAPATI R, et al. Labeled LDA: a supervised topic model for credit attribution in multi-labeled corpora [C]. Proceedings of the 2009 Conference on Empirical Methods in Natural Language Processing, Singapore, 2009: 248-256.

[124] CHEN X, HU X, ZHOU Z, et al. A probabilistic topic-connection model for automatic image annotation [C]. Proceedings of the 19th ACM Conference on Information and Knowledge Management, 2010: 899-908.

[125] 石晶, 胡明, 石鑫, 等. 基于LDA模型的文本分割 [J]. 计算机学报, 2008, 31(10): 1865-1873.

[126] 张小平, 周雪忠, 黄厚宽, 等. 一种改进的LDA主题模型 [J]. 北京交通大学学报, 2010, 34(2): 111-114.

[127] LIU K P, FANG B X. Integrating social relations into personalized tag recommendation [C]. Proceedings of the International Conference on Intelligent Human-Machine Systems and Cybernetics, IEEE, 2010: 292-295.

[128] 司宪策. 基于内容的社会化标签推荐与分析研究 [D]. 北京: 清华大学, 2010.

[129] ZHUGE H. Discovery of knowledge flow in science [J]. Communications of the ACM, 2006, 49(5): 101-107.

[130] CHEN P, XIE H, MASLOV S, et al. Finding scientific gems with Google' s PageRank algorithm [J]. Journal of Informetrics, 2007, 1(1): 8-15.

[131] MA N, GUAN J, ZHAO Y. Bringing PageRank to the citation analysis [J]. Information Processing & Management, 2008, 44(2): 800-810.

[132] KRAPIVIN M, MARCHESE M. Focused Page Rank in Scientific Papers Ranking [C]. Proceedings of the 11th International Conference on Asian Digital Libraries: Universal and Ubiquitous Access to Information, Springer-Verlag, 2008: 144-153.

[133] PAN J Y, YANG H J, FALOUTSOS C, et al. GCap: Graph-based automatic image captioning [C]. Proceedings of

the Conference on Computer Vision and Pattern Recognition Workshop, IEEE, 2004: 146.

[134] LIU J, HUA X S, LAI W, et al. Video search re-ranking via multi-graph propagation [P] . US, US20090292685, 2009.

[135] YUSHI J, SHUMEET B. VisualRank: applying PageRank to large-scale image search [J] . IEEE Transactions on Pattern Analysis & Machine Intelligence, 2008, 30(11): 1877-1890.

后 记

社会化标注系统是一种新兴的基于网络的自主标注系统，为广大互联网用户提供了一个网络资源的创造、描述、组织、管理和分享的平台。用户可以根据自己的理解和喜好自由地选择合适的标签标注各种网络资源，由于对标签的内容和个数没有限制，用户很容易接受这种方便的资源管理方式，从而自发地创造了大量的标注数据。社会化标注数据中蕴含着丰富的知识和有用的信息，能够为信息检索、资源推荐、用户兴趣建模、语义网络构建等相关应用提供宝贵的新资源。

新的资源带来了新的挑战，由于社会化标注具有自由化和公开性等特点，用户创造的标签容易产生模糊、歧义、稀疏和冗余等问题，使得标注数据无法得到高效地利用。标签聚类能够从标注行为上揭示标签的内在一致性和凝聚性，反映出标签、用户和资源的本质特征，能够更加简明地展现标签的潜在语义结构、资源的概要信息或用户的兴趣模型，从而拓展社会化标注系统的应用能力。为了发现社会化标签所蕴含的丰富知识，为其它相关应用提供研究基础，本书对社会化标注环境下的标签聚类方法开展了细致的分析。

(1) 主要内容总结

本书对社会化标注环境下的标签聚类方法开展了分析，主要内容包括以下几方面。

① 研究了三元标注数据中基于相似度的社会化标签聚类方法，提出了一种基于共同共现群体相似度的标签谱聚类方法。首先研究了三元标注数据中标签的相似度测量方法，针对以往的标签相似度测量方法容易引起语义信息丢失与稀疏性等问题，提出了标签的共同共现群体相似度。该相似度从全局的角度直接利用三元标注关系测量标签相似度，不仅能够更加精准地描述标签之间的语义相关性，而且有效缓解了标签语义信息丢失等现象。在此基础上，利用谱聚类算法能够处理任意形状的数据且能收敛到全局最优解的优势，提出了基于共同共现群体相似度的标签谱聚类方法，有效地提升了标签的聚类质量。通过在 CiteULike 和 Bibsonomy 数据集上进行实验，对不同的相似度测量方法和不同的聚类算法进行了比较。实验结果表明，与当前主要的标签聚类方法相比，本书提出的基于共同共现群体相似度的标签谱聚类方法在内部评价指标（SC、Dunn 和 DB）和外部评价指标（基于搜索引擎的评价）上的性能有较大的提升。

② 研究了三元标注数据中基于主题模型的社会化标签聚类方法，提出了一种基于 LDA 的标签综合聚类方法。首先对三元标注数据中蕴含的语义和主题进行了分析，总结出三元标注数据中用户的标注信息和资源的被标注信息中都隐含着标签的潜在主题，且在这两种主题之上还存在着标签的混合主题。为了充分利用用户的标注信息和资源的被标注信息，分别提出基于用户的标签主题模型和基于资源的标签主题模型，在此基础上，建立标签混合主题的二次学习模型，通过迭代学习出标签的混合主题并根据主题最大隶属概率聚类标签。基于 LDA 的标签综合聚类方法虽然初始时将三元标注数据进行了分割，但二次学习的过程中又实现了标签语义关系的重构。通过在 CiteULike 和 Bibsonomy 数据集上进行实验，对基于 LDA 的标签综合聚类方法进行了系统且全面的评价。实验结果表明：在主题模型的评价上

（主题平均相似度），综合的标签主题模型比基于用户的标签主题模型和基于资源的标签主题模型具有更好的主题表达性能；在和其它标签聚类方法的比较上（包括当前主要的聚类方法及基于共同共现群体相似度的标签谱聚类等方法），基于 LDA 的标签综合聚类方法在内部评价指标（SC、Dunn 和 DB）和外部评价指标（基于搜索引擎的评价）上的值有明显的提高。

③ 研究了融合内容和链接分析的社会化标签聚类方法，分别提出了基于用户加权的标签 LDA 聚类方法、基于资源加权的标签联合 LDA 聚类方法和融合内容与关系的标签综合 LDA 聚类方法。社会化标注系统中还蕴含着其它有用的信息，包括用户的社会关系、资源的内容和资源引用关系等信息。为了充分利用这些信息来提升标签的聚类质量，首先提出了融合用户社会关系的标签 LDA 模型，通过对用户的社会关系进行建模并对其进行链接分析，获取用户的权威度分数，将其加权到“用户-标签”的二元标注关系中建模基于用户的标签主题；然后提出了融合引用关系的资源内容与标签的联合 LDA 模型，即通过对资源的引用关系进行建模与链接分析，获取资源的权威度分数，将其加权到“资源-特征词”和“资源-标签”这两个二元关系中，基于标签和特征词具有相同的主题的假设，建立基于资源加权的词与标签联合 LDA 模型来获取基于资源的标签主题；最后提出了融合内容与关系的标签综合 LDA 模型，即在获取基于用户加权的标签主题和基于资源加权的标签主题的基础上，建立标签混合主题的二次学习模型并实现标签的聚类。通过在 CiteULike 和 Bibsonomy 数据集上进行实验，对基于用户加权的标签 LDA 聚类方法、基于资源加权的标签联合 LDA 聚类方法和融合内容与关系的标签综合 LDA 聚类方法进行了系统的评价。实验结果表明：这三种标签聚类方法在各自的领域范围内比其它的标签聚类方法能够获取更好的聚类结果。

（2）下一步工作展望

本书的研究对社会化标注环境下的基础数据挖掘任务——标签聚类方法进行了初步的探讨，限于研究的时间和篇幅，本书的研究在标签聚类模型及其应用等许多问题上还没有深入地展开，在未来的工作中，需要进一步研究的工作包括：

① 对于标签的相似度测量方法，本书的研究也仅仅是从三元标注关系中测量标签的相似性，下一步的工作计划在三元标注数据基础上，将用户社会关系和资源引用关系等信息也引入到标签的相似度度量上去，在保证三元关系完整的情况下，检验更多的相似度测量方法，如基于随机游走的标签相似度计算方法等，从而寻找更加精准高效的标签相似度测量方法。

② 在资源内容的建模与利用上，本书的研究只是初步假设资源的内容和资源的标签在粗粒度特征（主题）层面上具有同一性。为了更好地利用资源的内容，下一步的工作考虑在细粒度特征（词）上直接建模标签与资源内容的相关性，验证更多的相关性计算方法（如互信息法、卡方统计法等），建立标签和资源内容的映射机制，从资源内容的角度更好地提升标签聚类的质量。

③ 在用户社会关系和资源引用关系等信息的利用上，本书的研究仅仅是对用户社会关系网络和资源引用关系网络的初步利用。为了更好地利用用户社会关系和资源引用关系等信息，下一步的工作考虑对用户社会关系和资源引用关系中隐藏的主题信息进行建模，测度这些关系中隐藏的主题与标签中隐含的主题之间的关系，实现标签与链接关系的联合主题建模，从而更好地实现标签的聚类。

④ 在标签聚类结果的应用方面，进一步的工作考虑在标签聚类的基础上，研究标签层

次化的建模方法。标签聚类能够将语义联系紧密的标签凝聚在一起，然而在这些聚类簇的内部，标签对象之间仍然是一种扁平化的结构，聚类结果内各标签所表达的概念或一般或特殊，在概念表达上具有层次性。通过建模标签的上下文信息，识别聚类结果中的标签层次结构，为社会化标注系统提供更加直观的标签组织与导航方式，也为网络信息资源的可视化表示提供基础。